9급 공무원 영어 시험대비

박문각
공무원

문제집

김세현 영어

김세현 편저

합격까지 함께! 만점 문법

실전문제+기출문제 완벽 분석

문법 유형별 **풀이해법** 제시

전혀 다른 개념 문법

영상강의 g: www.pmg.co.kr

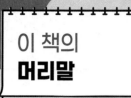

이 책의
머리말

공무원 시험을 준비하는 공시생들에게 영어는 가장 좋은 과목입니다.

지금까지 공시생들의 대대수는 영어 때문에 불합격했고 영어 때문에 괴로워하고 영어 때문에 시험을 그만 둘까?라는 생각을 끊임없이 해 왔습니다. 하지만 지금부터는 다릅니다. 인사혁신처의 9급 공무원시험 영어 과목의 출제기조 전환 발표 이후 영어가 쉬워졌습니다. 이는 조금만 영어에 관심을 갖고 최소한의 시간을 들이면 영어가 합격을 위한 가장 좋은 과목이 될 수 있다는 것을 의미합니다. 영어 때문에 고민했던 모든 수험생 여러분 한 번 도전해 보세요. 틀림없이 영어가 가장 효자과목이 될 겁니다.

쉬운 문법에 대한 가장 경제적이고 효율적인 방향성을 제시합니다.

<전혀 다른 개념 문법>은 가장 효율적이고 경제적인 문법 방향성을 제시하려 합니다. 여기에서 효율적이고 경제적이라 함은 단기간의 시간 투자로 가장 빠른 문법정리를 의미합니다. 따라서 <전혀 다른 개념문법>은 시험에 꼭 나올 것만을 다루고 문제를 풀 수 있는 방법론에 초점을 맞춘 최적화된 문법 교재입니다.

딱 한 문제가 어렵습니다.

지난 수년간 당락을 결정짓는 문법 킬러문항이 매년 출제되었습니다. 과거만큼 지나치게 어렵지는 않지만 만만치 않은 문법 문제가 두 차례 발표된 쉬워진 출제기조 전환 예시문제에서도 여지없이 등장했습니다. 공시영어에서 당락을 결정짓는 것은 바로 이 한 문제입니다. <전혀 다른 개념 문법>은 이 부분까지 염두에 두고 제작되었습니다. 따라서 <전혀 다른 개념 문법>을 마스터한다면 어려운 단 한 문제도 틀리지 않을 것입니다.

공무원 합격을 위한 영문법에 대한 해결책을 만들었습니다.

어려운 한 문제를 위해서 무엇보다도 중요한 것은 기본에 충실하셔야 합니다. <전혀 다른 개념 문법>은 우선 기본 문법 이론을 익히고 그 이론에 따른 문제풀이를 단계별(확인학습문제 → 실전문제 → 기출문제)로 학습할 수 있게 구성함으로써 공무원 영어 문법 문제에 대한 가장 확실한 해결책을 마련했습니다. 처음부터 끝까지 꾸준히 공부하신다면 영어 문법 문제는 만점입니다.

수험생 여러분께 경의를 표합니다.

끊임없는 치열한 경쟁 속에서 오직 하나의 목표를 위해 지금 이 책을 마주하고 있는 여러분의 궁극적 목표는 이번 공무원 시험에서의 합격일 것입니다. 그 합격을 위해 작은 마음을 보태고자 합니다. 모두 다 합격할 수는 없습니다. 단, 스스로를 잘 관리한다면 그리고 최선을 다한다면 그 합격의 영광은 여러분들에게 반드시 돌아올 것입니다. 힘내시고 <전혀 다른 개념 문법>과 함께 합시다. 합격의 영광을 곧 맞이하게 될 여러분께 경의를 표합니다.

모든 분들께 감사드립니다.

이 교재가 나오기까지 많은 힘을 실어 주신 박용 회장님께 깊은 감사를 드립니다. 또한 우리 연구실 직원들에게도 고마움을 표합니다. 마지막으로 주말을 반납하면서 애써주신 박문각 출판팀의 노고에 깊은 감사 말씀을 전합니다.

2024년 11월
수험생 여러분의 건승을 기원하며 노량진 연구실에서

이 책의
구성과 특징

문법

① 문법 포인트

문법 시험에 나올 수 있는 모든 문법 개념을 95개의 문법 포인트로 분류하여 예문과 함께 정리할 수 있게 하였습니다.

문법 포인트 001 주어를 찾는다.

문두(문장 처음 또는 접속사 다음)에 명사, 대명사, to부정사, 동명사, 명사절(의문사절)이 주어가 된다. 단, 전치사와 연결되는 명사는 주어가 될 수 없다.

❶ Participants of the meeting is having lunch.

❷ She is buying a book for her brother.

❸ To go to an amusement park is really exciting.

❹ Raising your children needs much effort.

❺ That he has much money makes me jealous.

❻ When he decided to leave is not important.

문법 포인트 095 비교 · 최상급 관용표현

❶ no more than : 단지 ~밖에 안 되는(=only) ⊖
  • I have no more than $10.

❷ no less than : (자그마치) ~나 되는(=as many/much as) ⊕
  • I have no less than $10.

❸ not more than : 기껏해야, 고작(=at most, at best) ⊖
  • I have not more than $10.

❹ not less than : 최소한(=at least) ⊕
  • I have not less than $10.

---

② 내 손으로 만드는 영문법 노트

수험생 스스로 강의 내용을 필기할 수 있는 공간을 만들어 자신만의 문법서 한 권을 만들 수 있도록 하였습니다.

❼ I know that one of the members doesn't like me.

→ 내 손으로 만드는 영문법 노트

---

③ 확인학습문제

각각의 문법 포인트 개념을 쉽게 이해하고 정리할 수 있도록 확인학습문제를 수록하였습니다.

확인학습 문제

01 다음 문장을 읽고 주어를 찾아 밑줄 긋고 S표시 하시오

1. The stoves that are in the kitchen are useful.

2. In the middle of night the woman is working out.

3. Those who look happy are my relatives.

4. To wear seat belt is good for your safety.

5. Getting up early is not always easy to me.

✎ 실전문제

01 다음 (A)와 (B)에 들어갈 말로 가장 적절한 것은?

A number of police ____(A)____, if test accident happens, ____(B)____ about to get there.

	(A)	(B)
①	officer	are

④ 실전문제

각 챕터별 문법 포인트 개념을 묶어 새롭게 바뀐 공무원 문법 문제의 유형에 맞춰 문제를 풀면서 다시 한 번 더 기본 개념을 정리할 수 있게 하였습니다.

📖 기출문제

01 밑줄 친 부분 중 어법상 옳지 않은 것은?

2025. 1차 출제기조 전환 예시

You may conclude that knowledge of the sound systems, word patterns, and sentence structures ① <u>are</u> sufficient to help a student ② <u>become</u> competent in a language. Yet we have all worked with language learners ③ <u>who</u> understand English structurally but still have difficulty ④ <u>communicating</u>.

⑤ 기출문제

문법 포인트에 제시된 문법 개념이 기출에서 어떤 형태로 출제되었는지 한 눈에 볼 수 있도록 각 챕터별 기출문제를 엄선하였습니다. 물론 출제기조 전환 예시문제도 모두 수록했습니다.

⑥ 정답 및 해설

좀 더 구체적이고 자세한 해설을 통해 펼쳐졌던 개념들을 하나로 모았습니다. 특히 <전혀 다른 개념 문법>에 제시된 모든 문제들을 해설편에 다시 수록하여 한 번 더 복습할 수 있도록 구성했습니다.

이 책의
차례

김세현 영어

전혀 다른
개념 문법

합격까지 박문각

동사

CHAPTER 01

동사의 수 일치

주어를 찾는다.

문두(문장 처음 또는 접속사 다음)에 명사, 대명사, to부정사, 동명사, 명사절(의문사절)이 주어가 된다. 단, 전치사와 연결되는 명사는 주어가 될 수 없다.

❶ Participants of the meeting is having lunch.

❷ She is buying a book for her brother.

❸ To go to an amusement park is really exciting.

❹ Raising your children needs much effort.

❺ That he has much money makes me jealous.

❻ When he decided to leave is not important.

❼ I know that one of the members doesn't like me.

해석 ❶ 그 회의의 참가자들이 점심 식사를 하고 있다.
　　 ❷ 그녀는 오빠에게 책 한권을 사주고 있다.
　　 ❸ 놀이공원에 가는 것은 정말 신난다.
　　 ❹ 자녀들을 기르는 것은 많은 노력이 필요하다.
　　 ❺ 그가 많은 돈을 갖고 있는 것이 나를 질투 나게 한다.
　　 ❻ 그가 언제 떠나는가를 결정하는 것은 중요하지 않다.
　　 ❼ 나는 그 회원들 중 한명이 나를 싫어한다는 것을 안다.
어휘 participant 참가자　amusement park 놀이공원　raise ① 올리다 ② 기르다, 양육하다 ③ 제기하다　effort 노력
　　 jealous 질투하는　decide 결정하다, 결심하다　leave 떠나다

─● 내 손으로 만드는 영문법 노트

확인학습 문제

01 다음 문장을 읽고 주어를 찾아 밑줄 긋고 S표시 하시오.

1. The stoves that are in the kitchen are useful.

2. In the middle of night the woman is working out.

3. Those who look happy are my relatives.

4. To wear seat belt is good for your safety.

5. Getting up early is not always easy to me.

6. Whether we lose or win does not matter.

7. What's learned in the cradle is carried to the grave.

8. That the earth goes around the sun is common sense.

문법 포인트 002 > 주어를 찾아서 단수 / 복수를 확인한다.

동사의 수 일치는 주어의 형태에 따라 정해진다. 즉 주어가 단수이면 동사는 단수동사를 주어가 복수이면 복수동사를 사용한다.

❶ Extensive programs to encourage kids are necessary.

❷ They are making delicious food for us in the kitchen.

❸ To get up early is what I should do nowadays.

❹ Solving the problems needs much effort and time.

❺ That he has many talents makes me feel good.

❻ Whether he committed another crime was not known.

┌─ 내 손으로 만드는 영문법 노트

해석 ❶ 아이들을 격려하는 광범위한 프로그램들이 필요하다.
　　 ❷ 그들은 우리를 위해 부엌에서 맛있는 음식을 만들고 있다.
　　 ❸ 아침 일찍 일어나는 것이 요즘 내가 해야 하는 것이다.
　　 ❹ 그 문제들을 해결하는 것은 많은 노력과 시간이 필요하다.
　　 ❺ 그가 많은 재능을 갖고 있는 것이 나를 기분 좋게 한다.
　　 ❻ 그가 또 다른 범죄를 저질렀는지는 알려지지 않았다.
어휘 extensive 광범위한　encourage 격려하다　kid 아이　necessary 필요한　delicious 맛있는　nowadays 요즘
　　 effort 노력　talent 재능　commit 저지르다　crime 범죄

확인학습 문제

02 다음 문장을 읽고 [ ] 안에서 어법상 적절한 것을 고르시오.

1. Street trees enclosed by concrete and asphalt [is / are] dying.

2. To solve many problems [is / are] no big deal in this situation.

3. Various theories of the subject [was / were] introduced then.

4. That she put a lot of effort into these works [is / are] not surprising to me.

5. I think that one of the best actors in the world [is / are] Gong-Yu.

6. Citizens advocating the campaign [was / were] demonstrating on the roadside.

7. Talking him into buying a new car [depends / depend] on your will.

8. Whether we accept their offer or not [is / are] not easy to decide.

문법 포인트 003 > 부정형용사 / 부정대명사 수 일치

동사의 수 일치에서 암기해야 하는 몇몇 내용들이 있다.

❶ A number of children are dying of hunger.

❷ The number of hungry children is increasing.

❸ Many a student is learning English.

> 참고 Many students are learning English.

❹ [Each, Either, Neither, Every] answer is correct.

❺ [Each, Either, Neither] is correct.

❻ All that I want to do is to wait for you.

❼ All that I want to meet are in the classroom.

🖋

해석 ❶ 많은 아이들이 굶주림으로 죽어가고 있다.　　❷ 굶주린 아이들의 수는 증가하고 있다.
　　 ❸ 많은 학생들이 영어를 배우고 있다.　　　　　❹ 각각의 (모든) 대답은 옳다 (옳지 않다).
　　 ❺ 각각의 대답은 옳다 (옳지 않다).　　　　　　❻ 내가 하고 싶은 모든 것은 당신을 기다리는 것이다.
　　 ❼ 내가 만나고 싶은 모든 사람들이 교실에 있다.
어휘 hunger 굶주림, 배고픔　increase 증가하다　correct 올바른

확인학습 문제

03 다음 문장을 읽고 [   ] 안에서 어법상 적절한 것을 고르시오.

1. All that knew Ms. Lee [misses / miss] her too much.

2. Each of the exhibits [has / have] a supplementary explanation in English.

3. Many a doctor [has / have] recommended a reduction in stress.

4. A number of employees opposed to this rule [was / were] fired yesterday.

5. All that I want to gain [is / are] her position and property.

6. Every word and phrase of his speech [reflects / reflect] his earnestness.

7. The number of children attending schools [becomes / become] more than doubled.

문법 포인트 004 수 일치 주의사항

❶ Half of the passengers were injured in the accident.

❷ The rest of her books are comic books.

┌ 부분주어

most, some, a lot, half, part, rest, majority, minority, 분수 (%)

❸ 10 miles is a good distance for to walk in a day.

❹ Physics is a difficult subject but ethics is easy one.

┌ 학과명 주어

| • mathematics 수학 | • politics 정치학 | • physics 물리학 | • ethics 윤리학 |
| • gymnastics 체육 | • phonetics 음성학 | • economics 경제학 | • statistics 통계학 |

❺ Not only he but also I am confused of it.
　 = I as well as he am confused of it.

❻ Neither the man nor we know the fact.

❼ Both you and I are not good at English.

참고 상관 접속사 주어와 동사 수 일치

not only A but (also) B = B as well as A	A뿐만 아니라 B도 역시	B에 일치
either A or B	A, B 둘 중 하나	B에 일치
neither A nor B	A, B 둘 다 아니다	B에 일치
not A but B	A가 아니라 B다	B에 일치
both A and B	A, B 둘다	항상 복수

해석 ❶ 그 사고에서 승객 중 절반이 다쳤다.　　　❷ 그녀의 책들 중 나머지는 만화책 들이다.
　　 ❸ 10마일은 그녀가 하루 동안 걷기에 상당한 거리이다.　❹ 물리학은 어려운 과목이지만 윤리학은 쉽다.
　　 ❺ 그 사람뿐만 아니라 나도 또한 그것에 대해 혼란스럽다. ❻ 그 사람도 우리도 그 사실을 모른다.
　　 ❼ 당신과 나 둘 다 영어를 잘 못한다.
어휘 passenger 승객　accident 사고　comic book 만화책　distance 거리
　　 confuse 혼란스럽게 하다, 헷갈리게 하다

→ 내 손으로 만드는 영문법 노트

확인학습 문제

04 다음 문장을 읽고 [ ] 안에서 어법상 적절한 것을 고르시오.

1. The Jasons as well as my family [makes / make] ends meet.

2. Three quarters of beer [has / have] gone bad since then.

3. Neither she nor I [has / have] any plan for the weekend.

4. Three million dollars [is / are] a lot of money to keep under your mattress.

5. Economics on an unemployment rate hardly [makes / make] me understood.

6. The majority of young people [wants / want] to become public officers.

문법 포인트 005 > 주어 동사의 도치

❶ A nice house stood <u>on the hill in front of them</u>.
→ On the hill in front of them stood a nice house.

❷ I <u>little</u> dreamed that he would come home.
→ Little did I dream that he would come home on time.

부정어구

never, little, seldom, hardly, scarcely, rarely, barely not until, not only, no longer, no sooner

❸ People who don't have courage are <u>unhappy</u>.
→ Unhappy are people who don't have courage.

❹ She looked <u>so beautiful</u> that everyone watched her for a long time.
→ So beautiful did she look that everyone watched her for a long time.

┼ 내 손으로 만드는 영문법 노트

해석 ❶ 그들 앞에 있는 언덕 위에는 멋진 집이 (서) 있었다.
❷ 나는 그가 집에 올 것이라고는 꿈도 꾸지 않았다
❸ 용기 없는 사람들은 불행하다.
❹ 그녀는 너무 예뻐서 모든 사람들이 오랫동안 그녀를 보았다.
어휘 little 거의 ~ 않는 courage 용기 for a long time 오랫동안

❺ He came to know the seriousness <u>only then</u>.

　→ Only then did he come to know the seriousness.

❻ I had been to New York and <u>so has Jane</u>.

　→ I hadn't been to New York and <u>neither had Jane</u>.

❼ Many students are <u>there/here</u>.

　→ There/Here are many students.

→ 내 손으로 만드는 영문법 노트

해석 ❺ 그는 그때서야 상황의 심각성을 알게 되었다.
　　❻ 나는 뉴욕에 가본 적이 있고 Jane도 가본 적이 있다.
　　　→ 나는 뉴욕에 가본 적이 없고 Jane도 가본 적이 없다.
　　❼ 많은 학생들이 거기에 / 여기에 있다.
어휘 **come to** ⓥ ⓥ하게끔 되다　**seriousness** 심각성
　　then ① 그 당시에는, 그때 (에는) ② 그리고 나서 ③ 그러면, 그렇다면 ④ 그러나

확인학습 문제

05 다음 문장을 읽고 [   ] 안에서 어법상 적절한 것을 고르시오.

1. After a storm [a calm comes / comes a calm].

2. There [people were / were people] who obtain their water in some villages.

3. Only when I was young [did I know / I knew / knew I] the secret.

4. I did not recognize her name and [nor / neither] [John did / did John].

5. Rarely [the fact embarrassed / did the fact embarrass] me when I heard of the news.

6. Around the corner of the road [a bad thing happened / happened a bad thing].

7. So dangerous [the weather conditions were / were the weather conditions] that all terminals shut down.

실전문제

01 다음 (A)와 (B)에 들어갈 말로 가장 적절한 것은?

> A number of police ___(A)___, if test accident happens, ___(B)___ about to get there.

	(A)	(B)
①	officer	are
②	officer	is
③	officers	are
④	officers	is

02 다음 (A)와 (B)에 들어갈 말로 가장 적절한 것은?

> Ms Hogan, vice-principal of a junior high-school in Chicago, is going to be a principal when great changes in the near but uncertain future ___(A)___ in the school. If so, her school that faces challenges ___(B)___ on the point of growing rapidly.

	(A)	(B)
①	happen	are
②	happen	is
③	happens	are
④	happens	is

03 밑줄 친 부분 중 어법상 가장 적절한 것은?

① Not until he <u>was</u> 50 did he start to write.

② On the platform women <u>stand</u> in black dresses.

③ All of the committee <u>is</u> attending the late evening meeting.

④ Uncommon <u>is</u> psychological researches of women who have ASD.

04 다음 밑줄 친 부분 중 어법상 적절하지 않은 것은?

It has long been part of folk wisdom that birth order strongly ① <u>affects</u> personality, intelligence and achievement. However, a fourth of the research which ② <u>claims</u> that firstborns are radically different from other children ③ <u>have</u> been discredited, and it now seems that any effects of birth order on intelligence or personality ④ <u>are</u> likely to be washed out by all the other influences in a person's life.

05 다음 밑줄 친 부분 중 어법상 적절하지 않은 것은?

At the same time, however, we know that many an artist usually ① <u>limits</u> themselves quite forcefully by choice of material and form of expression. To make the choice to express a feeling by carving a specific form from a rock without the use of high technology or colors ② <u>restrict</u> the artist significantly. A lot of choices that all agree with ③ <u>are</u> not made to limit creativity, but rather to cultivate it. When everything is possible, creativity has no tension. Creativity is strange in that it finds its way in any kind of situation, no matter how restricted, just as the same amount of water ④ <u>flows</u> faster and stronger through a narrow strait than across the open sea.

06 다음 밑줄 친 부분 중 어법상 적절하지 않은 것은?

The news that fairness in distributing access to an institution ① has nothing to do with the virtue that associations appropriately ② pursue ③ explain why tracing the values ④ is negligible.

07 다음 밑줄 친 부분 중 어법상 적절하지 않은 것은?

The descriptions of sound production ① have been rewritten in this edition, so as to update the theory of sound and to provide better practical advice regarding pronunciation problems. Several figures, in order to achieve greater accuracy and clearer detail, ② have been redrawn. The authors have tried to eliminate traces of gender-biased attitudes, where those which were detected in a definite attempt ③ have been made to balance female and male references. Despite many adversities and setbacks until finishing this, the most significant kind of change in these new editions ④ are the result of the effort we have made to introduce more use of language for real communicative purposes in the learning activities suggested for students to carry out.

기출문제

01 밑줄 친 부분 중 어법상 옳지 않은 것은? 2025. 1차 출제기조 전환 예시

You may conclude that knowledge of the sound systems, word patterns, and sentence structures ① <u>are</u> sufficient to help a student ② <u>become</u> competent in a language. Yet we have all worked with language learners ③ <u>who</u> understand English structurally but still have difficulty ④ <u>communicating</u>.

02 다음 밑줄 친 부분 중 어법상 적절하지 않은 것은? 2023. 국가직 9급

While advances in transplant technology have made ① <u>it</u> possible to extend the life of individuals with end-stage organ disease, it is argued ② <u>that</u> the biomedical view of organ transplantation as a bounded event, which ends once a heart or kidney is successfully replaced, ③ <u>conceal</u> the complex and dynamic process that more ④ <u>accurately</u> represents the experience of receiving an organ.

03 밑줄 친 부분 중 어법상 옳지 않은 것은? 2022. 국가직 9급

To find a good starting point, one must return to the year 1800 during ① <u>which</u> the first modern electric battery was developed. Italian Alessandro Volta found that a combination of silver, copper, and zinc ② <u>were</u> ideal for producing an electrical current. The enhanced design, ③ <u>called</u> a Voltaic pile, was made by stacking some discs made from these metals between discs made of cardboard soaked in sea water. There was ④ <u>such</u> talk about Volta's work that he was requested to conduct a demonstration before the Emperor Napoleon himself.

04 어법상 옳지 않은 것을 고르시오. 2022. 지방직 9급

① He asked me why I kept coming back day after day.

② Toys children wanted all year long has recently discarded.

③ She is someone who is always ready to lend a helping hand.

④ Insects are often attracted by scents that aren't obvious to us.

05 밑줄 친 부분 중 어법상 옳지 않은 것은? 2021. 지방직 9급

Elizabeth Taylor had an eye for beautiful jewels and over the years amassed some amazing pieces, once ① <u>declaring</u> "a girl can always have more diamonds." In 2011, her finest jewels were sold by Christie's at an evening auction ② <u>that</u> brought in $115.9 million. Among her most prized possessions sold during the evening sale ③ <u>were</u> a 1961 bejeweled time piece by Bulgari. Designed as a serpent to coil around the wrist, with its head and tail ④ <u>covered</u> with diamonds and having two hypnotic emerald eyes, a discreet mechanism opens its fierce jaws to reveal a tiny quartz watch.

CHAPTER

02

동사의 시제 일치

문법 포인트 **006** 현재 시제 (V 또는 Vs/es)

지금 현재의 사실, 상태, 습관, 불변의 진리(과학적 사실, 일반적 통념, 속담)는 현재시제를 사용한다.
시간이나 조건의 부사절에서는 현재시제를 미래시제 대신 사용해야 한다.

❶ I like an apple but, my wife doesn't like it.

❷ My father goes jogging at six every morning.

❸ Water freezes at 0℃ and boils at 100℃.

❹ I will call you when I get there.

┌ 내 손으로 만드는 영문법 노트

해석 ❶ 나는 사과를 좋아하지만 아내는 그렇지 않다.
　　 ❷ 아버지는 매일 아침 6시에 조깅을 한다.
　　 ❸ 물은 섭씨 0도에서 얼고 섭씨 100도에서 끓는다.
　　 ❹ 내가 거기에 도착하면 전화할게.
어휘 **every morning** 매일 아침　**freeze** 얼다, 얼리다　**boil** 끓다, 끓이다　**get** ~에 이르다, 다다르다, 도착하다

문법 포인트 007 > 과거 시제(Ved)

과거의 동작이나 상태 또는 역사적 사실은 과거시제를 사용한다. 과거표시부사(구)가 있으면 반드시 과거
시제를 사용해야 한다.

❶ I lost my wallet yesterday.

❷ She met him last week.

❸ The movie started about ten minutes ago.

❹ Columbus who was a pioneer discovered America in 1492.

→ 내 손으로 만드는 영문법 노트

과거 표시 부사(구)

ago, then(=at that time, those days), last(year/night), once, in the past, yesterday,
in+과거연도

해석 ❶ 나는 어제 지갑을 잃어 버렸다.   ❷ 그녀는 지난주에 그를 만났다.
      ❸ 그 영화는 대략 10분 전에 시작했다.   ❹ 개척자였던 Columbus는 미 대륙을 1492년에 발견했다.
어휘 wallet 지갑 pioneer 개척자, 선구자 discover 발견하다

문법 포인트 008 > 미래 시제 (will + 동사원형)

미래에 발생할 일 또는 주어의 의지나 결심으로 일어나게 될 일을 표현할 때 사용하는 시제가 미래시제이다.

❶ There will be a midterm next Monday.

❷ I will do this despite your objection.

❸ I will visit him when I come to Seoul.

❹ I will go on a picnic if it is fine tomorrow.

→ 내 손으로 만드는 영문법 노트

when/if 다음 미래시제를 사용하는 경우

① I will ask if he will get there. 난 그가 거기에 도착할지 물어볼 것이다.
② I don't know when he will come home. 난 그가 언제 집에 올지 모른다.

해석 ❶ 다음 주 월요일 중간고사가 있을 것이다.　❷ 당신의 반대에도 불구하고 나는 이 일을 할 것이다.
　　　❸ 나는 서울에 오면 그를 방문할 것이다.　❹ 내일 날씨가 좋으면 소풍을 갈 것이다.
어휘 midterm 중간고사　despite ~에도 불구하고　objection 반대　go on a picnic 소풍을 가다

문법 포인트 **009** 〉 **미래 시제 대용**

❶ My uncle comes here tomorrow night.

❷ Tim and Jane are getting married next month.

❸ I am going to clean this room tonight.

❹ They are planning to go shopping at the department store.

❺ The items are scheduled to be sent next month October 13.

→ 내 손으로 만드는 영문법 노트

해석 ❶ 내 삼촌이 내일 밤 여기에 올 것이다. ❷ 팀과 제인은 다음 달에 결혼할 예정이다.
　　 ❸ 나는 오늘 저녁 이 방을 치울 것이다. ❹ 그들은 백화점에서 쇼핑할 계획이다.
　　 ❺ 그 품목들은 다음 달 10월 13일에 보내질 예정이다.
어휘 department store 백화점

확인학습 문제

01 다음 문장을 읽고 [   ] 안에서 어법상 적절한 것을 고르시오.

1. General Yi Sun-sin [passes / passed] away in Noryang battle in 1598.

2. We [are / were] due to enjoy a great vacation on Mars in the near future.

3. I once [want / wanted] to be a politician.

4. Could you tell me when he [comes / will come] back home?

5. Unfortunately, Peter and Olivia [are / were] getting divorced next Friday.

6. If I have some free time tomorrow, I [go / will go] to a theme park.

문법 포인트 010 ▷ 현재완료

과거에 발생한 일이 현재까지 이어져 어떤 형태로든 현재에 영향을 미칠 때 사용하는 시제이다.

❶ It has been 15 years since we met each other.

❷ Movie industry has changed over the past 20 years.

→ 내 손으로 만드는 영문법 노트

현재완료
해석 ❶ 우리가 서로 만난 지 15년이 지났다.
　　 ❷ 영화 업계는 지난 20년 동안 변화해 왔다.
어휘 since ① ~때문에 ② ~이래로, ~이후로　industry ① 산업 ② 업계　run away 도망치다　over ~동안

문법 포인트 011 > 과거 완료

과거완료는 과거보다 이전에 있었던 일(대과거)을 설명할 때 사용하는 시제이다.

❶ The rabbit had hardly/scarcely seen the hunter when/before he ran away.
→ Hardly/Scarcely had the rabbit seen the hunter when/before he ran away.

❷ The rabbit had no sooner seen the hunter than he ran away.
→ No sooner had the rabbit seen the hunter than he ran away.

→ 내 손으로 만드는 영문법 노트

해석 ❶ 사냥꾼을 보자마자, 토끼는 달아났다.
　　 ❷ 사냥꾼을 보자마자, 토끼는 달아났다.
어휘 hardly [scarcely / no sooner] A when [before / than] B A하자마자 B했다   run away 도망치다

문법 포인트 012 > 진행형 불가동사

상태, 인지, 감각, 감정, 소유동사는 진행시제를 사용 할 수 없다.

❶ My son is resembling me very much. (×)
→ My son resembles me very much. (○)

❷ I was knowing he left school after graduation. (×)
→ I believe he leaves school after graduation. (○)

❸ This soup is tasting too salty. (×)
→ This soup tastes too salty. (○)

❹ I am disliking the fact that he is right. (×)
→ I dislike the fact that he is right. (○)

❺ The tickets for the movie are belonging to Jane. (×)
→ Jane has tickets for the movie. (○)

진행형 불가동사

❶ 상태동사	❷ 인지동사
resemble	know

❸ 감각동사	❹ 감정동사
smell, look, taste, sound	like, dislike, want, hate, prefer

❺ 소유동사
belong to

해석 ❶ 나의 아들은 나를 많이 닮았다.   ❷ 나는 그가 졸업 후 학교를 떠날 거라는 것을 알았다.
     ❸ 이 수프는 너무 짜다.   ❹ 나는 그가 옳다는 사실이 싫다.
     ❺ 그 영화표는 Jane의 것이다.
어휘 resemble ~와 닮다   salty (맛이) 짠   right ① 올바른, 옳은 ② 권리   belong to ① ~에 속하다 ② ~의 소유이다

확인학습 문제

02 다음 (A)와 (B)에 들어갈 말로 가장 적절한 것은?

> Korea's imports of Middle East oil _____(A)_____ no sooner plunged than economic crisis _____(B)_____.

	(A)	(B)
①	had	ended
②	have	ended
③	had	had ended
④	have	had ended

03 다음 밑줄 친 부분 중 어법상 적절하지 않은 것은?

> Scarcely ① <u>had</u> Mrs. Ferry left my company when I met her by chance on the street. All of a sudden, I remembered your request for a person to work with you two weeks ago. So, I am now writing in response to your request. She ② <u>has worked</u> as my secretary for the last three years and has been an excellent employee. I ③ <u>am knowing</u> that she meets all the requirements mentioned in your job description and indeed exceeds them in many ways. I ④ <u>have never had</u> reason to doubt her complete integrity since then. And so, I am recommending Mrs. Ferry for the post that you advertise.

문법 포인트 013 〉 시제 일치 및 주의사항

주절과 종속절의 동사 시제를 글의 흐름상 문맥에 맞게 선택하는 것이 시제 일치이다.

❶ He said that he went home.

❷ He said that he had gone home.

❸ He said that the earth is round.

❹ By the time she arrives, we will be out.

❺ When have you gone to New York? (×)

❻ When he was young, he goes to church. (×)

→ 내 손으로 만드는 영문법 노트

해석 ❶ 그는 집에 갔다고 말했다.　　　　　　❷ 그는 집에 갔다고 말한다(말했다).
　　 ❸ 그는 지구가 둥글다고 말했다.　　　　　❹ 그녀가 도착할 때쯤 우리는 밖에 있을 것이다.
　　 ❺ 언제 뉴욕에 갔었니?　　　　　　　　　❻ 그가 어렸을 때 그는 교회에 간다(갔다).
어휘 round 둥근　by the time ~할 때쯤, ~할 때까지

04 다음 문장을 읽고 [   ] 안에서 어법상 적절한 것을 고르시오.

1. When [have you heard / did you hear] the news?

2. I will keep in touch with you if I [is getting / get] there.

3. When I finished the task, I [go / went] home with her.

4. The teacher told us that he [is / was] interested in phonetics.

5. The principal who is about to speak to the students [will show /showed] up soon.

✎ 실전문제

01 밑줄 친 부분에 들어갈 말로 가장 적절한 것을 고르시오.

> A friend of mine didn't figure out the formula and _____ my sister.

① so was
② nor did
③ neither did
④ neither was

02 밑줄 친 부분에 들어갈 말로 가장 적절한 것을 고르시오.

> The moment is so scary to her. As soon as he _____ his back, she will make herself escape.

① will have turned
② is turning
③ will turn
④ turns

03 밑줄 친 부분에 들어갈 말로 가장 적절한 것을 고르시오.

> My geography teacher explained to us that the earth goes around so the sun always rises in the east two days ago in his class. However, all that were there _____ his explanation.

① don't understand
② didn't understand
③ hadn't understood
④ doesn't understand

04 밑줄 친 부분에 들어갈 말로 가장 적절한 것을 고르시오.

> If you are personally acknowledged by your teachers, you will study hard. However, I wonder if you _____ your best.

① try

② tried

③ will try

④ had tried

05 밑줄 친 부분 중 어법상 적절하지 않은 것은?

> When we reached the restaurant with no reservation, we ① <u>realized</u> that we became too late. At the very moment, the manager in the restaurant ② <u>told</u> us that there ③ <u>will be</u> an hour and a half wait, and so we ④ <u>headed</u> for another place.

06 밑줄 친 부분 중 어법상 적절하지 않은 것은?

A Caucasian territory ① <u>has been</u> the center of the incessant political turmoil since its beginnings in the late 18th century. However, despite sporadic uprisings it ② <u>was</u> eventually pacified by the Russians those days. Together with Ingushnya, it ③ <u>formed</u> part of the Soviet Union as an Autonomous Soviet Republic within Russian over the last two hundred years. Through continuing uprising, hardly had Soviet Union collapsed when Chechnyan autonomy against Russian / Soviet rule ④ <u>began</u> to shape.

07 밑줄 친 부분 중 어법상 가장 적절한 것은?

① When he left his hometown 10 years ago, little <u>does he dream</u> that he could never see it again.

② North Korea's imports of China oil <u>had skyrocketed</u> by 40percent in 2020.

③ No sooner <u>has the boy fallen</u> asleep than his father came home.

④ Please tell me when your dad <u>will come</u> back home.

기출문제

01 밑줄 친 부분에 들어갈 말로 가장 적절한 것을 고르시오. 　　2025. 출제기조 전환 예시

> By the time she ＿＿＿＿＿ her degree, she will have acquired valuable knowledge on her field of study.

① will have finished
② is finishing
③ will finish
④ finishes

02 우리말을 영어로 잘못 옮긴 것을 고르시오. 　　2023. 지방직 9급

① 식사를 마치자마자 나는 다시 배고프기 시작했다.

　→ No sooner I have finishing the meal than I started feeling hungry again.

② 그녀는 조만간 요금을 내야만 할 것이다.

　→ She will have to pay the bill sooner or later.

③ 독서와 정신의 관계는 운동과 신체의 관계와 같다.

　→ Reading is to the mind what exercise is to the body.

④ 그는 대학에서 의학을 공부했으나 결국 회계 회사에서 일하게 되었다.

　→ He studied medicine at university but ended up working for an accounting firm.

03 어법상 옳은 것은? 　　2021. 국가직 9급

① Cindy loved playing the piano, and so was her son.
② I was born in Taiwan, but I have lived in Korea since I started work.
③ The novel was so excited that I lost track of time and missed the bus.
④ It's not surprising that book stores don't carry newspapers any more, doesn't it?

CHAPTER 03

동사의 태 일치

문법 포인트 014 〉 능동과 수동의 형태

❶ Someone stole my purse. (능동)

→ My purse was stolen (by someone). (수동)

❷ People have helped the orphans. (능동)

→ The orphans have been helped (by people). (수동)

❸ They were repairing the roof. (능동)

→ The roof was being repaired (by them). (수동)

❹ We should clean the bathroom. (능동)

→ The bathroom should be cleaned (by us). (수동)

┌ 내 손으로 만드는 영문법 노트

해석 ❶ 누군가가 내 지갑을 훔쳤다. → 내 지갑이 (누군가에 의해) 도난당했다.
　　　 ❷ 사람들은 고아들을 도왔다. → 고아들이 (사람들에 의해) 도움을 받았다.
　　　 ❸ 그들이 지붕을 수리하고 있었다. → 지붕이 (그들에 의해) 수리되고 있었다.
　　　 ❹ 우리는 욕실을 깨끗이 해야만 한다. → 욕실이 (우리에 의해) 깨끗해 져야 한다.
어휘 purse 지갑 orphan 고아 repair 고치다, 수리하다 bathroom 욕실

문법 포인트 015 > 능동과 수동을 구별하는 방법

❶ Hemingway [wrote / was written] *Old Man and the Sea.*

❷ The dog [killed / was killed] on the street.

❸ The hospital [affiliated / was affiliated] with the local university.

❹ The demand of jeans [surged / was surged] in this week.

→ 내 손으로 만드는 영문법 노트

해석 **❶** 헤밍웨이는 <노인과 바다>를 썼다.　　　　　　　**❷** 그 개는 도로 위에서 죽음을 당했다.
　　　❸ 그 병원은 지역 대학과 제휴되어 있었다.　　　　　**❹** 이번 주에 청바지의 수요가 급등했다.
어휘 **affiliate** 제휴하다, 연계하다　**local** 지역의　**demand** 수요　**surge** 치솟다, 급등하다
정답 **❶** was written **❷** was killed **❸** was affiliated **❹** surged

문법 포인트 016 > 수동태 불가 동사 암기

1 주요 1형식 수동태 불가 동사

❶ 나고 오는 동사

come 오다	return 돌아오다	arrive 도착하다
appear 나타나다	emerge 나오다, 나타나다	
happen 일어나다, 발생하다(= occur, arise, take place, break out)		

❷ 존재하며 사는 동사

rest 휴식하다	last 지속되다	work 일하다
breathe 숨 쉬다	sleep 잠자다	laugh 웃다
remain 남아 있다	yawn 하품하다	continue 계속하다
function 기능하다	live 살다	lie ~에 있다, 눕다
survive 생존하다, 살아남다	wake 깨다	settle ~에 정착하다
dwell ~에 거주하다(= reside)	be ~에 있다, 존재하다(= exist)	extend ~에 걸쳐 있다(= range)

❸ 올라갔다 내려갔다 증감 동사

increase 증가하다	decrease 감소하다	soar 치솟다
skyrocket 치솟다	rise 오르다	stand 서다
sit 앉다	fall 떨어지다	surge 급등하다
plunge 급감하다	jump 뛰어오르다	dwindle 줄어들다
develop 발전하다	evolve 진화하다	decline 감소하다(↔ grow)

❹ 왔다 갔다 움직임 동사

walk 걷다	roam 배회하다	wander 배회하다
run 뛰다	travel 여행하다	move 움직이다, 이사하다
migrate 이주하다		

❺ 가고 끝나는 동사

go 가다	die 죽다	disappear 사라지다
vanish 사라지다	depart 출발하다	end 끝나다
leave ~를 향해 가다	cease 중단하다	stop 멈추다
expire 만료되다		

2 주요 2형식 수동태 불가 동사

❶ 2형식 기본 동사

be 이다, 하다   become 되다, 지다   stay 하다, 되다   remain 하다, 지다   keep 하다, 되다

❷ 2형식 감각 동사

smell (냄새가) ~인 것 같다   feel (느낌이) ~인 것 같다   taste (맛이)~인 것 같다
sound (소리가)~인 것 같다 (~처럼 들리다)   look (모습이)~인 것 같다 (~처럼 보이다)

❸ 2형식 동사 + 형용사 하나로 묶기

remain silent 침묵하다	keep healthy 건강해지다	stay awake 깨어 있다
go bad (음식들이) 상하다	go mad 미치다	go wrong (일이) 잘못되다
come loose 느슨해지다	fall(run) short 부족해지다	fall sick 병이 들다
fall asleep 잠들다	run dry (강 등이) 마르다	continue weak 약해지다
lie thick 두텁게 쌓이다	grow distant (관계가) 멀어지다	grow loud 시끄러워지다
come true 실현되다	hold good 유효하다	turn pale 창백해지다
prove effective 효과적이다	seem (to be) hard 아픈 것 같다	

→ 내 손으로 만드는 영문법 노트

3 주요 3형식 수동태 불가 (소유 / 상태) 동사

have 가지다	belong to ~에 속하다	possess 소유하다
own 소유하다	contain 포함하다	lack 부족하다
consist of ~로 구성되다	resemble 닮다	cost 비용이 들다
equal ~와 같다		

확인학습 문제))

01 다음 문장을 읽고 [   ] 안에서 어법상 적절한 것을 고르시오.

1. Smoking [was allowed / allowed] in public place.

2. The device [was expedited / expedited] delivery systems.

3. The committee [was consisted / consisted] of scientists and engineers.

4. The oil price [was plunged / plunged] in some Asian countries.

5. She [was looked / looked] nervous when she heard the bad news.

6. The spice [is imparted / imparts] an Eastern flavor to the dish.

7. The evidence [was appeared / appeared] from her room at last.

8. They [are remained / remained] good friends in spite of their quarrel.

9. The gallery [is possessed / possesses] a number of works.

10. Her parents who loved each other [were grown / grew] distant.

02 다음 밑줄 친 부분 중 어법상 가장 적절한 것은?
① Peter Smith <u>was migrated</u> from U.S. to Rome.
② The price of oil <u>has dwindled rapidly</u> nowadays.
③ The police officer <u>wandered useless</u> around the building.
④ Spoken words <u>were emerged</u> as a powerful tool for new ideas.

03 다음 밑줄 친 부분 중 어법상 가장 적절한 것은?
① I feel <u>happily</u> whenever I saw her.
② Autumn leaves <u>are lain</u> thick on the field.
③ She turned pale and her voice <u>sounded strange</u>.
④ This rule <u>is held</u> good to all students in the university.

문법 포인트 017 > 3형식 수동태

❶ Someone stole my bag in the school. (능동)
  → My bag was stolen in the school. (수동)

❷ They repaired the oven quickly. (능동)
  → The oven was repaired quickly. (수동)

문법 포인트 018 > 명사절 수동태

❶ People believe that he is lucky.
  → That he is lucky is believed (by people).
  → It is believed that he is lucky (by people).
  →

❷ People believe that he was lucky.
  → That he was lucky is believed (by people).
  → It is believed that he was lucky (by people).
  →

3형식 수동태
해석 ❶ 누군가가 학교에서 내 가방을 훔쳤다. → 내 가방이 학교에서 훔쳐졌다.
    ❷ 그들은 빨리 오븐을 수리했다. → 오븐이 빨리 수리됐다.

명사절 수동태
해석 ❶ 사람들은 그가 운이 좋다고 말한다.
    ❷ 사람들은 그가 운이 좋았다고 말한다.

확인학습 **문제**)||||||||||||||||||||||||||||||||||||||||||||||||||||||||||||||||||||||||||||||||||||||||||||||||||

04 다음 문장을 수동태로 고치시오.

1. Somebody thought that the couple were divorced.

   →

   →

   →

2. They said that our team had lost the game.

   →

   →

   →

05 다음 우리말을 영어로 잘못 옮긴 것은?

> 그들은 그녀가 그를 때렸다고 믿는다.

① They believe that she hit him.

② That she hit him is believed.

③ It is believed that she hit him.

④ She is believed to hit him.

문법 포인트 019 〉 **구동사 수동태**

❶ The teacher was looking for his students.
→ His students were being looked for by the teacher.
→ His students were being looked by the teacher. (×)
→ His students were being looked for the teacher. (×)

❷ They referred to Ben as 'a nice guy'.
→ Ben was referred to as 'a nice guy' (by them).
→ Ben was referred as 'a nice guy'. (×)
→ Ben was referred to 'a nice guy'. (×)

↦ 내 손으로 만드는 영문법 노트

___

구동사

• account for ~을 설명하다	• cope with ~에 대처하다	• interfere with ~을 방해하다
• resort to ~에 의존하다	• go with ~와 어울리다	• interfere in ~에 개입하다
• operate on ~를 수술하다	• look at ~을 보다	• look for ~를 찾다
• listen to ~을 듣다	• insist on ~을 주장하다	• apply for ~을 신청하다
• subscribe to ~을 구독하다	• enter into ~을 시작하다	• object to ~에 반대하다
• dispose of ~을 처분하다/없애다	• run into (over) ~을 치다	• refer to ~을 언급하다
• lead to ~을 초래하다	• result in ~을 초래하다	• collide with ~와 충돌하다
• react(respond) to ~에 반응하다	• experiment with ~을 실험하다	• laugh at 비웃다
• rely(depend/count) on ~에 의존하다, ~에 달려있다		• stem(derive) from ~에서 유래하다

해석 ❶ 그 선생님은 그의 학생들을 찾고 있었다.
　　 ❷ 그들은 벤을 '좋은 남자'라고 언급했다.

확인학습 문제

06 밑줄 친 부분에 들어갈 말로 가장 적절한 것을 고르시오.

> My own decisions that are always supported by many civilians have
> _____ some public officers.

① interfered
② been interfered
③ been interfered by
④ been interfered with by

07 밑줄 친 부분에 들어갈 말로 가장 적절한 것을 고르시오.

> Her unhappy schooldays _____ in her autobiography.

① were occasionally referred to
② were occasionally referred
③ occasionally referred to
④ occasionally referred

문법 포인트 020 ▷ 자동사로 착각하기 쉬운 3형식 동사

❶ I never mentioned how beautiful she was.
→ I never mentioned about how beautiful she was. (×)

❷ I resemble my mom but my sister does her dad.
→ I resemble with my mom but my sister does her dad. (×)

내 손으로 만드는 영문법 노트

자동사로 착각하기 쉬운 3형식 동사

- **enter (into)** ~에 들어가다
- **approach (to)** ~에 접근하다
- **answer (to)** ~에 답하다
- **inhabit (in)** ~에 살다, 거주하다
- **accompany (with)** ~와 동행하다
- **affect (on)** ~에 영향을 끼치다
- **comprise (to)** ~로 구성되다
- **mention (about)** ~에 대해 언급하다

- **attend (in/on)** ~에 참석하다
- **marry (with)** ~와 결혼하다
- **follow (behind)** ~의 뒤를 따르다
- **resemble (with)** ~을 닮다
- **influence (on)** ~에 영향을 주다
- **equal (to)** ~과 같다
- **oppose (to)** ~에 반대하다

- **reach (at/in/to)** ~에 도착하다
- **access (to)** ~에 접근하다
- **obey (to)** ~에 복종하다
- **greet (to)** ~을 환대하다, 인사하다
- **await (for)** ~를 기다리다
- **Join (with)** ~와 함께하다
- **discuss (about)** ~에 대해 토론하다

해석 **❶** 나는 그녀가 얼마나 아름다운지 결코 언급하지 않았다.
❷ 나는 엄마를 닮았지만 내 여동생은 아빠를 닮았다.
어휘 mention 언급하다 resemble ~와 닮다

문법 포인트 **021** ▷ 똑같은 동사라도 자/타동사 둘 다 될 수 있다

❶ The oil price increased because of the recession.

❷ The recession increased the oil price.

┌ 내 손으로 만드는 영문법 노트

| |
| |

자동사로 착각하기 쉬운 3형식 동사 암기

자동사 : 동작이나 상태가 주어 자신에게만 미치는(영향을 주는)동사
타동사 : 동작이나 상태가 주어에게 미치지 않고 동작이나 상태의 대상이 필요한 동사

문법 포인트 **022** ▷ 자릿값에 따라 의미가 완전히 달라지는 주요 동사

동사	1형식 자동사	3형식 타동사		동사	1형식 자동사	3형식 타동사
count	중요하다	세다, 계산하다		pay	이익이 되다	지불하다
do	충분하다	하다		run	달리다	운영하다
decline	감소하다	거절하다		stand	서다	참다, 견디다
survive	생존하다	이겨내다, 견디다		miss	실종되다, 사라지다	그리워하다, 놓치다
leave	~를 향해 떠나다	~를 떠나다		settle	정착하다	해결하다

해석 ❶ 기름 값이 불황 때문에 올랐다. ❷ 불황이 기름 값을 올렸다.
어휘 increase ① 증가하다 ② 증가시키다 recession 불황

확인학습 문제

08 다음 밑줄 친 부분 중 어법상 가장 적절한 것은?

① Art materials consist <u>of</u> paint, brushes, canvas, and so on.
② The entertainer denied answering <u>to</u> the questions against his family.
③ Some of the rare plants that inhabit <u>in</u> the area are in danger of extinction.
④ The manager is supervising whether his subordinates greet <u>to</u> the client well or not.

09 다음 우리말을 영어로 옮긴 것 중 적절하지 않은 것은?

① 심지어 비판적인 사람들조차도 모든 성공은 중요하다고 인정한다.
   → Even the critical admit that all success counts.
② 이 신발과 드레스면 그 파티를 위해서는 충분할 것이다.
   → These shoes and this dress will do for the party.
③ 솔직히 말해서 당신의 제안을 거절하게 되어서 유감입니다.
   → To be honest with you, I'm sorry to decline your offer.
④ 전문 경영인을 영입하는 것은 아마도 비용이 많이 들 것이다.
   → To scout a professional manager will probably pay too much.

문법 포인트 023 > 4형식 수동태

❶ The teacher gave us new solutions.
→ We were given new solutions by the teacher.
→ New solutions were given to us by the teacher.

❷ The gentleman cut me a piece of pizza.
→ I was cut a piece of pizza by the gentleman.
→ A piece of cake was cut for me by the gentleman.

→ 내 손으로 만드는 영문법 노트

해석 ❶ 선생님께서 우리에게 새로운 해결책을 주셨다.
❷ 그 신사가 나에게 피자 한 조각을 잘라주었다.
어휘 **solution** ① 해결 (책) ② 용액

❸ Someone informed me of their wedding plan.

   → Someone informed me that the couple would marry.

   → I was informed that the couple would marry.

   → I informed that the couple would marry. (×)

❹ People told employees that the factory shut down.

   → Employees were told that the factory shut down.

   → Employees told that the factory shut down. (×)

└ 내 손으로 만드는 영문법 노트

직접 목적어로 that절이 올 수 있는 동사

inform	~에게 …을 알리다	
notify	~에게 …을 알리다	
convince	~에게 …을 확신시키다	+ ┌ 목적어 + of + 명사 (3형식) ┐
remind	~에게 …을 상기시키다	└ 간접 목적어 + that절 (4형식) ┘
assure	~에게 …을 분명히 하다	

promise	~에게 …을 약속하다	+ ┌ 간접 목적어 + 직접 목적어 (4형식) ┐
tell	~에게 …을 말해 주다	└ 간접 목적어 + that절 (4형식) ┘

해석 ❸ 누군가가 나에게 그들의 결혼 계획을 알렸다.

    ❹ 사람들이 근로자들에게 공장이 문을 닫았다고 알려 주었다.

어휘 shut down 폐쇄하다, 문을 닫다

10 밑줄 친 부분에 들어갈 말로 가장 적절한 것을 고르시오.

> Students _____ French by teachers over the recent 3 years.

① have been taught
② have taught
③ were taught
④ taught

11 다음 중 밑줄 친 부분 중 어법상 적절하지 않은 것은?

① We <u>were told</u> there would be a 40-minute wait when arriving at the store.
② I <u>am convinced</u> that a tactical retreat is the best way to control my image.
③ The student <u>was noticed</u> that how uncomfortable the wooden chairs were in the classroom.
④ Since then, antique collectors <u>have promised</u> those customers that they are buying genuine products.

문법 포인트 024 〉 4형식 동사로 착각하기 쉬운 3형식 동사

❶ You can borrow books from him at any time.
　→ You can borrow him books at any time. (×)

❷ He explained to me the situation.
　→ He explained me the situation. (×)

→ 내 손으로 만드는 영문법 노트

4형식 동사로 착각하기 쉬운 3형식 동사

• announce 알리다	• explain 설명하다	• suggest 제안하다
• confess 고백하다	• describe 묘사하다	• introduce 소개하다
• borrow 빌리다	• say 말하다	• propose 제안하다
• mention 언급하다	• recommend 추천하다	• exchange 교환하다

해석 ❶ 선생님께서 우리에게 새로운 해결책을 주셨다.
　　 ❷ 그는 나에게 그 상황을 설명했다.
어휘 situation 상황

확인학습 문제))||||||||||||||||||||||||||||||||||||||||||||||||||||||||||||||||||||||||||||||||||||||||||||||||||||||||||||||||

12 밑줄 친 부분에 들어갈 말로 가장 적절한 것을 고르시오.

> Table tennis _____ that it is considered a popular sports.

① is convincing
② is convinced
③ convinced
④ convinces

13 다음 우리말을 영어로 옮긴 것 중 가장 적절한 것은?

① 우리는 다양한 방식으로 그들에게 그 사실을 알렸다.

　→ We announced them the fact in various ways.

② 나는 투명성이 동시에 증가되는 것을 당신에게 제안합니다.

　→ I propose you an increase in transparency at the same time.

③ 그녀는 새로운 프로그램을 설치하기 위해서 부모님에게 돈을 빌렸다.

　→ She borrowed her parents money to install the new program.

④ 당신은 내가 일부러 그랬다고 생각하지만 확실히 하건대 그렇지 않았다.

　→ You think I did it deliberately, but I assure you that I did not.

문법 포인트 025 > 5형식 수동태

❶ We were electing her chairman.
→ She was being elected chairman.

❷ People consider time more important than money.
→ Time is considered more important than money.

→ 내 손으로 만드는 영문법 노트

목적격 보어 자리에 명사를 사용하는 5형식 동사

• call 부르다   • name 이름 짓다   • elect 선출하다
• appoint 임명하다   • consider 여기다, 간주하다

목적격 보어 자리에 형용사를 사용하는 5형식 동사

• make 만들다 ~하게 하다   • find 알다   • keep 유지하다
• leave 남겨 두다   • consider 여기다, 간주하다

해석 ❶ 우리는 그녀를 회장으로 선출했다.
　　 ❷ 사람들은 시간을 돈보다 더 중요하다고 여긴다.
어휘 elect 선출하다　chairman 의장

❸ Someone longed him to keep the room clean.

→ He was longed to keep the room clean.

❹ They allowed me to get his car to start.

→ I was allowed to get his car to start.

→ 내 손으로 만드는 영문법 노트

목적격 보어 자리에 to부정사를 사용하는 5형식 동사

소망·기대 동사	want 원하다　like 좋아하다　expect 기대하다　long (for) 갈망하다
허락·금지 동사	allow 허락하다　permit 허락하다　forbid 금하다
명령·지시 동사	tell 지시하다　instruct 지시하다　order 명령하다　command 명령하다
강요(~하게 하다)동사	force 강요하다　get 하게 하다　cause 야기하다　compel 강요하다 impel 강요하다　drive 하게하다　lead 이끌다　　oblige 의무적으로 …하게 하다
요구·요청 동사	ask 요구하다　beg 요청하다　require 요청하다
설득·유도·격려 동사	persuade 설득하다　induce 설득하다　advise 충고하다　encourage 격려하다 inspire 격려하다　enable 할 수 있게 하다
인지 동사	perceive 감지하다　consider 여기다, 간주하다　think 생각하다　believe 믿다

해석 ❸ 누군가는 그가 방을 깨끗이 하기를 갈망한다.
　　 ❹ 그들은 내가 그의 자동차 시동을 걸 수 있도록 허락했다.
어휘 long 갈망하다　start (자동차의) 시동을 걸다

❺ I could see him break the window.

→ He could be seen to break the window by me.

❻ The company has made me work overtime.

→ I have been made to work overtime by the company.

❼ He helped me (to) do the homework.

→ I was helped (to) do the homework by him.

→ 내 손으로 만드는 영문법 노트

목적격 보어 자리에 원형부정사를 취하는 사역동사

• have, make, let 하게하다, 시키다

목적격 보어 자리에 원형부정사나 현재분사를 취하는 지각동사

• see 보다	• watch 보다	• hear 듣다
• listen to 듣다	• feel 느끼다	• notice 알아차리다, 보다
• observe 관찰하다, 보다		

해석 ❺ 나는 그가 유리창을 깨는 걸 보았다.
　　 ❻ 그 회사는 나를 야근하게 했다.
　　 ❼ 그는 내가 숙제를 하는 것을 도왔다.
어휘 work overtime 야근하다

❽ They made my watch fixed as soon as possible.
  → My watch was made fixed as soon as possible.

❾ They noticed their students punished for cheating
  → Their students were noticed punished for cheating

→ 내 손으로 만드는 영문법 노트

해석 ❽ 그들은 내 시계를 가능한 한 빨리 고칠 것을 강요했다.
  ❾ 그들은 학생들이 부정행위 때문에 처벌을 받는 것을 보았다.
어휘 fix ① 고치다, 수리하다 ② 고정시키다 as soon as possible 가능한 한 빨리 notice ① 알아차리다 ② 보다
  punish 처벌하다 cheating 부정행위

14 밑줄 친 부분에 들어갈 말로 가장 적절한 것을 고르시오.

> The typical experiment uses a task _____ the ultimatum game.

① named
② naming
③ is named
④ is naming

15 다음 밑줄 친 부분 중 어법상 틀린 것은?

> The man who doesn't look bright or smart pretends to keep ① <u>himself</u> <u>intelligent</u>. In fact, he finds his own behavior more ② <u>importantly</u> than anything else. He often slips the overly sophisticated words into a conversation. That makes people who consider him ③ <u>arrogant unhappy</u>. Nevertheless, he will ④ <u>be appointed</u> vice-chairman of the board.

16 다음 밑줄 친 부분 중 어법상 적절하지 않은 것은?

① Henry was always <u>elected</u> captain.

② Some prisoners were asked <u>to do</u> work so hard.

③ This will help the sick in the hospital <u>recovering</u> soon.

④ The teacher was heard <u>to say</u> that bullying was unacceptable.

17 다음 밑줄 친 부분 중 어법상 적절하지 않은 것은?

① Why don't you have the window that is at the box-office <u>clean</u> every month?

② The detective observed the man who looked like a mugger <u>follow</u> her closely.

③ Mike who has a single parent watched his parents <u>grow</u> distant from each other.

④ The scientist noticed the wood warbles which have beautiful feathers <u>enter</u> the nest.

문법 포인트 **026** **감정표현 동사**

❶ The news was surprising to all of us.

❷ The member got surprised when he heard the news.

❸ The member received a surprising news.

❹ The news made him surprised.

┌─ 내 손으로 만드는 영문법 노트

┌ **감정표현 동사**

- **disappoint** 실망시키다
- **satisfy** 만족시키다
- **interest** 관심(흥미)를 끌다
- **frustrate** 좌절시키다
- **shock** 충격을 주다
- **exhaust**(= tire) 피곤하게 하다
- **overwhelm**(= embarrass) 당황하게 하다

- **confuse** 혼란시키다
- **touch** 감동을 주다
- **excite** 흥분시키다
- **depress** 우울하게 하다
- **impress** 감명을 주다
- **bore** 지루하게 하다

- **surprise** 놀라게 하다
- **threaten** 위협하다
- **annoy** 화나게 하다
- **concern** 걱정시키다
- **please** 기쁘게 하다
- **discourage** 낙담시키다
- **puzzle** 당황하게 하다

해석 ❶ 그 소식은 우리 모두에게 놀라웠다.　　　　❷ 그 소식을 들었을 때 그 회원은 놀랐다.
　　　❸ 그 회원은 놀라운 소식을 받았다.　　　　❹ 그 소식은 그를 놀라게 했다.
어휘 surprise 놀라게 하다

확인학습 문제

18 다음 어법상 밑줄 친 부분에 가장 적절한 것은?

> The situation you have to provide people with money must _____
> _____.

① overwhelm

② be overwhelmed

③ overwhelming

④ be overwhelming

19 다음 밑줄 친 부분 중 어법상 가장 적절한 것은?

① I rarely heard the rumor <u>confused</u> recently.

② I have read an article full of something <u>exciting</u> in it.

③ If you are <u>exhausting</u>, why not take a nap for an hour?

④ I felt his sermon so <u>bored</u> that I fell asleep after half an hour.

실전문제

01 밑줄 친 부분에 들어갈 말로 가장 적절한 것을 고르시오.

Don't let recycling waste _____ away into the general one mindlessly.

① throw
② thrown
③ be thrown
④ had been thrown

02 밑줄 친 부분에 들어갈 말로 가장 적절한 것을 고르시오.

She is thought _____ Spanish fluently those days.

① speak
② spoken
③ to speak
④ to have spoken

03 밑줄 친 부분에 들어갈 말로 가장 적절한 것을 고르시오.

> Spoken words _____ as a powerful tool for new ideas over the past three decades.

① have been emerged
② were emerged
③ have emerged
④ emerged

04 밑줄 친 부분에 들어갈 말로 가장 적절한 것을 고르시오.

> They are different from periodicals even if they _____ a magazine.

① are resembling like
② are resembled like
③ resembling
④ resemble

05 밑줄 친 부분 중 어법상 적절하지 않은 것을 고르시오.

In 2023, UN researchers let a program ① <u>fight</u> child malnutrition in poor rural villages. Various surveys were conducted to get the individuals ② <u>to understand</u> the issue. What were these families impelled ③ <u>to do</u> differently? If they could discover behaviors that enabled even the most materially poor parents ④ <u>raise</u> healthy children, the influences would be tremendous.

06 다음 밑줄 친 부분 중 어법상 적절하지 않은 것은?

My secretary, Jenny, was good at doing her job. I ① <u>was always reminded</u> of a number of business affairs. She sometimes ② <u>notified</u> me that I received e-mail message. Not only ③ <u>was she told</u> that my company launched the new project, she ④ <u>was also asked</u> that I should go to take much business trip.

07 밑줄 친 부분 중 어법상 적절하지 않은 것은?

Nations where work time ① has declined dramatically for the last 3 decades, such as the France, German, U.S and England, ② are increasing. However, bringing about decrease of work time among the countries ③ create many challenges in the global market. Even if demand surges, it can be true that the boom of world economy ④ continues weak.

08 밑줄 친 부분 중 어법상 가장 적절한 것은?

Someone who ① has been dwelled in the auto industry since 1980s ② must be quit his job now that his job ③ is now being done more quickly by a robot. According to the technicians, the robot's memory volume ④ can load into 86 billion bits of information.

09 밑줄 친 부분이 어법상 틀린 것은?

① He observed her stolen something.
② Please keep the building remodeled.
③ Wildlife officials will make five bears released.
④ We survived the summer without an air conditioner.

🔍 기출문제

01 밑줄 친 부분 중 어법상 옳지 않은 것을 고르시오. 2025. 출제기조 전환 2차 예시

We have already ① arrived in a digitized world. Digitization affects not only traditional IT companies, but companies across the board, in all sectors. New and changed business models ② are emerged : cars ③ are being shared via apps, languages learned online, and music streamed. But industry is changing too : 3D printers make parts for machines, robots assemble them, and entire factories are intelligently ④ connected with one another.

02 우리말을 영어로 바르게 옮긴 것은? 2024. 국가직 9급

① 지원자 수가 증가하고 있어서 우리는 기쁘다.
  → We are glad that the number of applicants is increasing.
② 나는 2년 전에 그에게서 마지막 이메일을 받았다.
  → I've received the last e-mail from him two years ago.
③ 어젯밤에 그가 잔 침대는 꽤 편안했다.
  → The bed which he slept last night was quite comfortable.
④ 그들은 영상으로 새해 인사를 교환했다.
  → They exchanged New Year's greetings each other on screen.

03 어법상 옳지 않은 것은? 2023. 국가직 9급

① All assignments are expected to be turned in on time.
② Hardly had I closed my eyes when I began to think of her.
③ The broker recommended that she buy the stocks immediately.
④ A woman with the tip of a pencil stuck in her head has finally had it remove.

04 우리말을 영어로 잘못 옮긴 것은?   2023. 지방직 9급

① 우리는 그의 연설에 감동하게 되었다.

　→ We were made touching with his speech.

② 비용은 차치하고 그 계획은 훌륭한 것이었다.

　→ Apart from its cost, the plan was a good one.

③ 그들은 뜨거운 차를 마시는 동안에 일몰을 보았다.

　→ They watched the sunset while drinking hot tea.

④ 과거 경력 덕분에 그는 그 프로젝트에 적합하였다.

　→ His past experience made him suited for the project.

05 우리말을 영어로 잘못 옮긴 것은?   2021. 지방직 9급

① 경찰 당국은 자신의 이웃을 공격했기 때문에 그 여성을 체포하도록 했다.

　→ The police authorities had the woman arrested for attacking her neighbor.

② 네가 내는 소음 때문에 내 집중력을 잃게 하지 말아라.

　→ Don't let me distracted by the noise you make.

③ 가능한 한 빨리 제가 결과를 알도록 해 주세요.

　→ Please let me know the result as soon as possible.

④ 그는 학생들에게 모르는 사람들에게 전화를 걸어 성금을 기부할 것을 부탁하도록 시켰다.

　→ He had the students phone strangers and ask them to donate money.

06 밑줄 친 부분에 들어갈 말로 가장 적절한 것을 고르시오.   2022. 국가직 9급 응용

A myth is a narrative that embodies the religious, philosophical, moral and political values of a culture. According to this definition, *the Iliad* and *the Odyssey, the Koran, and the Old and New Testaments* can all _____ as myths.

① refer

② refer to

③ be referred

④ be referred to

CHAPTER 04 조동사와 법

문법 포인트 **027** 조동사의 기본 개념

조동사 동사를 도와 준다(시제를 받아 준다 / 동사에 의미를 더해 준다). 따라서 조동사 뒤에는 동사 원형이 와야 하고 또한 조동사의 부정은 조동사 바로 뒤에 not을 붙이며 조동사는 주어의 인칭과 수에 영향을 주지 않는다. 조동사는 다른 표현으로 대체할 수 있다.(be going to ⓥ / be able to ⓥ / ought to ⓥ / have to ⓥ / have got to ⓥ).

❶ You may go home now.

❷ He cannot accept the offer you gave him.

❸ He is able to invite me to the party on Saturday.

→ 내 손으로 만드는 영문법 노트

해석 ❶ 지금 집에 가도 좋다.　　　　　　　　　　　　❷ 그는 당신이 그에게 한 제안을 받아들일 수 없다.
　　 ❸ 그는 토요일 파티에 나를 초대할 수 있다.
어휘 accept 받아들이다, 수락하다　offer ① 제안(하다) ② 제공(하다)　invite 초대하다

조동사의 기본 의미 (Modal Verbs)

종류	역할	의미
will(shall), would	예측, 의지	~일(할) 것이다
should, must, have to, ought to	의무	해야 한다
can, could	능력	할 수 있다
may, might	허가	해도 좋다
Will(Would) you ~?, Can(Could) you ~?	요청	할 수 있을까?
might, may, could, can, must, cannot	추측	일런지도 모른다
used to, would	습관(규칙), 습관(불규칙)	~하곤 했다
need	의무, 필요	~할 필요가 있다
dare	용기	감히(과감하게) ~하다

- She will be here in 20 minutes. 그녀는 20분 후쯤이면 여기로 올 것이다.
- She says that she will be here in 20 minutes. 그녀는 자기가 20분 후쯤 여기로 올 거라고 말한다.
- She said that she would be here in 20 minutes. 그녀는 자기가 20분 후쯤 여기로 올 거라고 말했다.
- You should(must, have to, ought to) take care of your brother. 당신은 동생을 돌봐야만 한다.
- He can finish the work in time. 그는 시간 내에 그 일을 끝낼 수 있다.
- He could swim at the age of ten. 그는 10살 때 수영할 수 있었다.
- You may smoke here right now. 당신은 지금 당장 여기에서 담배를 피워도 된다.
- You may be right. 당신이 옳을지도 모른다.
- Is he dead? It cannot be true. 그가 죽었어요? 사실일 리가 없어요(그럴 리가 없어요).
- There must be some mistakes. 약간의 실수가 있었음에 틀림없다.
- I used to get up early when I was child. 내가 어렸을 때 나는 일찍 일어나곤 했다.
- He would sit in front of TV all day. 그는 하루 종일 TV 앞에 앉곤 했다.
- Need he lose weight? 그가 살을 뺄 필요가 있나요?
- He dared not say the truth. 그는 감히 진실을 말하지 못했다.

문법 포인트 028 〉 문법적 조동사 (Auxiliary Verbs)

종류	역할
do	의문문, 부정문, 대동사, 강조, 도치
be	진행형, 수동형
have	완료형

❶ Does he like English? (의문 조동사)

❷ No, he does not like English. (부정 조동사)

❸ Neither do I. (대동사)

❹ I do like your homemade cookie. (강조 조동사)

❺ Never did I know that it was true. (도치 조동사)

❻ She is cooking dinner. (진행 조동사)

❼ The window was broken. (수동 조동사)

❽ I have studied English for two hours. (완료 조동사)

→ 내 손으로 만드는 영문법 노트

해석 ❶ 그는 영어를 좋아하니? ❷ 아니, 그는 영어를 좋아하지 않아.
     ❸ 나도 또한 좋아하지 않아. ❹ 난 너의 집 쿠키가 정말 좋다.
     ❺ 난 그것이 사실인지 정말 몰랐다. ❻ 그녀는 저녁 요리 중이다.
     ❼ 창문이 깨졌다. ❽ 나는 2시간 동안 영어를 공부했다.

문법 포인트 029 추측의 조동사

❶ He is rich. (Fact) → He may be rich. (추측)

❷ He is not rich. (Fact) → He cannot be rich. (추측)

❸ He was rich. (Fact) → He may have been rich. (추측)

❹ He was not rich. (Fact) → He cannot have been rich. (추측)

→ 내 손으로 만드는 영문법 노트

해석 ❶ 그는 부자다. → 그는 부자일지도 모른다.　　❷ 그는 부자가 아니다. → 그는 부자일리 없다.
　　❸ 그는 부자였다. → 그는 부자였을지도 모른다.　　❹ 그는 부자가 아니었다. → 그는 부자였을리 없다.

확인학습 문제

01 밑줄 친 부분이 어법상 틀린 것은?

① When he ran into the door yesterday, he <u>might be</u> hurt.

② He <u>cannot have been</u> there because I was with him then.

③ She <u>could have borrowed</u> money from her parents to buy a car.

④ Since there was no message, they <u>must have declined</u> my offer.

문법 포인트 030 > 조동사 should

❶ We should (not) have elected her chairman.

❷ He insisted that she be back by midnight.

❸ Many people worked hard lest they be fired.

─┤ 내 손으로 만드는 영문법 노트

💬 **주요 명제 동사**

• insist 주장   • ask / demand 요구
• order / command 명령   • suggest / propose / recommend / advise 제안하다

• The doctor insisted that she quit smoking.
  그 의사는 그녀가 담배를 끊어야 한다고 주장했다.
• The doctor insisted that she had stolen medicine.
  그 의사는 그녀가 약을 훔쳤다고 주장했다.
• The doctor suggested that I take a rest.
  그 의사는 내가 휴식을 취해야 한다고 제안했다.
• The evidence suggested that she stole medicine.
  그 증거가 그녀가 약을 훔쳤다는 것을 보여줬다.

🖋

해석 ❶ 우리는 그녀를 의장으로 선출했어야만 했다.   ❷ 그는 그녀가 자정까지 돌아와야 한다고 주장했다.
    ❸ 많은 사람들이 해고되지 않으려고 열심히 일했다.
어휘 elect 선출하다 chairman 의장 insist 주장하다 midnight 자정 lest ~ (should) ~하지 않도록

02 밑줄 친 부분 중 어법상 틀린 것은?

① Jane locked the door lest he <u>entered</u> the room.

② Because Olivia bought the house, she <u>must be</u> rich.

③ Peter <u>should not have smoked</u> much in his schooldays.

④ Her face suggests to us that she <u>knew</u> the fact in advance.

문법 포인트 **031** **조동사의 관용적 용법**

1 had better (= would rather) Ⓥ	Ⓥ하는 게 더 낫겠다
2 can (do) not so much as Ⓥ	Ⓥ조차 않다
3 used to Ⓥ	① Ⓥ하곤 했다 ② Ⓥ였었다
4 cannot Ⓥ too ~	아무리 Ⓥ해도 지나치지 않다
5 cannot (help) but Ⓥ	Ⓥ할 수밖에 없다
= cannot help Ⓥ -ing	Ⓥ할 수밖에 없다
= have no choice but to Ⓥ	Ⓥ할 수밖에 없다
= have no alternative but to Ⓥ	Ⓥ할 수밖에 없다

❶ You had better(would rather) go to bed.

❷ She cannot so much as write her own name.

❸ I used to play soccer after school.

There used to be a restaurant around the corner.

• Google is used to find the information.

• I'm used to googling to find the information.

❹ We cannot praise the taste of this food too much.

❺ I cannot (help) but blame her for the accident.

= I cannot help blaming her for the accident.

= I have no choice but to blame her for the accident.

= I have no alternative but to blame her for the accident.

해석 ❶ 당신은 잠자리에 드는 게 더 낫겠다.
　　 ❷ 그녀는 자신의 이름조차도 쓰지 못한다.
　　 ❸ 나는 방과 후에 축구를 하곤 했다. / 모퉁이에 식당이 있었다.
　　　 • 구글은 정보를 찾는 데 사용된다.
　　　 • 나는 정보를 찾는 데 익숙하다.
　　 ❹ 우리가 아무리 이 음식의 맛을 칭찬하더라도 지나치지 않다.
　　 ❺ 나는 이 사고에 대해 그녀를 비난할 수밖에 없다.
어휘 **google** 검색하다　**praise** 칭찬하다　**blame** 비난하다　**alternative** ① 대안 ② 양자택일, 선택

6 cannot ⓥ without ~	ⓥ하면 반드시 ~하다
7 may well ⓥ	① 아마 ⓥ일 것이다 ② ⓥ하는 것도 당연하다
8 may(might) as well ⓥ	ⓥ하는 게 더 낫겠다
9 may(might) as well A as B	B하느니 차라리 A하겠다
10 would rather A than B	B하느니 차라리 A하겠다

❻ I cannot see these photos without thinking of my schooldays.

❼ She may well get angry.

❽ You may (might) as well study hard.

❾ You may (might) as well speak to a stone wall as talk to him.

❿ I would rather take a cab than walk home.

해석 **❻** 나는 이 사진들을 보면 반드시 나의 학창시절이 떠오른다.
❼ 그녀는 아마도 화가 날 것이다. / 그녀가 화내는 것은 당연하다.
❽ 당신은 (차라리) 공부나 열심히 하는 게 낫겠다.
❾ 나는 그에게 말하느니 (차라리) 돌담에다 대고 말하겠다.
❿ 나는 걸어서 집에 가느니 (차라리) 택시를 타겠다.
어휘 **schooldays** 학창시절 **cab** 택시

→ 내 손으로 만드는 영문법 노트

확인학습 문제)

03 다음 빈칸에 들어갈 말로 가장 적절한 것을 고르시오.

> I _____ you the final score on account of my computer being out of order.

① cannot but to text
② had no choice but to fax
③ cannot help to text
④ cannot help but texting

04 다음 빈칸에 들어갈 말로 가장 적절한 것을 고르시오.

> Chandler _____ to work before he got promoted, but he has a private driver now.

① used to drive
② is used to driving
③ was used to drive
④ gets used to drive

05 밑줄 친 부분 중 어법상 옳은 것은?

① Doremus did not so much as <u>to look</u> up.

② We'd better <u>leave</u> now, or we'll miss the bus.

③ I would rather study than <u>to watch</u> the boring movie.

④ The rain gauge is used to <u>measuring</u> the amount of rainfall.

06 다음 우리말을 영어로 옮긴 것 중 밑줄 친 부분 중 어법상 틀린 것은?

① 당신은 그러한 사소한 일 때문에 경찰을 부를 필요는 없다.

 → You don't have <u>to call</u> the police for such a trivial thing.

② 그는 여성들이 그 토론에 참여하도록 허락해야 한다고 권했다.

 → He recommended that women <u>be</u> allowed to participate in the discussion.

③ 비록 우리는 서로 동의하지는 않았었지만 나는 그들이 너무 그립다.

 → Even if we used not <u>to agree</u> to one another, I miss them too much.

④ 우리가 수학적 확률을 이용할 바에야 차라리 전적으로 포커게임을 이해하려고 노력 하는 게 더 낫겠다.

 → One might as well entirely try to grasp the game of poker as <u>to use</u> the mathematical probability.

문법 포인트 032 〉 **가정법 시제**

❶ If he should win the lottery, he can be a millionaire. (가정법 미래)
  → Should he win the lottery, he can be a millionaire.

❷ If I were rich, I would buy the sports car. (가정법 과거)
  → Were I rich, I would buy the sports car.

❸ If you had told me about it, I would have helped you. (가정법 과거완료)
  → Had you told me about it, I would have helped you.

❹ If you had told me about it, I would help you now. (혼합 가정법)
  → Had you told me about it, I would help you now.

→ 내 손으로 만드는 영문법 노트

해석 ❶ 만약 그가 복권에 당첨된다면 그는 백만장자가 될 수 있다.
    ❷ 만약 내가 부자라면 나는 그 스포츠카를 살 텐데.
    ❸ 만약 당신이 그것에 대해 말했더라면 내가 당신을 도와줄 수 있었을 텐데.
    ❹ 만약 당신이 그것에 대해 말했더라면 내가 지금 당신을 도와줄 텐데.
어휘 lottery 복권 millionaire 백만장자

문법 포인트 033 > if 없는 가정법

❶ I wish (that) I were (would be) rich.

❷ He talks as if (though) he were (would be) rich.

❸ It's (high) time (that) we left for Seoul.

❹ But for your help, I couldn't make it out.
  = Without your help, I couldn't make it out.
  = If it were not for your help, I couldn't make it out.
  = Were it not for your help, I couldn't make it out.

❺ But for your help, I couldn't have made it out.
  = Without your help, I couldn't have made it out.
  = If it had not been for your help, I couldn't have made it out.
  = Had it not been for your help, I couldn't have made it out.

❻ A true friend would tell me my disadvantage.

┌ 내 손으로 만드는 영문법 노트

해석 ❶ 내가 부자라면 좋을 텐데.　　　　　　　　　❷ 그는 자신이 마치 부자인 것처럼 말한다.
　　　❸ 서울로 갈 시간인데.　　　　　　　　　　　　❹ 당신의 도움이 없다면 나는 그것을 이해할 수 없을 텐데.
　　　❺ 당신의 도움이 없다면 나는 그것을 이해할 수 없었을 텐데. ❻ 진정한 친구라면 나의 단점을 말해줄 텐데.
어휘 leave for ~을 향해 가다　make out 이해하다

07 밑줄 친 부분 중 어법상 옳은 것은?

① If we <u>had</u> more rain, we could not have arrived there on time.

② <u>Were</u> it not for lucky, she might have not achieved the goal.

③ If you <u>had</u> wanted to pass the exam, you should work hard.

④ <u>Had</u> the weather been nice, I would go out today.

08 밑줄 친 부분 중 어법상 틀린 것은?

① A true judge would <u>forgive</u> him then.

② It's high time that you <u>solved</u> the problem.

③ My mother dealt with me as though I <u>were</u> a child.

④ I wish you <u>had told</u> me the truth the day before yesterday.

✏️ **실전문제**

01 밑줄 친 부분 중, 어법상 틀린 것은?

> The pilot rigidly said that he might as well ① give up piloting as ② surrender to the enemy. He ③ cannot have accepted to give in to threats. He insisted that a soldier ④ took his responsibility.

02 밑줄 친 부분 중, 어법상 틀린 것은?

> In the mid 1990s, so ① perilously ② did the situation in the Middle East ③ look that UN ④ did take action in order to intervene in the circumstance.

03 밑줄 친 부분에 들어갈 말로 가장 적절한 것을 고르시오.

> About 20 percent of those killed the bygone accidents would _____ had they worn safety belts.

① be saved　　　　　　　② not be saved
③ have been saved　　　　④ not have been saved

04 밑줄 친 부분 중 어법상 틀린 것은?

① <u>Should</u> everyone want to clone a cow or other animal, how will our life change? For example, if a farmer ② <u>had</u> a cow that produced high quality meat or milk, and especially ③ <u>were</u> many copies of this cow made by the farmer, he would make a lot of money. But what ④ <u>will</u> the world be like if we produced another Michael Jordan, Elvis Presley, Albert Einstein, or Mother Teresa?

05 밑줄 친 부분 중 어법상 적절한 것은?

I would be happy now ① <u>had I stopped</u> watching TV. The basketball game I watched was tedious, dull, dry and ② <u>bored</u>. It ③ <u>would be</u> over thirty minutes ago if one of the members ④ <u>were not falling</u> and breaking his arm. But, it didn't happen.

07 밑줄 친 부분 중 어법상 틀린 것은?

① But for Einstein, the theory of relativity <u>would not have</u> shown up.
② If the weather had been nice, I <u>would still play</u> baseball.
③ I gripped her arms lest she <u>was</u> trampled by the crowd.
④ Had she been unlucky, she <u>might have been</u> drowned.

기출문제

01 우리말을 영어로 잘못 옮긴 것은?

2024. 지방직 9급

① 그는 이곳에서 일하는 것이 흥미롭다는 것을 알았다.

→ He found it exciting to work here.

② 그녀는 나에게 일찍 떠날 것이라고 언급했다.

→ She mentioned me that she would be leaving early.

③ 나는 그가 오는 것을 원하지 않았다.

→ I didn't want him to come.

④ 좀 더 능숙하고 경험 많은 선생님이었다면 그를 달리 대했을 것이다.

→ A more skillful and experienced teacher would have treated him otherwise.

02 우리말을 영어로 가장 잘 옮긴 것은?

2020. 국가직 9급

① 몇 가지 문제가 새로운 회원들 때문에 생겼다.

→ Several problems have raised due to the new members.

② 그 위원회는 그 건물의 건설을 중단하라고 명했다.

→ The committee commanded that construction of the building cease.

③ 그들은 한 시간에 40마일이 넘는 바람과 싸워야 했다.

→ They had to fight against winds that will blow over 40 miles an hour.

④ 거의 모든 식물의 씨앗은 혹독한 날씨에도 살아남는다.

→ The seeds of most plants are survived by harsh weather.

03 다음 우리말을 영어로 잘못 옮긴 것을 고르시오.

2018. 지방직 9급

① 오늘 밤 나는 영화 보러 가기보다는 집에서 쉬고 싶다.

→ I'd rather relax at home than going to the movies tonight.

② 경찰은 집안 문제에 대해서는 개입하기를 무척 꺼린다.

→ The police are very unwilling to interfere in family problems.

③ 네가 통제하지 못하는 과거의 일을 걱정해봐야 소용없다.

→ It's no use worrying about past events over which you have no control.

④ 내가 자주 열쇠를 엉뚱한 곳에 두어서 내 비서가 나를 위해 여분의 열쇠를 갖고 다닌다.

→ I misplace my keys so often that my secretary carries spare ones for me.

04 다음 어법상 ㉠과 ㉡에 들어가기 가장 적절한 표현을 순서대로 나열한 것은?

2018. 서울시 9급 응용

I understood it and I knew where I stood there. If I (㉠) to draw a picture of my future then, it (㉡) a large gray patch surrounded by black, blacker, blackest.

① would have, was
② would have, were
③ have had, would be
④ had had, would have been

05 우리말을 영어로 옳게 옮긴 것은?

2017. 지방직 9급

① 내 컴퓨터가 작동을 멈췄을 때, 나는 그것을 고치기 위해 컴퓨터 가게로 가져갔어.
   → When my computer stopped working, I took it to the computer store to get it fixed.
② 내가 산책에 같이 갈 수 있는지 네게 알려줄게.
   → I will let you know if I can accompany with you on your walk.
③ 그 영화가 너무 지루해서 나는 삼십 분 후에 잠이 들었어.
   → The movie was so bored that I fell asleep after half an hour.
④ 내가 열쇠를 잃어버리지 않았더라면 모든 것이 괜찮았을 텐데.
   → Everything would have been OK if I haven't lost my keys

김세현 영어
전혀 다른
개념 문법

합격까지 박문각

02

준동사

CHAPTER

01

준동사의 기본 개념

문법 포인트 **034** 준동사의 기본 개념과 문법 포인트

영어문장의 구성원칙은 주어 하나에 동사 하나만 있어야 한다. 하지만 말을 하거나 글을 쓸 때 또 다른 동사가 필요한 경우가 있는데 이때 또 다른 동사는 준동사 (to부정사 / 동명사 / 분사)로 변형시킨다. 이는 우리말 구조도 마찬가지이다.

❶ 나는 즐긴다 스트레스를 줄인다 오토바이 탄다. (×)
　→나는 스트레스를 줄이기 위해 오토바이 타는 것을 즐긴다. (○)

❷ I enjoy ride a motorcycle reduce stress. (×)
　→I enjoy riding a motorcycle to reduce stress. (○)

┌─ 내 손으로 만드는 영문법 노트

어휘 motorcycle 오토바이 reduce 줄이다

문법 포인트 035 > 준동사의 자릿값

❶ I know that the man who wants to be a doctor is smart.

❷ He thought his father minded giving him a medicine that taste bitter.

❸ A cell phone lost in the train was precious and valuable to me.

→ 내 손으로 만드는 영문법 노트

해석 ❶ 나는 의사가 되고 싶은 그 사람이 똑똑하다는 것을 안다.
　　❷ 그는 그의 아버지가 쓴 약을 그에게 주는 것을 꺼려한다고 생각했다.
　　❸ 기차에서 잃어버렸던 휴대전화는 내게 소중하고 귀중한 것이었다.
어휘 bitter 맛이 쓴　precious 소중한

01 다음 문장을 읽고 옳으면 C(correct), 옳지 않으면 I(incorrect)로 표기하시오.

1. Rick liked playing with his friends. _____

2. The doctor tried give him the prescription. _____

3. The women walk down the street wear black jackets. _____

4. She finished doing her homework. _____

5. The lady wanted to kiss him a good-bye. _____

6. I remembered that I sending the letter. _____

7. Give up old habit is very difficult. _____

8. He went to the bookstore buy books I wanted. _____

9. He said he was surprised hear the news. _____

10. The stove that is in the kitchen is effective to use. _____

CHAPTER 02

to부정사, 동명사, 분사

문법 포인트 **036** 준동사 자리라고 판단되면

1 to ⓥ (to부정사) / ⓥ –ing (동명사) / ⓥ (원형부정사) 선택

❶ He promised to call me often but he didn't call me at all.

💬 to부정사를 목적어로 취하는 동사

계획·결정·기대·소망·선택·약속, 동의, 실패 등 미래지향적 동사들은 **to**부정사를 목적어로 갖는다.

• **want** 원하다	• **hope** 희망하다	• **wish** 소망하다
• **expect** 기대하다	• **desire** 갈망하다	• **decide** 결정/결심하다
• **determine** 결정/결심하다	• **choose** 선택하다	• **plan** 계획하다
• **promise** 약속하다	• **agree** 동의하다	• **seek** 찾다, 구하다
• **care** 좋아하다	• **attempt** 시도하다	• **offer** 제공/제안하다
• **fail** 실패하다	• **refuse** 거절하다	• **prepare** 준비하다
• **afford** 여유가 있다	• **intend** 의도하다	• **arrange** 준비/계획하다
• **pretend** 인체하다		

❷ Some doctors mind curing people who contract the coronavirus.

💬 동명사를 목적어로 취하는 동사

메가패스 ID는 m 쌍 p 쌍에 이씨

• **mind** 꺼려하다	• **enjoy** 즐기다	• **give up** 포기하다
• **avoid** 피하다	• **finish** 끝내다	• **escape** 피하다
• **suggest** 제안하다	• **involve** 포함하다	• **deny** 거부/거절하다
• **mention** 언급하다	• **postpone** 연기하다/미루다	• **put off** 연기하다/미루다
• **practice** 연습하다	• **admit** 인정하다	• **appreciate** 고마워하다
• **consider** 고려하다		

해석 ❶ 그는 내게 자주 전화하겠다고 약속했지만 전혀 안 했다.
　　 ❷ 몇몇 의사들은 코로나에 걸린 사람들을 치료하기 꺼려한다.
어휘 **promise** 약속하다　**mind** 꺼려하다　**cure** 치료하다　**contract** (병에) 걸리다

❸ Government advised people not to make unnecessary meeting.

목적격 보어 자리에 to부정사를 사용하는 5형식 동사

소망·기대 동사	want (원하다) like (좋아하다) expect(기대하다) long (for) (갈망하다)
허락·금지 동사	allow (허락하다) permit(허락하다) forbid(금하다)
명령·지시 동사	tell(지시하다) instruct(지시하다) order(명령하다) command(명령하다)
강요(~하게 하다)동사	force (강요하다) get (하게 하다) cause (야기하다) compel (강요하다) impel (강요하다) drive (하게 하다) lead (이끌다) oblige(의무적으로 …하게 하다)
요구·요청 동사	ask (요구하다) beg (요청하다) require(요청하다)
설득·유도·격려 동사	persuade (설득하다) induce(설득하다) advise(충고하다) encourage(격려하다) inspire(격려하다) enable(할 수 있게 하다)
인지 동사	perceive(감지하다) consider(여기다, 간주하다) think (생각하다) believe (믿다)

❹ I saw a plane land (or landing) at the airport for the first time.

목적격 보어 자리에 원형부정사나 현재분사를 취하는 지각동사

- see 보다
- listen to 듣다
- observe 관찰하다, 보다
- watch 보다
- feel 느끼다
- hear 듣다
- notice 알아차리다, 보다

❺ We should not let Japan distort our precious history.

목적격 보어 자리에 원형부정사를 취하는 사역동사

have, make, let 하게 하다, 시키다

❻ This medicine helps (me) (to) lower blood pressure.

❼ He went to a bus terminal to see off his best friend.

해석 ❸ 정부는 불필요한 모임을 하지 말 것을 권했다.
❹ 나는 처음으로 공항에서 비행기가 착륙하는 것을 보았다.
❺ 우리는 우리의 소중한 역사를 일본으로 하여금 왜곡하게 해서는 안 된다.
❻ 이 약은 (내가) 혈압을 낮추는 데 도움을 준다.
❼ 그는 그의 가장 좋은 친구를 배웅하기 위하여 버스터미널로 갔다.
어휘 unnecessary 불필요한 land 착륙하다 for the first time 처음으로 distort 왜곡하다 precious 소중한 blood pressure 고혈압 see off 배웅하다

2 ⓥ -ing (현재분사) / ⓥ -ed (과거분사) 선택

❽ The woman wearing a black dress attended the funeral.

❾ The argument made by experts made another controversy.

→ 내 손으로 만드는 영문법 노트

해석 ❽ 검은 드레스를 입은 그 여자가 장례식에 참석했다.
　　 ❾ 전문가들에 의해 만들어진 그 논쟁이 또 다른 논란을 만들었다.
어휘 attend 참석하다 funeral 장례식 argument 논쟁 expert 전문가 controversy 논란

01 어법상 밑줄 친 부분에 가장 적절한 것은?

> Most of the art _____ in the museum is from Italy in the 19th century.

① is displayed
② displaying
③ displayed
④ are displayed

02 다음 빈칸에 들어갈 내용으로 가장 적절한 것은?

> As I was compelled _____(A)_____ the newspaper, I began to think if I escaped _____(B)_____ the terrible accident in the paper.

	(A)	(B)
①	to read	to report
②	reading	reporting
③	to read	reporting
④	reading	to report

03 다음 밑줄 친 부분 중 어법상 적절하지 않은 것은?

> Many a student in these districts assumes that textbook writers ① <u>confining</u> themselves to the fact that they are superior and avoid ② <u>presenting</u> their fallacies. The authors ③ <u>damaged</u> by many errors pretend not ④ <u>to know</u> the fact.

04 밑줄 친 부분 중 어법상 틀린 것은?

① The teacher induced his students <u>to turn</u> the music the down.

② We appreciate you <u>to let</u> us know your problem and difficulty.

③ The country is a small one with the three quarters of the land <u>surrounded</u> by the sea.

④ A number of students are studying very hard <u>to get</u> a job after their graduation.

문법 포인트 037 > to부정사의 관용적 용법

❶ My youngest brother is too young to drive.

❷ His sister is not old enough to drive.

❸ She studied so hard as to catch up with the others.

❹ He wears glasses so as(= in order) to look intelligent.

❺ He worked hard, only to fail in the exam.

❻ Any company will be afraid to see its stocks go down.

❼ They are ready to fight for their country.

❽ US is eager to improve trade relations with Korea.

❾ He is likely to lose the game.

❿ I think he is the last man to do such a thing.

⓫ The last thing you need to do is to lie.

⓬ Everyone thinks David will be able to deal with this problem.

⓭ He is due to speak tonight.

⓮ The passengers are going(= about) to board the plane.

⓯ You are legally bound to answer these questions.

⑯ The medicine is expected to come to market soon.

⑰ He is anxious to know the result.

⑱ The villagers are willing to give a hand to the people in trouble.

⑲ We happened to be out when we met her on the street.

⑳ The people in this town appear(= seem) to live in controlled lives.

㉑ He came to learn how to drive a car.

㉒ He is supposed to arrive at six.
What am I supposed to do?

㉓ To begin with, I don't like his appearance.

㉔ To make matters worse, it started to rain.

㉕ Needless to say, she was extremely angry.

㉖ To be sure, this project is not for everyone.

to부정사의 관용적 용법

1 too ~ to ⓥ 너무 ~해서 ⓥ할 수 없다	**12** be able to ⓥ ⓥ할 수 있다
2 enough to ⓥ ⓥ할 만큼 충분하다	**13** be due to ⓥ ⓥ할 예정이다
3 so ~ as to ⓥ ⓥ할 만큼 그렇게 ~한	**14** be going(about) to ⓥ ⓥ할 예정이다
4 so as(in order) to ⓥ ⓥ하기 위하여	**15** be bound to ⓥ ⓥ해야 한다
5 only to ⓥ 그러나 ⓥ하다	**16** be expected to ⓥ ⓥ하기로 되어 있다
6 be afraid to ⓥ ⓥ하는 것이 걱정되다	**17** be anxious to ⓥ ⓥ하기를 갈망하다
7 be ready to ⓥ ⓥ할 준비가 되어 있다	**18** be willing to ⓥ 기꺼이 ⓥ하다
8 be eager to ⓥ ⓥ을 간절히 바라다	**19** happen to ⓥ 우연히 ⓥ하다
9 be likely to ⓥ ⓥ인 것 같다	**20** appear(seem) to ⓥ ⓥ인 것 같다
10 the last (man) to ⓥ 결코 ⓥ할(사람)이 아닌	**21** come(get) to ⓥ ⓥ하게끔 되다
11 the last ~ to ⓥ 결코 ⓥ하지 않는	**22** be supposed to ⓥ ⓥ하기로 되어 있다, ⓥ해야만 한다

독립부정사

1 to begin with 무엇보다도 우선
2 to be sure 확실히
3 to make matters worse 설상가상으로
4 to tell the truth 사실을 말하자면
5 to be honest with you 솔직히 말하자면
6 to be frank with you 솔직히 말하자면
7 not to mention 말할 것도 없이
8 needless to say 말할 필요도 없이
9 strange to say 이상한 이야기지만
10 to be short 요약하면
11 to make a long story short 요약하면
12 to sum up 요약하면

해석 ❶ 내 남동생은 너무 어려서 운전을 할 수 없다.
❷ 그의 여동생은 운전할 정도로 충분히 나이가 들지 않았다.
❸ 그녀는 다른 이들을 따라잡을 만큼 열심히 공부했다.
❹ 그는 지적으로 보이려고 안경을 쓴다.
❺ 그는 열심히 공부했다. 그러나 그 시험에 실패했다.
❻ 어떤 회사라도 회사의 주식이 떨어지는 것이 걱정될 것이다.
❼ 그들은 조국을 위해 싸울 준비가 돼 있다.
❽ 미국은 한국과 통상 관계를 증진하기를 열망한다.
❾ 그는 경기에 질 가능성이 높다.
❿ 내 생각에 그는 결코 그런 일을 할 사람이 아니다.
⓫ 당신이 결코 하지 말아야 할 일은 거짓말이다.
⓬ 모든 이들이 David가 이 문제를 처리할 수 있을 거라고 생각한다.
⓭ 그는 오늘밤 연설할 예정이다.
⓮ 그 승객들이 비행기에 이제 막 탑승할 예정이다.
⓯ 너는 법적으로 이 질문에 대답해야만 한다.
⓰ 이 약물은 시장에 곧 출시될 예정이다.
⓱ 그는 간절히 결과를 알고 싶다.
⓲ 그 마을 사람들은 어려움에 처한 사람들에게 기꺼이 도울 의도가 있다.
⓳ 우리가 우연히 밖에 있었을 때 그녀를 길에서 만났다.
⓴ 이 마을 사람들은 통제된 삶을 사는 것처럼 보인다.
㉑ 그는 자동차 운전을 배우게끔 되었다.
㉒ 그는 6시에 도착할 예정이다. / 내가 뭘 해야 하지?
㉓ 무엇보다도 우선 난 그의 외모가 좋지 않다.
㉔ 설상가상으로 비가 오기 시작했다.
㉕ 말할 필요도 없이 그녀는 극도로 화가 났다.
㉖ 확실히 이 프로젝트는 모든 이를 위한 것은 아니다.
어휘 catch up with ~을 따라잡다 intelligent 지적인 stock 주식 trade 무역 passenger 승객 board 탑승하다 legally 합법적으로, 법적으로 appearance 외모 extremely 극도로

05 다음 우리말을 영어로 옮긴 것 중 밑줄 친 부분이 어법상 틀린 것은?

① 모든 학생들은 그 질문에 대해 대답해야만 한다.

→ All students are bound <u>to answer</u> the question.

② 그 노인들은 너무 나이가 들어서 운전면허 시험을 볼 수 없다.

→ The elderly are <u>so</u> old to take a driving test.

③ 어떤 회사도 주식이 떨어지는 것이 걱정될 것이다.

→ Any company will be afraid <u>to see</u> its stocks go down.

④ 그 젊은 여자는 우연히 이웃과 대화에 빠졌다.

→ The young lady happened <u>to fall</u> into conversation with her neighbor.

06 다음 우리말을 영어로 옮긴 것 중 가장 적절한 것은?

① 당신이 만날 필요가 있는 마지막 사람이 그 사기꾼이다.

→ The last one you need to meet is the swindler.

② 벤자민은 간절히 나를 설득해서 파티에 오게 하고 싶었다.

→ Benjamin was eager to talking me into coming to the party.

③ 꾸준함이 경기에서 승리한다는 것은 말할 필요도 없다.

→ It's needless to saying that slow and steady wins the race.

④ 나는 회의에 일찍 도착했지만 회의가 취소된 것을 알게 되었다.

→ I arrived early for the meeting, only to find out it was canceled.

문법 포인트 038 〉 동명사의 명사적 용법

❶ Eating fast food is not helpful.

❷ I enjoy reading books everyday.

❸ Thank you for telling me the news.

→ 내 손으로 만드는 영문법 노트

전치사 + 명사 vs. 전치사 + 동명사

• I have to concentrate on the project. 나는 그 프로젝트에 집중해야 한다.
• I have to concentrate on doing the project. 나는 그 프로젝트를 하는 것에 집중해야 한다.

해석 ❶ 패스트푸드를 먹는 것은 도움이 안 된다.
　　 ❷ 나는 당신에게 메시지를 전달했던 것을 잊었다.
　　 ❸ 그 소식을 내게 말해줘서 고맙습니다.

PART

02

문법 포인트 039 > to부정사와 동명사에 따라 의미가 달라지는 동사

❶ I forgot to give you a message.

❷ I forgot giving you a message.

❸ I regret to tell you that I was unable to help you.

❹ I regretted to telling you that I was unable to help you.

→ 내 손으로 만드는 영문법 노트

to부정사와 동명사에 따라 의미가 달라지는 동사

remember	to ⓥ	꼭 ⓥ해야 할 것을 기억하다
	ⓥ-ing	ⓥ했던 것을 기억하다
forget	to ⓥ	꼭 ⓥ해야 할 것을 잊다
	ⓥ-ing	ⓥ했던 것을 잊다
regret	to ⓥ	ⓥ해야 할 것을 유감으로 여기다
	ⓥ-ing	ⓥ했던 것을 후회하다
stop	to ⓥ	ⓥ하기 위해 멈추다
	ⓥ-ing	ⓥ하는 것을 그만두다
try	to ⓥ	ⓥ하려고 노력하다
	ⓥ-ing	시험 삼아 ⓥ해보다
mean	to ⓥ	ⓥ할 의도이다, 작정이다
	ⓥ-ing	ⓥ하는 것을 뜻하다

해석 ❶ 나는 당신에게 메시지를 전달할 것을 잊었다.
　　 ❷ 나는 당신에게 메시지를 전달했던 것을 잊었다.
　　 ❸ 당신을 도울 수 없다고 말씀드려야 할 것 같아 유감입니다.
　　 ❹ 당신을 도울 수 없다고 말씀드린 것을 후회합니다.

문법 포인트 040 동명사의 관용적 용법

❶ There is no telling when the rain will stop.

❷ It goes without saying that she is beautiful.

❸ It is no use talking.

❹ Students had trouble[= difficulty, a hard time] (in) doing their homework.

❺ I don't feel like going out tonight.

❻ They never meet without quarreling.

❼ Have this in mind first and foremost : Keep smiling!

❽ He is on the verge(point) of leaving home.

❾ He said nothing but just went on working.

❿ I spent $15,000 buying a new car.
I spend my evenings watching television.

⓫ They will go fishing this weekend.

⓬ He makes a point of taking a walk everyday.

⓭ They are busy preparing for the exam.

⓮ Far from studying hard, he didn't open the book.

⓯ This book is worth reading.
= This book is worthy of reading.

동명사의 관용적 용법

1 There is no ~ing   ~할 수 없다

2 It goes without saying (that) ~   ~은 말할 것도 없다

3 It is no use ~ing   ~해도 소용없다

4 have trouble[= difficulty, a hard time](in)   ~ing   ~하는 데 어려움을 겪다

5 feel like ~ing   ~하고 싶다

6 not(= never) … without ~ing   …할 때마다 ~하다

7 keep (on) ~ing   계속 ~하다

8 be on the verge(point) of ~ing   막 ~하려고 하다

9 go on ~ing   계속 ~하다

10 spend 시간(돈) ~ing   ~하는 데 시간(돈)을 쓰다

11 go ~ing   ~하러 가다

12 make a point of ~ing   반드시 ~하다

13 be busy ~ing   ~하느라 바쁘다

14 far from ~ing   결코 ~하지 않는

15 be worth ~ing   ~할 만한 가치가 있다(= be worthy of ~ing)

해석 ❶ 언제 비가 멈출지 말할 수 없다(모르겠다).
　　 ❷ 그녀가 아름답다는 것은 말 할 필요도 없다.
　　 ❸ 말해 봤자 소용없다.
　　 ❹ 학생들은 숙제하는 데 어려움을 겪었다.
　　 ❺ 오늘 밤 나는 외출하고 싶은 기분이 아니다.
　　 ❻ 그들은 만나기만 하면 싸운다.
　　 ❼ 다른 무엇보다도 이것을 명심하세요. 계속 웃으세요!
　　 ❽ 그는 막 집을 떠나려고 한다.
　　 ❾ 그는 아무 말도 하지 않고 그저 계속 일만 했다.
　　 ❿ 나는 새 차를 사는 데 15,000달러를 썼다. / 나는 TV 보며 저녁을 보냈다.
　　 ⓫ 그들은 이번 주말에 낚시 하러 갈 것이다.
　　 ⓬ 그는 반드시 매일 걷는 잊지 않고 있다(습관으로 하다).
　　 ⓭ 그들은 시험 준비를 하느라 바쁘다.
　　 ⓮ 열심히 공부하기는커녕 그는 책도 열어보지 않았다.
　　 ⓯ 이 책은 읽을 가치가 있다.
어휘 quarrel 논쟁하다, 말다툼하다 have in mind 명심하다, 염두에 두다 first and foremost 다른 무엇보다도

문법 포인트 041 > to -ing구문

❶ We are looking forward to meeting you again.

❷ They are very much opposed to going there.

❸ They object to going there very much.

❹ She wanted to devote(dedicate) her full attention to her business.

❺ Fresh air contributes to maintaining good health.

❻ Bill is equal to solving the problem.

❼ He has bought land with a view to building a house.

❽ Toddlers are very selfish when it comes to sharing toys.

❾ This book ranges from speaking to listening English.

to + ⓥ -ing

1 look forward to ～ing   ～하기를 간절히 바라다
2 be opposed to ～ing   ～하는 것을 반대하다
3 object to ～ing   ～하는 것을 반대하다
4 devote(= dedicate) A to ～ing   A를 ～하는 데 몰두하다(헌신하다)
5 contribute to ～ing   ～하는 데 기여하다
6 be equal to ～ing   ～할 능력이 있다
7 with a view to ～ing   ～하기 위하여
8 when it comes to ～ing   ～에 관하여
9 from ～ing to …ing   ～부터 …까지

해석 ❶ 우리는 당신을 다시 만나기를 간절히 바랍니다.   ❷ 그들은 거기에 가는 것을 아주 많이 반대한다.
❸ 그들은 거기에 가는 것을 아주 많이 반대한다.   ❹ 그녀는 자신의 사업에만 몰두하기를 원했다.
❺ 신선한 공기는 좋은 건강을 유지하는 데 기여했다.   ❻ Bill은 이 문제를 풀 수 있다.
❼ 그는 집을 짓기 위해서 땅을 샀다.   ❽ 유아들은 장난감을 공유하는 데 관하여 아주 이기적이다.
❾ 이 책은 영어 말하기에서 듣기까지 걸쳐 있다(다루고 있다).
어휘 attention 주의, 집중   maintain 유지하다   toddler 유아   selfish 이기적인

확인학습 문제

07 밑줄 친 부분 중 어법상 가장 적절한 것을 고르시오.

① This system of <u>transportation</u> letters is out of date.
② The students had trouble <u>to make</u> out the consequence.
③ Some people made a decision <u>to take</u> a variety of adventures.
④ She wanted to dedicate her full attention to <u>run</u> her own business.

08 다음 우리말을 영어로 옮긴 것 중 밑줄 친 부분이 어법상 옳은 것은?

① 우리는 당신과 일하는 것을 간절히 바랍니다.
　→ We look forward to <u>work</u> with you.
② 그는 내가 새 자전거를 사는 것을 반대했다.
　→ He objected to my <u>buying</u> a new bike.
③ 그는 집을 팔기 위해 집을 페인트칠을 하고 있다.
　→ He is painting the house with a view to <u>sell</u> it.
④ 우리는 모든 전문가들이 그 유적지를 복원하는 데 기여하기를 바란다.
　→ We want all experts to contribute to <u>restore</u> the heritage.

문법 포인트 042 분사구문

❶ Watching TV, I heard a strange sound.
→ When I watched TV, I heard a strange sound.

❷ (Being) Asked by him, I answered the question.
→ Because I was asked by him, I answered the question.

❸ Being cold, we wanted to stay home. (×)
→ Even if it was cold, we wanted to stay home.
→ It being cold, we wanted to stay home. (○)

─┤ 내 손으로 만드는 영문법 노트

분사구문의 관용적 용법

1 generally speaking   일반적으로 말하자면
2 admitting (that)   ~을 인정할지라도
3 granting(= granted)(that)   ~을 인정할지라도
4 strictly speaking   엄격하게 말해서
5 frankly(= honestly) speaking   솔직히 말하자면
6 considering (that)   ~임을 고려하면
7 given (that)   ~임을 고려하면
8 speaking of   ~에 관해 말하자면
9 judging from   ~로 판단해보면(판단하건대)
10 provided (that)   만약 ~라면

해석 ❶ TV를 볼 때 나는 이상한 소리를 들었다.
　　❷ 나는 그에게 질문을 받았기 때문에 질문에 답했다.
　　❸ 날씨가 추웠기 때문에 우리는 집에 있고 싶었다.
어휘 **strange** 이상한, 낯선

확인학습 문제 ||||||||||||||||||||||||||||||||||||||||||||||||||||||||||||||||||||||||||||||||||||||||||||||||||||||||||

09 어법상 밑줄 친 부분에 가장 적절한 것은?

> _____ rainy, the ground in the front yard is wet.

① It is
② To be
③ Being
④ It being

10 어법상 밑줄 친 부분에 가장 적절한 것은?

> _____ from what I have heard, he is very nice.

① Judge
② Judged
③ Judging
④ Being judged

CHAPTER

준동사의 동사적 성질

문법 포인트 **043** 준동사의 의미상 주어

❶ I want him to study English.

❷ I want to study English.

❸ It is difficult for him to study English.

❹ It is difficult to study English.

❺ I made a piece of cake for him to eat.

❻ It is stupid of him to say so.

❼ I don't mind his opening the window.

❽ I don't mind him opening the window.

❾ I saw him crossing the street.

❿ If the rain comes, we cannot go out.
→

인성 형용사

- **stupid** 어리석은
- **careless** 부주의한
- **polite** 공손한
- **cruel** 잔인한
- **kind** 친절한
- **generous** 관대한
- **clever** 영리한
- **considerate** 사려 깊은
- **nice** 멋진
- **rude** 무례한

해석 ❶ 나는 그가 영어를 공부하길 원한다.
　　 ❷ 나는 영어를 공부하고 싶다.
　　 ❸ 그가 영어를 공부하는 것은 어렵다.
　　 ❹ 영어를 공부하기는 어렵다.
　　 ❺ 나는 그가 먹을 케이크 한 조각을 만들었다.
　　 ❻ 그가 그렇게 말하는 것은 어리석다.
　　 ❼ 나는 그가 문을 여는 것을 꺼려하지 않는다.
　　 ❽ 나는 그가 문을 여는 것을 꺼려하지 않는다.
　　 ❾ 나는 그가 길을 건너는 것을 보았다.
　　 ❿ 만약 비가 오면 우리는 나갈 수 없다.

문법 포인트 044 준동사의 시제

❶ He is afraid to disappoint his parents.

❷ He is afraid to have disappointed his parents.

❸ His plan is leaving for Seoul.

❹ His plan is having left for Seoul.

→ 내 손으로 만드는 영문법 노트

준동사의 시제

준동사가 주절의 동사와 시제가 같거나 미래의미를 나타낼 때에는 단순시제를, 주절의 동사보다 한 시제 앞 설 때에는 완료시제를 사용해야 한다.

준동사 시제		단순시제	완료시제
to부정사		to ⓥ	to have p.p
동명사		ⓥ-ing	having p.p
분사	현재분사	ⓥ-ing	having p.p
	과거분사	ⓥ-ed	having been p.p

해석 ❶ 그는 부모님을 실망시킬까봐 두렵다.　　　❷ 그는 부모님을 실망시켰을까봐 두렵다.
　　 ❸ 그의 계획은 서울로 가는 것이다.　　　❹ 그의 계획은 서울로 갔던 것이다.
어휘 afraid 두려운　disappoint 실망시키다　leave for ~로 가다

문법 포인트 045 준동사의 태

❶ My brother is too young [to drive / to be driven] a car.

❷ A national exam is scheduled [to take / to be taken] place this year.

❸ She complained of [having been insulted / having insulted].

❹ [Taken / Taking] everyday, this pill will work right away.

→ 내 손으로 만드는 영문법 노트

준동사의 태

준동사도 동사의 성질이 있기 때문에 태의 일치에 유의해야 한다. 준동사 뒤에 목적어가 있으면
능동의 형태(toⓥ / ⓥ-ing)를 취해야 하고 목적어가 없으면 수동의 형태(to be p.p / ⓥ-ed)를
취해야 한다.

해석 ❶ 나의 동생은 너무 어려서 차를 운전할 수 없다.
　　 ❷ 국가고시가 올해 있을 예정이다.
　　 ❸ 그녀는 모욕당한 것에 대해 불평했다.
　　 ❹ 매일 이 약을 복용하면 바로 효과가 나타날 것이다.
어휘 national exam 국가고시　be scheduled to ⓥ ⓥ할 예정이다　take place 일어나다, 발생하다
　　 insult 모욕하다　pill 알약　right away 바로, 당장,
정답 ❶ to drive ❷ to take　❸ having been insulted ❹ Taken

문법 포인트 046 준동사의 부정

❶ I locked the door for him not to get in.

❷ I did not lock the door for him to get in.

❸ He was careful about not leaving any tracks.

❹ He was not careful about leaving any tracks.

→ 내 손으로 만드는 영문법 노트

해석 ❶ 나는 그가 들어오지 못하도록 문을 잠갔다.
　　 ❷ 나는 그가 들어오도록 문을 잠그지 않았다.
　　 ❸ 그는 흔적을 남기지 않으려고 주의했다.
　　 ❹ 그는 흔적을 남기는 것에 대해 주의하지 않았다.
어휘 lock 잠그다　leave 남겨두다　track 흔적, 자취

확인학습 문제

01 다음 밑줄 친 부분 중 어법상 적절하지 않은 것은?

It is very usual ① <u>for services</u> such as gas and electricity ② <u>to not be paid</u> by the host in each case, but any extra expenses ③ <u>employed</u> by the tenant should be ④ <u>solved</u> before the end of the holiday.

02 밑줄 친 부분 중 어법상 틀린 것은?

① <u>Having been deceived</u> by him before, she hates him.
② It was cruel <u>of his father</u> to have exerted all his authority.
③ I am ashamed of <u>having punished</u> in front of my best friends.
④ The yellow sedan <u>parked</u> on the crowded street corner belongs to her own.

실전문제

01 밑줄 친 부분에 들어갈 말로 가장 적절한 것을 고르시오.

_____ hard in her schooldays then, she has lots of problems.

① Studying not
② Not studying
③ Having not studied
④ Not having studied

02 밑줄 친 부분에 들어갈 말로 가장 적절한 것을 고르시오.

Any manager of a group that desires employees to achieve a meaningful level of acceptance and commitment to a planned change _____ the rationale for the contemplated change as clearly as possible.

① presenting
② must present
③ was presented
④ having presented

03 밑줄 친 부분에 들어갈 말로 가장 적절한 것을 고르시오.

The man must have witnessed the terrible scene in the spot but, he denies _____ the criminal there.

① to see
② seeing
③ having seen
④ to have seen

04 다음 밑줄 친 부분 중 어법상 적절하지 않은 것은?

Since I ① <u>finished reading</u> the newspaper, I have continued to ponder what happen in our environment. In that respect, it was proper that everyone ② <u>make</u> a choice ③ <u>to postpone</u> ④ <u>to construct</u> the new hospital.

05 다음 밑줄 친 부분 중 어법상 옳지 않은 것은?

Most countries failed ① <u>to welcome</u> the refugees after the war, which drove the refugees ② <u>to migrate</u> and considered ③ <u>to scatter</u> elsewhere. They should have helped exiles ④ <u>emigrate</u>.

06 다음 밑줄 친 부분 중 어법상 적절하지 않은 것은?

In 2001, the postal system in the United States became a route for ① <u>bio-terrorism</u>. Anthrax spores ② <u>sent</u> in letters resulted in the deaths of numerous innocent people. Such attacks are just one reason why Americans should seriously involve permanently ③ <u>shutting</u> down the U.S. Postal Service. There is another reason for dispensing with our old fashioned system of ④ <u>delivery</u> person-to-person letters.

07 밑줄 친 부분 중, 어법상 적절하지 않은 것은?

The administration introduced the new formula this year at the earliest, which applies first it to replies to opinions ① <u>posted</u> on some portal sites. In fact, the reason why government makes it ② <u>be</u> like following that. As the number of Internet surfers increased, cyber terrors ③ <u>occurred</u> in a serious social evil with the number of cyber crime victims ④ <u>rising</u> rapidly to 2 million in 2004 from 1.65 million in 2003 and 1.19 million 2002.

08 밑줄 친 부분 중 어법상 적절하지 않은 것은?

Researchers studied two companies trying to solve a technological problem. According to the consequences ① <u>studied</u> by the experts, one company developed the technological notion, ② <u>created</u> by a small group of engineers, where possible technical solutions that other teams might use in the future ③ <u>placed</u>. The company also ④ <u>generated</u> an open-ended conversation among its engineers where salespeople and designers were often included.

09 다음 밑줄 친 부분 중, 어법상 적절하지 않은 것은?

The bridge, built to replace one that ① <u>collapsed</u> in 2007, killing 13 people, ② <u>constructed</u> almost entirely of concrete inserted with steel ③ <u>reinforcing</u> bars. However, this bridge is a simple structure : it is made from each different concrete mix, with the components ④ <u>tweaked</u>.

10 밑줄 친 부분 중 어법상 옳은 것은?

① <u>Having lost</u> my money, I have to buy the valuable book.

② As <u>being</u> no class, he went to a movie with his best friend.

③ After <u>having assured</u> I had the idea, I called her again and again.

④ When <u>turning on</u> the computer, a new mail was found in the mailbox.

11 밑줄 친 부분 중 어법상 틀린 것은?

① I'm <u>exhausted</u> but I don't find a chair to sit on.

② Those who lay in the office are <u>pleased</u> to hear the news.

③ They are very <u>interesting</u> in learning a new language, not to mention math.

④ To be sure, everyone must be <u>shocked</u> to find out that she killed herself.

12 밑줄 친 부분 중 어법상 틀린 것은?

① He is against the decision <u>approved</u> unanimously.

② His scheme for <u>raising</u> more money sounds frustrating.

③ The article <u>reported</u> in the journals was writing in haste.

④ It was very considerate <u>for</u> you to give a speech to the delegates.

13 다음 중 어법상 적절한 것은?

① She finally succeeded in <u>learn</u> how to read Latin.
② <u>Being</u> punctual definitely helped him practice to do it.
③ We are not capable of <u>definition</u> what was wrong with him.
④ We would appreciate your <u>letting</u> us know of any problems.

14 다음 우리말을 영어로 옮긴 것 중 밑줄 친 부분이 어법상 옳은 것은?

① 배달이 지연됨을 알리게 되어서 유감입니다.
   → I regret <u>informing</u> you that the delivery will be delayed.
② 내 기억에는 그가 나에게 그런 뻔뻔스러운 거짓말을 한 적이 없다.
   → I don't remember him <u>to tell</u> me such a direct lie.
③ 그는 선생님들에게 혼났던 것이 창피했다.
   → He was humiliated of his teachers' <u>having scolded</u> him.
④ 그녀는 나를 너무 화나게 해서 나는 그녀에게 소리치고 싶었다.
   → She made me so annoyed that I felt like <u>to shout</u> at her.

기출문제

01 밑줄 친 부분 중 어법상 옳지 않은 것은?

2025. 2차 출제기조 전환 예시

> Overpopulation may have played a key role : too much exploitation of the rain-forest ecosystem, on which the Maya depended for food, as well as water shortages, seems to _____ the collapse.

① contribute to

③ have contributed to

② be contributed to

④ have been contributed to

02 어법상 옳지 않은 것은?

2023. 국가직 9급

① All assignments are expected to be turned in on time.

② Hardly had I closed my eyes when I began to think of her.

③ The broker recommended that she buy the stocks immediately.

④ A woman with the tip of a pencil stuck in her head has finally had it remove.

03 우리말을 영어로 잘못 옮긴 것은?

2023. 지방직 9급

① 우리는 그의 연설에 감동하게 되었다.

　　→ We were made touching with his speech.

② 비용은 차치하고 그 계획은 훌륭한 것이었다.

　　→ Apart from its cost, the plan was a good one.

③ 그들은 뜨거운 차를 마시는 동안에 일몰을 보았다.

　　→ They watched the sunset while drinking hot tea.

④ 과거 경력 덕분에 그는 그 프로젝트에 적합하였다.

　　→ His past experience made him suited for the project.

04 **어법상 옳은 것은?**

2022. 국가직 9급

① A horse should be fed according to its individual needs and the nature of its work.

② My hat was blown off by the wind while walking down a narrow street.

③ She has known primarily as a political cartoonist throughout her career.

④ Even young children like to be complimented for a job done good.

05 **우리말을 영어로 잘못 옮긴 것을 고르시오.**

2021. 국가직 9급

① 커피 세 잔을 마셨기 때문에, 그녀는 잠을 이룰 수 없다.

→ Having drunk three cups of coffee, she can't fall asleep.

② 친절한 사람이어서, 그녀는 모든 이에게 사랑받는다.

→ Being a kind person, she is loved by everyone.

③ 모든 점이 고려된다면, 그녀가 그 직위에 가장 적임인 사람이다.

→ All things considered, she is the best-qualified person for the position.

④ 다리를 꼰 채로 오랫동안 앉아 있는 것은 혈압을 상승시킬 수 있다.

→ Sitting with the legs crossing for a long period can raise blood pressure.

06 **우리말을 영어로 잘못 옮긴 것은?**

2020. 국가직 9급

① 인간은 환경에 자신을 빨리 적응시킨다.

→ Human beings quickly adapt themselves to the environment.

② 그녀는 그 사고 때문에 그녀의 목표를 포기할 수밖에 없었다.

→ She had no choice but to give up her goal because of the accident.

③ 그 회사는 그가 부회장으로 승진하는 것을 금했다.

→ The company prohibited him from promoting to vice-president.

④ 그 장난감 자동차를 조립하고 분리하는 것은 쉽다.

→ It is easy to assemble and take apart the toy car.

07 우리말을 영어로 잘못 옮긴 것은? 2020. 지방직 9급

① 나는 네 열쇠를 잃어버렸다고 네게 말한 것을 후회한다.
  → I regret to tell you that I lost your key.
② 그 병원에서의 그의 경험은 그녀의 경험보다 더 나빴다.
  → His experience at the hospital was worse than hers.
③ 그것은 내게 지난 24년의 기억을 상기 시켜준다.
  → It reminds me of the memories of the past 24 years.
④ 나는 대화할 때 내 눈을 보는 사람들을 좋아한다.
  → I like people who look me in the eye when I have a conversation.

08 밑줄 친 부분 중 어법상 옳지 않은 것을 고르시오. 2019. 국가직 9급

Domesticated animals are the earliest and most effective 'machines'
① underline(available) to humans. They take the strain off the human back and
arms. ② underline(Utilizing) with other techniques, animals can raise human living
standards very considerably, both as supplementary foodstuffs (protein in
meat and milk) and as machines ③ underline(to carry) burdens, life water, and grind
grain. Since they are so obviously ④ underline(of) great benefit, we might expect to
find that over the centuries humans would increase the number and
quality of the animals they kept. Surprisingly, this has not usually been
the case.

09 우리말을 영어로 옳게 옮긴 것은? 2018. 지방직 9급

① 그는 며칠 전에 친구를 배웅하기 위해 역으로 갔다.
  → He went to the station a few days ago to see off his friend.
② 버릇없는 그 소년은 아버지가 부르는 것을 못 들은 체했다.
  → The spoiled boy made it believe he didn't hear his father calling.
③ 나는 버팔로에 가본 적이 없어서 그곳에 가기를 고대하고 있다.
  → I have never been to Buffalo, so I am looking forward to go there.
④ 나는 아직 오늘 신문을 못 읽었어. 뭐 재미있는 것 있니?
  → I have not read today's newspaper yet. Is there anything interested
    in it?

김세현 영어

전혀 다른
개념 문법

연결사

CHAPTER 01

관계사

문법 포인트 047 관계대명사 who, whose, whom

❶ The woman who sells the flowers is sick today.

❷ This is the teacher who(m) I met yesterday.

❸ He is a professor whose opinion was critical.

─── 내 손으로 만드는 영문법 노트

해석 ❶ 꽃을 파는 그 여자가 오늘 아프다.
　　 ❷ 이 분이 내가 어제 만났던 그 선생입니다.
　　 ❸ 그는 교수님인데 그의 견해는 늘 비판적이었다.
어휘 **opinion** 의견, 견해　**critical** ① 비판적인 ② 중요한, 결정적인

문법 포인트 048 ＞ 관계대명사 which, whose

❶ He has the building which is very expensive.

❷ This is one of the books which we all want.

❸ They have a clue whose benefits are various.

→ 내 손으로 만드는 영문법 노트

관계사절에서의 수일치

선행사 ＋ who(주격 관계대명사) ＋ 동사
└────── 수 · 태 일치 ──────┘

- Look at my English teacher who is really handsome.
- The students in the class [(who / which) (study / studies)] hard look happy.

해석 ❶ 그는 아주 비싼 집을 가지고 있다.
　　 ❷ 이것이 우리 모두가 원하는 책 중 하나이다.
　　 ❸ 그들은 혜택이 다양한 해결책을 가지고 있다.
어휘 expensive 비싼　clue 실마리, 해결책　various 다양한

확인학습 문제

01 밑줄 친 부분에 들어갈 말로 가장 적절한 것은?

> Korea has many rivers _____ advantages are various.

① which ② who
③ whose ④ whom

02 밑줄 친 부분 중 어법상 옳은 것은?

① He has a few relatives who are famous.
② I have the watch whose the band is made of leather.
③ He loves three women which don't love him any more.
④ He removed the old wallpaper who design was terrible.

03 밑줄 친 부분 중 어법상 옳은 것은?

① I met a friend who I liked him too much.
② This is the man whose son stands on the hill.
③ I don't want to marry the woman which is not pretty.
④ The student whom is handsome is really smart and nice.

04 밑줄 친 부분에 들어갈 말로 가장 적절한 것은?

> The owner decided to fire some employees in his company _____ unable to do there best.

① who is ② who are
③ which is ④ which are

문법 포인트 049 > 관계대명사 that

❶ The message that came to me was critical clue.

❷ Look at the students that are running towards us.

반드시 관계대명사 that을 사용해야 하는 경우

① 사람과 동물(사물) 둘이 동시에 선행사인 경우는 관계대명사 that을 사용한다.
  • Look at the picture of men and horses that are crossing the river.
② all이 선행사 또는 선행사에 포함된 경우에는 관계대명사 that을 사용한다.
  • The teacher said all that glitters is not gold.
③ the only, the very, the same, the next가 선행사에 포함되어 있는 경우에는 관계대명사 that
  을 사용한다.
  • Man is the only animal that is able to think.
④ 선행사가 형용사의 최상급이나 서수로 수식을 받는 경우에는 관계대명사 that을 사용한다.
  • The elephant is the largest animal that I have ever seen.
⑤ 선행사가 의문사인 경우 관계대명사 that을 사용한다.
  • Who that has common sense would do such a thing?

관계대명사 that을 사용할 수 없는 경우

① ,(comma) 다음에는 관계대명사 that을 사용할 수 없다.
  • Everybody likes the toy, that is very expensive. (×)
② 전치사 다음에는 관계대명사 that을 사용할 수 없다.
  • This is the boy after that I was looking. (×)

해석 ❶ 내게 왔던 그 메시지가 결정적인 단서였다.　　❷ 우리에게 달려오는 학생들을 보라.
반드시 관계대명사 that을 사용해야 하는 경우
해석 ❶ 강을 건너고 있는 사람들과 말의 사진을 보아라.　　❷ 선생님께서 반짝인다고 다 금은 아니라고 말씀하셨다.
　　❸ 인간은 생각할 수 있는 유일한 동물이다.　　❹ 코끼리는 내가 봤던 가장 큰 동물이다.
　　❺ 상식이 있는 사람이라면 누가 그런 짓을 하겠는가?
관계대명사 that을 사용할 수 없는 경우
해석 ❶ 모든 이가 아주 비싼 그 장난감을 좋아한다.　　❷ 이 아이가 내가 돌보고 있던 소년이다.
어휘 towards ~를 향하여　glitter 반짝이다　common sense 상식　look after 돌보다　crosswalk 횡단보도

문법 포인트 050 〉 관계대명사 what

❶ I knew what happened on the crosswalk.

❷ I cannot understand what you are saying.

→ 내 손으로 만드는 영문법 노트

해석 ❶ 나는 횡단보도 위에서 무슨 일이 일어났는지 알았다.
　　 ❷ 나는 당신이 말하는 것을 이해할 수 없다.
어휘 **happen** 일어나다, 발생하다　**crosswalk** 횡단보도

확인학습 문제 ||||||||||||||||||||||||||||||||||||||||||||||||||||||||||||||||||||||||||||||||||||||||||||

05 다음 빈칸에 들어갈 말로 가장 적절한 것은?

> Baseball is the only sport _____ I'm interested in.

① that
② which
③ whose
④ whom

06 다음 빈칸에 들어갈 말로 가장 적절한 것은?

> Silences make the real conversations between friends. Not the saying but the never needing to say is _____ counts.

① that
② which
③ who
④ what

07 밑줄 친 부분에 들어갈 말로 가장 적절한 것은?

> It is very difficult to find clothes in Indonesia that _____ me. What is a medium size in Korea is a large size here.

① fit

② fits

③ to fit

④ fitting

08 밑줄 친 부분 중 어법상 가장 적절한 것은?

① She spent all the money <u>which</u> she had then.

② This is the oldest building <u>that</u> I have ever seen.

③ This is the house for <u>that</u> I am looking all the way.

④ The professor gave us the solution we want to know <u>it</u>.

문법 포인트 **051** > 삽입절

❶ The man who I thought was honest told me a lie.

❷ He is the officer that I felt was smart and nice.

→ 내 손으로 만드는 영문법 노트

삽입절을 이끄는 동사

- **think** 생각하다
- **guess** 추측하다
- **believe** 믿다
- **say** 말하다
- **know** 알다
- **hope** 바라다
- **feel** 느끼다

해석 ❶ 내가 생각하기에 정직했던 그 남자가 내게 거짓말을 했다.
　　❷ 내가 느끼기에 그는 스마트하고 멋진 관료이다.
어휘 **officer** 관리, 관료

문법 포인트 052 > 전치사 + 관계대명사

❶ Tom is the student of whom Jack is proud.

❷ This is the bag into which I put my book.

❸ He is interested in what we offered at that time.

→ 내 손으로 만드는 영문법 노트

해석 ❶ 탐은 잭이 자랑스러워하는 학생이다.
   ❷ 이것이 내가 책을 넣었던 가방이다.
   ❸ 그는 우리가 그 당시에 제공했던 것에 관심이 있다.
어휘 proud 자랑스러운 offer 제공하다, 제안하다 at that time 그 당시에(는)

확인학습 문제

09 다음 빈칸에 들어갈 말로 가장 적절한 것은?

> In the aircraft I saw a man _____ I thought was a criminal.

① whom   ② where
③ which   ④ who

10 다음 빈칸에 들어갈 말로 가장 적절한 것은?

> The subject _____ I am interested is English.

① in that   ② in which
③ at what   ④ at whom

11 밑줄 친 부분 중 어법상 틀린 것을 고르시오.

① This is the bike of <u>which</u> I spoke in the class.
② She chose the man <u>whom</u> people guessed she liked.
③ My mentor about <u>whom</u> I mentioned you before is over there.
④ Let me think about <u>which</u> you proposed the position to me.

문법 포인트 053 〉 명사, 부정대명사 of which(whom) + V

❶ The company employs ten graphic artists, all of whom are men.

❷ Each cosmetic contains chemicals, some of which cause allergic reactions.

— 내 손으로 만드는 영문법 노트

명사, 부정대명사 / 부분명사 of which(whom) + V

all, both, some, many, much, any,
several, half, the rest, the last,   + of which(whom) + V
most, either, each, one

해석 ❶ 그 회사는 10명의 그래픽 아티스들을 고용했는데 그들 모두가 남자이다.
    ❷ 각각의 화장품은 화학물질을 포함하고 있는데 그것들 중 일부는 알레르기 반응을 일으킨다.
어휘 cosmetic 화장품 chemical 화학물질 reaction 반응

문법 포인트 **054** > that vs. what

❶ This is the book that I want to buy.

❷ I know what you want to buy.

❸ I know that he is handsome.

❹ The rumor that they were divorced is not true.

→ 내 손으로 만드는 영문법 노트

해석 ❶ 이것이 내가 사고 싶은 책이다.
　　❷ 나는 당신이 사고 싶은 것을 안다.
　　❸ 나는 그가 잘생긴 것을 안다.
　　❹ 그들이 이혼했다는 소문은 사실이 아니다.
어휘 **rumor** 소문　**divorce** 이혼하다

12 다음 빈칸에 들어갈 말로 가장 적절한 것은?

> Let's compare two slogans, _____ try to get us to think of chocolate products as healthy foods rather than as indulgences.

① both of which   ② of which both

③ either of which   ④ of which either

13 밑줄 친 부분 중 어법상 옳은 것은?

① I ought to have introduced <u>what</u> I did then to you.

② <u>That</u> happens in a particular period has significant effects.

③ There are several prisoners, half of <u>which</u> are not aware of it.

④ Thank you for <u>which</u> you have always done for my wife and children.

문법 포인트 055 > 관계부사

❶ I know the quiet place where we can talk.

❷ Tell me the day when your parents come.

❸ I cannot understand the reason why you hate me.

❹ Please tell us (the way) (how) you learned English.

→ 내 손으로 만드는 영문법 노트

해석 ❶ 나는 우리가 말할 수 있는 조용한 장소를 안다.
　　❷ 제게 당신의 부모님들이 오실 날을 말씀해주세요.
　　❸ 나는 당신이 나를 싫어하는 이유를 이해할 수 없다.
　　❹ 당신이 어떻게 영어를 배웠는지 우리에게 말씀해주세요.

14 [   ] 안에 어법상 알맞은 것을 고르시오.

1. I remember the way [in which / how] you solve the problem.
2. They spotted a shark in the sea [which / where] they were invited.
3. I remembered the day [which / when] we first met him.
4. This is the reason [why / which] keeps him form attending the class.
5. I would like to live in a community [which / where] there are parks.

15 다음 빈칸에 들어갈 말로 가장 적절한 것은?

> The conditions _____ these fine works were created were very bad.

① whose   ② which
③ where   ④ that

문법 포인트 **056** 복합관계대명사 whoever / whomever

❶ Whoever breaks this law is going to be punished.

❷ You may invite whomever you want to do.

❸ Whoever your readers are will appreciate your effort.

❹ I will give it to whoever I feel may need this task.

❺ I will give it to whomever I hope you recommend.

┤ 내 손으로 만드는 영문법 노트 ├

해석 ❶ 이 법을 어긴 사람은 누구든지 처벌을 받을 것이다.
　　 ❷ 당신이 초대하고 싶은 사람이면 누구든지 초대해도 좋다.
　　 ❸ 당신의 독자라면 누구든지 당신의 노력의 진가를 인정할 것이다.
　　 ❹ 내가 느끼건대 이 업무가 필요한 사람이면 누구든지 그것을 줄 것이다.
　　 ❺ 내가 희망하건대 당신이 추천하는 사람이면 누구든지 그것을 줄 것이다.

문법 포인트 **057** 복합관계대명사 whatever / whichever

❶ You can do whatever(whichever) you want.

❷ You may dye your hair whatever(whichever) color you like.

❸ Whatever(Whichever) the problem may be, we will keep going.

❹ We will defer to whatever(whichever) the committee decides.

→ 내 손으로 만드는 영문법 노트

해석 ❶ 당신은 당신이 원하는 무엇이든지 할 수 있다.
　　❷ 당신이 좋아하는 색이면 무슨 색이든지 머리를 염색해도 된다.
　　❸ 그 문제가 무엇이든지 우리는 계속 할 것이다.
　　❹ 우리는 위원회가 어떤 결정을 하든지 따를 것이다.
어휘 **punish** 처벌하다　**invite** 초대하다　**appreciate** 진가를 인정하다　**task** 일, 업무　**recommend** 추천하다
　　dye 염색하다　**committee** 위원회　**decide** 결정하다

문법 포인트 **058** **복합관계부사** however / whenver / wherever

❶ However he is handsome, he is always humble. (×)
  → However handsome he is, he is always humble.(○)

❷ However I explained it carefully, she still didn't understand it. (×)
  → However carefully I explained it , she still didn't understand.(○)

❸ However you look at this, it's going to cost a lot.

❹ Whenever she does her homework, she asks for help to me.

❺ Wherever she goes, there are many people waiting to see her.

→ 내 손으로 만드는 영문법 노트

해석 ❶ 비록 그는 잘생겼지만 그는 늘 겸손하다.
　　❷ 비록 내가 그것을 아무리 세심하게 설명을 해도 그녀는 여전히 그것을 이해하지 못했다.
　　❸ 아무리 이것을 살펴봐도 그것은 비용이 많이 들 것이다.
　　❹ 그녀는 숙제를 할 때마다 내게 도움을 요청한다.
　　❺ 그녀가 가는 곳이면 어디든지 그녀를 보려고 기다리는 많은 사람들이 있다.
어휘 **humble** 겸손한　**ask for** 요청하다

16 [ ] 안에서 알맞은 것을 고르시오.

1. I'll take [whoever / whenever] wants to go with me.

2. [Whatever / Whenever] you may visit him, you'll find him reading something.

3. [Whichever / Wherever] road you may take, you'll come to the same place.

4. She leaves the window open, [however / whoever] cold it is outside.

5. I'll give the ticket to [whoever / whomever] you recommend.

6. However [rich he may be / he may be rich], he is never happy.

17 밑줄 친 부분 중 어법상 옳은 것은?

① <u>Whomever</u> this dog belongs to needs to use a leash.
② <u>Whomever</u> wants the last two pieces is able to have them.
③ Harry should give the award to <u>whomever</u> he thinks deserves it.
④ <u>Whomever</u> gets to the restaurant first should put our name on the list.

18 다음 밑줄 친 (A)와 (B)에 들어가기에 가장 적절한 것은?

Many people thought ____(A)____ hard she may work, she could not finish it. However, she always made it ____(B)____ she chose. Due to her ability, she shined everywhere.

	(A)	(B)
①	whenever	whatever
②	whenever	wherever
③	however	whatever
④	however	wherever

실전문제

01 다음 밑줄 친 부분에 들어갈 말로 가장 적절한 것은?

Let me explain the themes, some _____ important.

① of whom is
② of which is
③ of whom are
④ of which are

02 밑줄 친 부분 중 어법상 옳지 않은 것을 고르시오.

① That Freud ② who was an originator of psychoanalysis discovered
③ was the scientific method by ④ which the unconscious can be studied
since the poets and philosophers discovered the unconscious before him.

03 밑줄 친 부분 중 어법상 가장 적절한 것을 고르시오.

Among the few things certain about the next century ① which it will be
wired, networked and global ② is our problem. Because national borders
will be able to block the flow of information and innovation, the societies
③ what thrive will become those which ④ is uncomfortable with openness
and with the free flow of services, goods and ideas.

04 밑줄 친 부분 중 어법상 옳지 않은 것을 고르시오.

Ms. Sheila is an English teacher and her voice is very husky, but she is one of the very few teachers ① who I know ② are able to control their classes without raising voice. That is an ability ③ which children appreciate highly. In fact, psychological control of students is the best field ④ that she is interested in.

05 밑줄 친 부분 중 어법상 옳지 않은 것을 고르시오.

Mr. Becket employs ten graphic illustrators, all of ① whom consist of women. One of them ② has a lot of professional books, some of ③ which are really useful to Mr. Becket. So, he also hires a few private security detectives, half of ④ whom has an eye out for the valuables.

06 밑줄 친 부분 중 어법상 옳지 않은 것을 고르시오.

Books ① which are gateways into other minds and other people are valuable to us. Through them we can escape from the narrow little world ② which we reside and from fruitless brooding over our own selves. An evening spent reading great books for our mind is like ③ what a holiday in the mountains does for our bodies. We come down from the mountains stronger, we need our lungs and our mind which are cleansed of all impurities, and we prepare the courage ④ that we have to face on the plains of daily life.

07 밑줄 친 부분 중 어법상 옳지 않은 것을 고르시오.

Euthanasia is generally referred to mercy killing, the voluntary ending of the life of someone ① <u>that</u> is terminally or hopelessly ill. Euthanasia has become a legal, medical and ethical issue over which opinion is divided. Euthanasia can be either active or passive. Active euthanasia means a physician or other medical personnel take a deliberate action ② <u>which</u> will induce death. Passive euthanasia means letting a patient die for lack of treatment or suspending treatment ③ <u>which</u> has begun. A good deal of controversy about mercy killing stems from the decision-making process. Who decides if a patient is to die? This issue had not been established legally in the united States. The matter is left to state law, ④ <u>that</u> usually allows the physician to be in charge of suggesting the option of death to a patient's relatives, especially if the patient is brain-dead.

08 밑줄 친 부분 중 어법상 옳지 않은 것을 고르시오.

As ① <u>what</u> the unconsciousness means was discovered by poets and philosophers before Milton, ② <u>that</u> Milton spotted it ③ <u>was</u> not the innovated notion ④ <u>which</u> all the psychiatrists were fully stunned.

09 밑줄 친 부분 중 어법상 옳지 않은 것을 고르시오.

The surrounding area can be a region for the individual ① <u>where</u> each person insists on his or her own space. Acute discomfort or displeasure can occur ② <u>whenever</u> another person stands or sits within our own space. However, Middle Easterners who prefer to be no more than 2 feet from ③ <u>whomever</u> they are communicating with so that they can observe their eyes feel intimate. Latinos ④ <u>which</u> dwell in Southern Italy enjoy closeness with acquaintances.

기출문제

01 밑줄 친 부분 중 어법상 옳지 않은 것을 고르시오.

2025. 2차 출제기조 전환 예시

It seems to me that any international organization ① <u>designed</u> to keep the peace must have the power not merely to talk but also ② <u>to act</u>. Indeed, I see this ③ <u>as</u> the central theme of any progress towards an international community ④ <u>which</u> war is avoided not by chance but by design.

02 밑줄 친 부분 중 어법상 옳지 않은 것을 고르시오.

2025. 1차 출제기조 전환 예시

Beyond the cars and traffic jams, she said it took a while to ① <u>get used to have</u> so many people in one place, ② <u>all of whom</u> were moving so fast. "There are only 18 million people in Australia ③ <u>spread out</u> over an entire country," she said, "compared to more than six million people in ④ <u>the state of Massachusetts alone</u>."

03 밑줄 친 부분이 어법상 옳지 않은 것은?

2024. 지방직 9급

① You must plan <u>not to spend</u> too much on the project.
② My dog <u>disappeared</u> last month and hasn't been seen since.
③ I'm sad that the people <u>who</u> daughter I look after are moving away.
④ I bought a book on my trip, and it was <u>twice as expensive as</u> it was at home.

04 밑줄 친 부분 중 어법상 옳지 않은 것은?

2023. 지방직 9급

> One reason for upsets in sports — ① <u>in which</u> the team ② <u>predicted</u> to win and supposedly superior to their opponents surprisingly loses the contest — is ③ <u>what</u> the superior team may not have perceived their opponents as ④ <u>threatening</u> to their continued success.

05 밑줄 친 부분 중 어법상 옳지 않은 것은?

2021. 국가직 9급

> Urban agriculture (UA) has long been dismissed as a fringe activity that has no place in cities; however, its potential is beginning to ① <u>be realized</u>. In fact, UA is about food self-reliance : it involves ② <u>creating</u> work and is a reaction to food insecurity, particularly for the poor. Contrary to ③ <u>which</u> many believe, UA is found in every city, where it is sometimes hidden, sometimes obvious. If one looks carefully, few spaces in a major city are unused. Valuable vacant land rarely sits idle and is often taken over — either formally, or informally — and made ④ <u>productive</u>.

06 우리말을 영어로 잘못 옮긴 것은?

2020. 지방직 9급

① 보증이 만료되어서 수리는 무료가 아니었다.

　→ Since the warranty had expired, the repairs were not free of charge.

② 설문지를 완성하는 누구에게나 선물카드가 주어질 예정이다.

　→ A gift card will be given to whomever completes the questionnaire.

③ 지난달 내가 휴가를 요청했더라면 지금 하와이에 있을 텐데.

　→ If I had asked for a vacation last month, I would be in Hawaii now.

④ 그의 아버지가 갑자기 작년에 돌아가셨고, 설상가상으로 그의 어머니도 병에 걸리셨다.

　→ His father suddenly passed away last year and what was worse, his mother became sick.

07 밑줄 친 부분 중 어법상 옳지 않은 것은?

2018. 지방직 9급

> I am writing in response to your request for a reference for Mrs. Ferrer. She has worked as my secretary ① <u>for the last three years</u> and has been an excellent employee. I believe that she meets all the requirements ② <u>mentioned</u> in your job description and indeed exceeds them in many ways. I have never had reason ③ <u>to doubt</u> her complete integrity. I would, therefore, recommend Mrs. Ferrer for the post ④ <u>what</u> you advertise.

08 다음 중 어법상 가장 적절한 것은?

2018. 국가직 9급

① I forgot the name of the attraction in which they visited.
② Tom moved to Chicago, which he worked for Louis Sullivan.
③ The students are interested in what their professor expounded the formula then.
④ Mary Simson dwelled in that three-story building from whose rooftop she could look at the whole town.

09 다음 중 어법상 옳지 않은 것은?

2017. 지방직 9급

① You might think that just eating a lot of vegetables will keep you perfectly healthy.
② Academic knowledge isn't always that leads you to make right decisions.
③ The fear of getting hurt didn't prevent him from engaging in reckless behaviors.
④ Julie's doctor told her to stop eating so many processed foods.

CHAPTER 02

접속사

문법 포인트 059 대등접속사 병렬구조

❶ He has a notebook and a book.

❷ My fiance is handsome and attractive.

❸ They warned us to stay quiet or to remain silent.

❹ You can find some erasers on the desk or in the box.

❺ The doctor's documents must be kept quickly but safely.

❻ My English teacher is handsome, so he is very popular to the students.

❼ She has a pencil, two notebooks and three binders.

❽ My friend enjoys hiking, swimming, jogging, or singing.

❾ Let me think about what you suggested, what he said and what she did.

❿ She didn't show up the day before yesterday, yesterday, and even today.

해석 ❶ 그는 공책과 책을 가지고 있다.
　　 ❷ 나의 약혼자는 잘생기고 매력적이다.
　　 ❸ 그들은 우리에게 조용히 있거나 떠나라고 경고했다.
　　 ❹ 당신은 몇 개의 지우개를 책상 위나 상자 안에서 찾을 수 있다.
　　 ❺ 의사의 (진료) 기록은 빠르고 안전하게 보관되어야만 한다.
　　 ❻ 나의 영어선생님은 잘생겼고, 그래서 그는 학생들에게 인기가 많다.
　　 ❼ 그녀는 연필 한 자루와 공책 두 권 그리고 세 개의 바인더가 있다.
　　 ❽ 나의 친구는 등산, 수영, 조깅 그리고 노래 부르기를 좋아한다.
　　 ❾ 당신이 제안했던 것과 그가 말했던 것 그리고 그녀가 했던 것에 대해 생각해 보겠다.
　　 ❿ 그녀는 그제도 어제도 그리고 심지어 오늘도 나타나지 않았다.
어휘 **attractive** 매력적인　**eraser** 지우개　**document** 문서, 서류　**suggest** 제안하다
　　 the day before yesterday 그제, 그저께

문법 포인트 060 상관접속사 병렬구조

❶ He not only(merely, just, simply) helped her cook but (also) did dishes.

❷ She should either take the responsibility or leave the company.

❸ This novel is neither interesting nor instructive.

❹ He is experienced both in theory and in practice.

❺ It is not you but me that she really cares for.

❻ He is no longer a child but an adult.

❼ He quit his job not because he wanted but because he was forced.

❽ The creature is neither (not) carnivorous nor herbivorous but omnivorous.

상관접속사

not only A but (also) B	A 뿐만 아니라 B 역시
either A or B	A, B 둘 중 하나
neither A nor B	A, B 둘 다 아니다
both A and B	A, B 둘 다
not A but B	A가 아니라 B다
no longer A but B	더 이상 A가 아니라 B다
no because A but (because) B	A때문이 아니라 B때문이다
neither (not) A nor B but C	A도 B도 아닌 C이다

해석 ❶ 그는 그녀가 요리하는 것을 도왔을 뿐만 아니라 접시도 닦아 줬다.
❷ 그녀는 책임을 지든지 회사를 떠나든지 해야 한다.
❸ 이 소설은 재미도 없고 교훈도 없다.
❹ 그는 이론과 실행 둘 다에 경험이 많다.
❺ 그녀가 정말 좋아하는 사람은 당신이 아니라 나다.
❻ 그는 더 이상 어린아이가 아니라 다 큰 어른이다.
❼ 그녀가 일을 그만둔 이유는 그녀가 원해서가 아니라 강요받아서였다.
❽ 그 생물은 육식도 초식도 아닌 잡식성이다.
어휘 responsibility 책임 instructive 교훈적인 theory 이론 practice ① 실행, 실천 ② 훈련, 연습 ③ 관행
care for 좋아하다 carnivorous 육식(성)의 herbivorous 초식(성)의 omnivorous 잡식(성)의

확인학습 문제

01 밑줄 친 부분 중 어법상 적절한 것은?

① Jane is still young, <u>devoted and talent</u>.
② The work was <u>complete and skillful</u> done well.
③ My English teacher is handsome, <u>thorough and decent</u>.
④ We learned what to do, when to do and <u>how we should do</u>.

02 밑줄 친 부분에 들어갈 말로 가장 적절한 것을 고르시오.

> Medical students can watch doctors operating on a patient and _____
> from the process.

① learn
② learned
③ to learn
④ learning

03 밑줄 친 부분 중 어법상 틀린 것은?

① You eat ice-cream to feel comfortable, happy and <u>leisurely</u>.
② Aliens are considered as mysterious, unpredictable, <u>scary</u> creatures.
③ My students possess not only strength but <u>warm</u> in playing football.
④ We have mood such as despair, highly resentful mind, low self-esteem, <u>pessimism</u>, lack of initiative.

문법 포인트 061 명사절을 이끄는 접속사

접속사＋S＋V를 갖춘 절이 문장에서 명사 역할을 하면 명사절이 된다.

❶ I don't know. ＋ Where is she?
　 ＝ I don't know where she is.

❷ He asks me. ＋ Are you tired?
　 ＝ He asks me if(whether) I'm tired.

❸ I told him. ＋ It was raining outside.
　 ＝ I told him that it was raining outside.

❹ They have the belief that economy will soon get better.

→ 내 손으로 만드는 영문법 노트

해석 ❶ 나는 모른다. ＋ 그녀는 어디에 있지? ＝ 나는 그녀가 어디에 있는지 모른다.
　　 ❷ 그는 내게 묻는다. ＋ 당신은 피곤하십니까? ＝ 그는 내게 피곤한지 묻는다.
　　 ❸ 나는 그에게 말했다. ＋ 밖에 비가 왔었다. ＝ 나는 그에게 밖에 비가 왔었다고 말했다.
　　 ❹ 그들은 경제가 곧 회복될 거라는 믿음을 가지고 있다.
어휘 if(whether) ~인지 아닌지 belief 믿음

문법 포인트 062 〉 **부사절을 이끄는 접속사**

접속사+S+V를 갖춘 절이 문장에서 부사 역할을 하면 부사절이 된다.

시간	when (~할 때), as (~할 때, ~하면서), since (~ 이래로), while (~ 동안에), before (~전에), after (~후에), by the time (~할 무렵에, ~할 때까지), until (~할 때까지), as soon as (~하자마자), the moment (~하자마자), the instant (~하자마자), the minute (~하자마자), hardly[= scarcely] ~ when[before] (~하자마자 …했다), no sooner ~ than (~하자마자 …했다), whenever (~할 때마다), every time (~할 때마다)
이유 · 원인	because, as, since, now that (~ 때문에), so that (그래서), so + 형용사 / 부사 + that ~ , such + 명사 + that (너무 ~해서 …하다)
조건	if (만약 ~라면), once (일단 ~하면), unless (만약 ~이 아니라면)
양보	although, though, as, even though, even if , no matter how, however (비록 ~일지라도)
목적	so that ~ may [can], in order that ~ may [can] (~하기 위하여)
양태	as (~처럼), as though, as if (마치 ~처럼)
범위, 정도	as(so) far as, as(so) long as ~ (~하는 한, ~이기만 한다면)

1 시간

❶ When I have finished my work, I will telephone you.

❷ As she was going out, the telephone rang.

❸ I have known her since she was child.

❹ Don't telephone me while I'm at the office.

❺ Stay here until the sun rises.

❻ Look both ways before you cross the road.

❼ After the train had left, I arrived at the station.

❽ By the time the storm stopped, they didn't go home.

---

1. 시간
해석 ❶ 내가 일을 마치면, 너한테 전화할게.　　　　❷ 그녀가 외출하려던 때에, 전화가 울렸다.
　　　 ❸ 나는 그녀를 그녀가 어렸을 때부터 알고 있다.　❹ 근무 중일 때 나에게 전화하지 마라.
　　　 ❺ 태양이 뜰 때까지 이곳에 있어.　　　　　　　❻ 양방향 모두를 보고서 길을 건너세요.
　　　 ❼ 열차가 떠난 후, 나는 역에 도착했다.　　　　❽ 폭풍이 멈추었을 때, 그들은 집에 가지 못했다.

❾ As soon as he came home, he went to bed.

❿ The moment[instant, minute] he arrived here, he went to bed.

⓫ He had hardly[scarcely] come home when[before] he went to bed.

⓬ No sooner had he come home than he went to bed.

⓭ Whenever I see this picture, I miss her.

⓮ Every time his cup was empty, she filled it with tea and sugar.

2 이유 · 원인

❶ I lied because I was afraid.

❷ As she is under 7, she pays only half-price.

❸ Since you said so, I believed it to be true.

❹ Now that you are a high-school student, you must behave like this.

❺ He is honest, so that he never tells a lie.

❻ He is so honest that he never tells a lie.

❼ He is such an honest man that he never tells a lie.

---

1. 시간
해석 ❾ 그가 집에 오자마자, 그는 잠자리에 들었다.   ❿ 그가 이곳에 오자마자, 그는 잠자리에 들었다.
   ⓫ 그는 집에 오자마자 잠자리에 들었다.   ⓬ 그는 집에 오자마자 잠자리에 들었다.
   ⓭ 내가 이 사진을 볼 때마다, 난 그녀를 그리워한다.   ⓮ 그의 컵이 빌 때마다, 그녀가 차와 설탕을 채웠다.

2. 이유 · 원인
해석 ❶ 내가 거짓말한 이유는 두려워서였다.   ❷ 그녀는 7세 미만이라서, 반값만 지불하면 된다.
   ❸ 당신이 그렇게 말해서, 그게 진실일 거라 믿었다.   ❹ 이제 너는 고등학생이니까, 이렇게 행동해야만 한다.
   ❺ 그는 정직하다, 그래서 거짓말은 절대 하지 않는다.   ❻ 그는 매우 정직해서 절대로 거짓말하지 않는다.
   ❼ 그는 매우 정직한 사람이라 절대로 거짓말하지 않는다.

3 조건

❶ You will fail if you are not careful.

❷ Once he arrives, we can start.

❸ Unless you study hard, you won't pass the exam.

4 양보

❶ Although[=Though] he is poor, he is happy.

❷ Smart as he was, he never answered.

❸ However rich he is, he is not happy.

❹ No matter how pretty she is, I am not interested in her.

❺ Even if we could afford it, we wouldn't go abroad for our vacation.

5 목적

❶ Let's start early so that we (may) arrive before dark.

❷ We started early in order that we (could) arrive before dark.

---

3. 조건
해석 ❶ 당신이 실패한다면 조심하지 않아서이다.　　❷ 일단 그가 와야지, 우리는 출발할 수 있다.
　　❸ 열심히 공부하지 않으면, 너는 시험을 통과하지 못할 것이다.

4. 양보
해석 ❶ 그는 가난하지만 행복하다.　　❷ 그는 똑똑하지만, 절대로 대답하지 않았다.
　　❸ 그가 아무리 부유하더라도, 그는 행복하지 않다.　　❹ 그녀가 아무리 예쁘더라도, 나는 그녀에게 관심이 없다.
　　❺ 비록 우리가 여유가 되더라도, 우리는 해외여행을 가진 않을 것이다.

5. 목적
해석 ❶ 일찍 출발하자, 그래야 우리가 어두워지기 전에 도착할 수 있다.
　　❷ 우리는 어두워지기 전에 도착하려고 일찍 출발했다.

6 양태

❶ Do as I say!

❷ He shook his head as if [=though] he said no.

7 범위, 정도

❶ I will help you as far as I can.

❷ You can go out as long as you promise to be back before 11 o'clock.

6. 양태
해석 ❶ 내가 하라는 대로 해!
　　 ❷ 그는 마치 아니라고 말하는 듯이 고개를 저었다.

7. 범위 · 정도
해석 ❶ 나는 내가 할 수 있는 한 너를 도울 것이다.
　　 ❷ 당신이 11시 전에 돌아오겠다고 약속만 한다면 외출해도 좋다.

문법 포인트 063 so ~ that vs. such ~ that

❶ This shirt is so small that I can't wear it.
  → This shirt is too small to wear.

❷ This is so small a shirt that I can't wear it.
  → This is too small a shirt to wear.
  → This is too a small shirt to wear. (×)

❸ This is such a small shirt that I can't wear it.

→ 내 손으로 만드는 영문법 노트

해석 ❶ 이 셔츠는 너무 작아서 나는 그것을 입을 수가 없다.
  ❷ 이것은 너무 작은 셔츠라서 나는 그것을 입을 수가 없다.
  ❸ 이것은 너무 작은 셔츠라서 나는 그것을 입을 수가 없다.

문법 포인트 064 〉 양보절의 도치

❶ However he may be poor, he is always happy. (×)

　→ However poor he may be, he is always happy. (○)

　　참고 ① We don't know how he is poor. (×)

　　　　　→ We don't know how poor he is. (○)

　　　　② We don't know how he has much money. (×)

　　　　　→ We don't know how much money he has. (○)

❷ As he is brilliant, he won't solve the problem. (×)

　→ Brilliant as he is, he won't solve the problem. (○)

　→ As brilliant a man as he is, he won't solve the problem. (○)

❸ As he is a child, he can understand many things. (×)

　→ Child as he is, he can understand many things. (○)

❹ Though he is strong, he cannot lift this stone. (○)

　→ Strong though he is, he cannot lift this stone. (○)

┌● 내 손으로 만드는 영문법 노트

해석 ❶ 그는 비록 가난해도 늘 행복하다.
　　참고 ① 우리는 그가 얼마나 가난한지 모른다. ② 우리는 그가 얼마나 많은 돈을 가지고 있는지 모른다.
　　❷ 그가 비록 뛰어나다 하더라도 그 문제는 풀지 못할 것이다.
　　❸ 비록 그가 아이일지라도 그는 많은 것을 이해할 수 있다.
　　❹ 비록 그가 힘은 세지만 이 돌을 들어올릴 수는 없다.
어휘 brilliant ① 빛나는 ② 명석한

확인학습 문제

04 밑줄 친 부분에 들어갈 말로 가장 적절한 것을 고르시오.

> Mary turned her head away _____ John see her tears.

① so that
② since
③ lest
④ unless

05 밑줄 친 부분에 들어갈 말로 가장 적절한 것을 고르시오.

> You cannot imagine how _____ in order to avoid feeling overwhelmed and ensure that you can devote sufficient time and energy to your organization.

① we should have many goals
② should we have many goals
③ many goals we should have
④ many goals should we have

06 밑줄 친 부분 중 어법상 틀린 것은?

For ① <u>what is called</u> "enveloped" viruses, the capsid is surrounded by one or more protein envelopes. Biologists all know ② <u>that</u> this simplified structure makes them different than bacteria, but no less alive. And like seeds ③ <u>though</u> in a suspended state, they constantly monitor the exterior world around them, they really don't know ④ <u>where is it</u>.

07 다음 중 어법상 적절하지 않은 것은?

① So heavy <u>is the burdens that</u> we need more people.

② This was <u>such a big house that</u> we decided to sell it.

③ It is <u>so dangerous a machine that</u> people can't handled it.

④ We started early <u>so that we could arrive</u> before the evening.

문법 포인트 065 > 전치사 vs. 접속사

❶ Though he was young, he did his best.
→ Despite his youth, he did his best.

❷ Because he was careless, he lost much money.
→ Because of his carelessness, he lost much money.

→ 내 손으로 만드는 영문법 노트

전치사 vs. 접속사

전치사 + 명사	접속사 + S + V
during (~동안에)	while (~동안에)
because of (~때문에)	because (~때문에)
despite (~에도 불구하고)	(al)though (비록 ~일지라도)
in case of (~의 경우에 대비해서)	in case (~의 경우에 대비해서)
according to (~에 따르면)	according as (~에 따르면)

해석 ❶ 그는 비록 어렸지만 최선을 다했다. → 젊음에도 불구하고 그는 최선을 다했다.
　　 ❷ 그는 부주의했기 때문에 많은 돈을 잃었다. → 그의 부주의 때문에 그는 많은 돈을 잃었다.
어휘 **do one's best** 최선을 다하다　**careless** 부주의한

문법 포인트 066 for vs. during / by vs. until

for(~동안에)	언급된 기간 중 그 기간 내내 발생하는 시간 개념
during(~동안에)	언급된 기간 중에서 한 순간 또는 특정한 시점에 발생하는 시간 개념
by(~까지)	언급된 기간까지 반드시 무언가를 완료하거나 완성해야 할 때 사용하는 시간 개념
until(~까지)	언급된 기간 까지 무언가를 계속해야 하는 경우 사용하는 시간 개념

❶ I visited my grandma for 3 weeks.

I visited my grandma during summer vacation.

❷ He runs for 30 minutes at a time.

He stops only once for a drink during the 30 minutes.

❸ Please submit the report by Friday.

I will babysit her until Friday.

❹ I have to pay her back by Friday.

I am going to rest until tomorrow.

→ 내 손으로 만드는 영문법 노트

해석 ❶ 나는 3주 동안 할머니를 방문했다. / 나는 여름방학 동안 할머니를 방문했다.
❷ 그는 한 번에 30분 동안 뛴다. / 그는 30분 동안 물을 마시기 위해 딱 한 번 멈춘다.
❸ 금요일까지 보고서를 제출하세요. / 나는 금요일까지 그녀를 돌 볼 것이다.
❹ 나는 금요일까지 그녀에게 돈을 갚아야 한다. / 나는 내일까지 쉴 것이다.
어휘 submit 제출하다 babysit 돌보다 pay back 돈을 갚다

문법 포인트 **067** 접속사 다음 주어 + be동사의 생략

❶ When he was young, he did his best.
→ When young, he did his best.

❷ If the creature is touched, it attacks its enemy.
→ If touched, the creature attacks its enemy.

─→ 내 손으로 만드는 영문법 노트

해석 ❶ 그가 어렸을 때 그는 최선을 다했다.
　　❷ 그 생물은 접촉되면 자신의 적을 공격한다.
어휘 **creature** 생물, 피조물　**attack** 공격하다　**enemy** 적

확인학습 문제

08 다음 문장을 읽고 [   ] 안에서 어법상 적절한 것을 고르시오.

1. I go to work [until / by] 9 o'clock and work [until / by] 6 o'clock.

2. We have to wait [during / for] 2 hours for the concert.

3. I have to make sauce [while / during] the pasta is cooking.

4. A : How long will the delivery take?

   B : It usually takes about a week.

   A : Well, I'm moving in a few weeks and I'll only be at this address[until / by] the 15th.

   B : Don't worry. The delivery will be made [until / by] then.

09 밑줄 친 부분에 들어갈 말로 가장 적절한 것을 고르시오.

> Pure naphtha is highly explosive if _____ to an open flame.

① it revealed   ② is it revealed

③ revealed it   ④ revealed

10 다음 밑줄 친 부분 중 어법상 적절하지 않은 것은?

> Many bus users have defected to other means of transport, particularly cars, ① while using the buses. ② Despite the high running costs of cars, the congested roads, and the difficulty of parking them in cities, customers were fed up with waiting at bus stops for buses that never arrived, or arrived so overdue that two came together. ③ In case they met the unfriendly drivers and the noise, smells, and vibration from vehicles, they would have planned to move to other ways. Huge numbers of ex-bus-users never believed that development of the bus happened ④ though the investment bus companies have made in new vehicles which are cleaner, faster, quieter, and more comfortable.

문법 포인트 068 > not until 구문

They did not start working until I paid them.

= Not until I paid them did they start working.

→ Not until did I pay them they started working. (×)

= It was not until I paid them that they started working.

= They started working only after I paid them.

= Only after I paid them did they start working.

→ Only after did I pay them they started working. (×)

─ 내 손으로 만드는 영문법 노트

해석 내가 그들에게 (돈을) 지불하고 나서야 비로소 그들은 일하기 시작했다.

확인학습 문제 |||||||||||||||||||||||||||||||||||||||||||||||||||||||||||||||||||||||||||||||||||||||||||||||||||||||||||||||||||||||

11 다음 우리말을 영어로 옮긴 것 중 가장 어색한 것은?

> 그는 대학을 졸업하고 나서야 미래의 직업에 대해 생각했다.

① He didn't think of his future profession until he graduated from college.
② Not until did he graduate from college he thought of his future profession.
③ Only after he graduated from college did he think of his future profession.
④ It was not until he graduated from college that he thought of his future profession.

12 다음 우리말을 영어로 옮긴 것 중 가장 어색한 것은?

> 나는 시력을 잃고 나서야 비로소 눈의 중요성을 알았다.

① I didn't know the importance of eyes until I lost my sight.
② Not until I lost my sight did I knew the importance of eyes.
③ Only after did I lose my sight I knew the importance of eyes.
④ It was not until I lost my sight that I knew the importance of eyes.

실전문제

01 다음 빈칸에 들어갈 말로 가장 적절한 것은?

Children who live in another country must learn their mother language in order not to forget it and _____ proud of it.

① to be   ② being
③ be   ④ to being

02 밑줄 친 부분 중 어법상 옳지 않은 것은?

People who don't get sleep enough to rest or ① <u>relax</u> may lack energy, feel depressed or ② <u>irritable</u>, have trouble remembering everyday things and ③ <u>getting</u> sick more often than those ④ <u>who</u> do.

03 밑줄 친 부분 중 어법상 옳지 않은 것은?

Water particles carried to a greater and ① <u>longer</u> height ② <u>frozen</u> into ice particles and are swept upward and ③ <u>refrozen</u> in repeated and ④ <u>continuous</u> condition until they are heavy enough to fall as hail.

04 밑줄 친 부분 중 어법상 가장 적절한 것은?

No doubt man wishes to feel younger than his age, but the wiser of men generally prefer ① that their age alludes. Their wisdom lies in realization of the fact ② which every age has its own charms and handicaps. ③ While the youth, it is nice to enjoy development of mind and body. Old age is the stage for consolidation of mental achievements. A wise man does not despair over the end of youth. ④ Though his body that may have lost the physical vigour of youth is getting more and more senile, his mind becomes a vast ocean of knowledge and experience.

05 밑줄 친 부분 중 어법상 옳은 것은?

① Only after did she leave I could realize her existence.
② The result that was awful proved somewhat surprising.
③ Most of the people don't know how the scientist is brilliant.
④ This phenomenon was described too often that we didn't need details.

06 다음 우리말을 영어로 옮긴 것 중 밑줄 친 부분이 어법상 옳은 것은?

① 나는 그녀가 너무 많은 욕설을 하는 것에 충격을 받았다.
  →I was shocked at how she used many F-words.
② 그녀는 너무 정직한 사람이라서 결코 거짓말을 하지 않는다.
  → She is such an honest man as she never tells a lie.
③ 심리학자는 창의적이지도 도덕적이지도 않고 제멋대로이다.
  →The psychologist is neither creative nor moral and arbitrary.
④ 그 임무는 능력 있고, 그 일을 수행할 수 있는 의지를 가진 사람들에게 제공된다.
  →The mission is offered to those who are able and have will to carry out the task.

기출문제

01 밑줄 친 부분 중 어법상 옳지 않은 것은? 2024. 지방직 9급

One of the many ① <u>virtues</u> of the book you are reading ② <u>is</u> that it provides an entry point into *Maps of Meaning*, ③ <u>which</u> is a highly complex work ④ <u>because of</u> the author was working out his approach to psychology as he wrote it.

02 우리말을 영어로 잘못 옮긴 것은? 2023. 국가직 9급

① 내 고양이 나이는 그의 고양이 나이의 세 배이다.

  →My cat is three times as old as his.

② 우리는 그 일을 이번 달 말까지 끝내야 한다.

  →We have to finish the work until the end of this month.

③ 그녀는 이틀에 한 번 머리를 감는다.

  →She washes her hair every other day.

④ 너는 비가 올 경우에 대비하여 우산을 갖고 가는 게 낫겠다.

  →You had better take an umbrella in case it rains.

03 어법상 옳지 않은 것을 고르시오. 2022. 지방직 9급

① You can write on both sides of the paper.

② My home offers me a feeling of security, warm, and love.

③ The number of car accidents is on the rise.

④ Had I realized what you were intending to do, I would have stopped you.

04 **어법상 옳은 것은?**

2022. 국가직 9급

① A horse should be fed according to its individual needs and the nature of its work.

② My hat was blown off by the wind while walking down a narrow street.

③ She has known primarily as a political cartoonist throughout her career.

④ Even young children like to be complimented for a job done good.

05 **우리말을 영어로 가장 잘 옮긴 것을 고르시오**

2021. 국가직 9급

① 당신이 부자일지라도 당신은 진실한 친구들을 살 수는 없다.

→ Rich as if you may be, you can't buy sincere friends.

② 그것은 너무나 아름다운 유성 폭풍이어서 우리는 밤새 그것을 보았다.

→ It was such a beautiful meteor storm that we watched it all night.

③ 학위가 없는 것이 그녀의 성공을 방해했다.

→ Her lack of a degree kept her advancing.

④ 그는 사형이 폐지되어야 하는지 아닌지에 대한 에세이를 써야 한다.

→ He has to write an essay on if or not the death penalty should be abolished.

06 **다음 중 어법상 가장 옳지 않은 것은?**

2017. 서울시 7급

① What personality studies have shown is that openness to change declines with age.

② A collaborative space program could build greater understanding, promote world peace, and improving scientific knowledge.

③ More people may start buying reusable tote bags if they become cheaper.

④ Today, more people are using smart phones and tablet computers for business.

07 **다음 중 우리말을 영어로 가장 잘 옮긴 것은?** 2017. 사복직 9급

① 나는 이 집으로 이사 온 지 3년이 되었다.

→ It was three years since I moved to this house.

② 우리는 해가 지기 전에 그 도시에 도착해야 한다.

→ We must arrive in the city before the sun will set.

③ 나는 그녀가 오늘 밤까지 그 일을 끝마칠지 궁금하다.

→ I wonder if she finishes the work by tonight.

④ 그는 실수하기는 했지만, 좋은 선생님으로 존경받을 수 있었다.

→ Although making a mistake, he could be respected as a good teacher.

08 **우리말을 영어로 잘못 옮긴 것을 고르시오.** 2017. 국가직 9급

① 식사가 준비됐을 때, 우리는 식당으로 이동했다.

→ The dinner being ready, we moved to the dining hall.

② 저쪽에 있는 사람이 누구인지 알겠니?

→ Can you tell who that is over there?

③ 이 질병이 목숨을 앗아가는 일은 좀처럼 없다.

→ It rarely happens that this disease proves fatal.

④ 과정을 관리하면서 발전시키는 것이 나의 목표였다.

→ To control the process and making improvement was my objectives.

김세현 영어

전혀 다른
개념 문법

합격까지 박문각

PART

04

기타 품사

CHAPTER

01

명사와 대명사

문법 포인트 **069** 절대불가산명사

❶ There is much evidence on the criminal site.

❷ The cook has a useful piece of equipment for the kitchen.

┤ 내 손으로 만드는 영문법 노트 ├

🚩 **절대불가산명사**

- information 정보
- homework 숙제
- health 건강
- news 소식
- traffic 교통
- progress 진보
- weather 날씨

- evidence 증거
- knowledge 지식
- furniture 가구
- jewelry 보석
- baggage 짐
- leisure 레저
- machinery 기계류

- advice 충고
- money 돈
- equipment 장비
- clothing 의류
- luggage 수하물
- scenery 경치

해석 ❶ 그 범죄 현장에는 많은 증거가 있다.　　　　❷ 그 요리사는 유용한 주방 용품 한 가지를 가지고 있다.
어휘 evidence 증거　criminal 범죄의　equipment ① 장비 ② 준비

문법 포인트 070 > 무관사 용법

❶ I'd like to go by bus(by taxi, on foot).

❷ You can send the content by text message.

❸ I sometimes play baseball with my friends.

❹ He plays the violin very well.

❺ She pulled me by the elbow.

❻ Birds of a feather flock together.

→ 내 손으로 만드는 영문법 노트

문법 포인트 071 〉 단수명사와 복수명사

❶ I have another plight(5 plights) on her.

❷ Every student gets up early in the morning.

❸ I have various solutions of the problem.

❹ Those books are important to me.

❺ I have much experience with the situation.

❻ I have a great deal of cash in the safe.

❼ I have much[(a) little] money.

❽ I have many[(a) few] friends.

부정수량형용사 + 단수명사 / 복수명사

+ 단수명사	+ 복수명사	+ 단수명사(양)	두 경우 모두
one another each / every either / neither many a this / that	few / a few both / several a couple of a variety of / various a great (good) many a (the) number of hundreds of these / those	little / a little much an amount of a large amount of a great amount of a good deal of a great deal of	some / any most / other a lot of all / no plenty of the amount of

해석 ❶ 나는 그녀에 대한 또 다른 골칫거리를(5개의 골칫거리들을) 가지고 있다.
　　❷ 모든 학생은 아침에 일찍 일어난다.　　❸ 나는 그 문제에 대한 다양한 해결책을 가지고 있다.
　　❹ 저 책들은 나에게 중요하다.　　❺ 나는 이 상황에서 많은 경험을 했다.
　　❻ 나는 금고에 돈이 많다.　　❼ 나는 많은[적은] 돈을 가지고 있다.
　　❽ 나는 많은[적은] 친구를 가지고 있다.
어휘 plight 골칫거리　solution 해결(책)　experience 경험　situation 상황　safe ① 안전한 ② 금고

확인학습 문제

01 다음 밑줄 친 부분 중 어법상 가장 적절한 것은?

> In the excessive ① informations, when we think of physical capital, what comes to mind is tools, machines, ② equipments, and factories. A new generation of management consultants and economists, however, is giving companies some ③ advices to avoid amassing physical capital instead, to develop ④ efforts to compete against others.

02 밑줄 친 부분 중 어법상 틀린 것은?

> A couple of ① British meteorologists have recently shown that if ② several glaciers started reforming, they should have ③ a great deal of ices and provide plenty of ④ creature.

03 밑줄 친 부분 중 어법상 옳은 것은?

① This book has a variety of knowledge for a novice.
② He had quite a few talents to achieve the task.
③ The show was called off due to little demands for tickets.
④ A lot of donors donate an amount of books to the poor students.

04 밑줄 친 부분 중 어법상 틀린 것은?

① He touched me by the shoulders.
② Children of an age huddled in the playground.
③ He plays the guitar but I play baseball.
④ They sent me the information by the text message.

문법 포인트 **072** 대명사의 수 일치

❶ I put on gym trunks for the basketball game. [It / They] was(were) very convenient to me.

❷ She has some pets in her own house. She always takes care of [its / their] health.

→ 내 손으로 만드는 영문법 노트

문법 포인트 073 재귀대명사

❶ The children hid themselves under the table.

❷ We made the table ourselves. (= We ourselves made the table.)

❸ He spent the weekend by himself.

→ 내 손으로 만드는 영문법 노트

해석 ❶ 아이들은 식탁 아래로 스스로를 숨겼다.
　　 ❷ 우리는 스스로 식탁을 만들었다.
　　 ❸ 그는 혼자서 주말을 보냈다.
어휘 gym trunks 운동복　convenient 편리한　take care of ~을 돌보다

문법 포인트 074 〉 가주어 / 가목적어

❶ To eat fast food is not helpful.
　→ It is not helpful to eat fast food.

❷ That he eats fast food is not helpful.
　→ It is not helpful that he eats fast food.

❸ People found to drive at night difficult. (×)
　→ People found it difficult to drive at night.

→ 내 손으로 만드는 영문법 노트

가목적어를 취하는 동사

S + make / find / believe / think / consider + it + 목적격 보어 + ⌈ to ⓥ
　　　　　　　　　　　　　　　　　　　　　　　　　⌊ that S + V ~

해석 ❶ 패스트푸드를 먹는 것은 도움이 안 된다.
　　❷ 그가 패스트푸드를 먹는 것은 도움이 안 된다.
　　❸ 사람들은 밤에 운전하는 것이 어렵다는 것을 알았다.

문법 포인트 075 > It is ~ that 강조 구문

❶ Yun-mi hit me in the classroom yesterday.

→ It was Yun-mi that(who) hit me in the classroom yesterday.　(Yun-mi 강조)

→ It was me that(whom) Yun-mi hit in the classroom yesterday. (me 강조)

→ It was in the classroom that(where) Yun-mi hit me yesterday.

(in the classroom 강조)

→ It was yesterday that(when) Yun-mi hit me in the classroom. (yesterday 강조)

→ Yun-mi did hit me in the classroom yesterday.　(hit 강조)

→ 내 손으로 만드는 영문법 노트

해석 ❶ 윤미가 어제 교실에서 나를 때렸다.

확인학습 문제

05 다음 (A)와 (B)에 들어갈 말로 가장 적절한 것을 고르시오.

> According to a traffic expert, Peter Smith, a variety of public transportation _____(A)_____ in a large city in the world would ask _____(B)_____ what kinds of vehicle to choose.

	(A)	(B)
①	user	them
②	users	them
③	user	themselves
④	users	themselves

06 밑줄 친 부분 중 어법상 적절한 것은?

① We found a 100-dollar bill and decided to give <u>them</u> to the poor.
② <u>It</u> is necessary for all students to submit their reports on time.
③ Many kids are finding <u>them</u> nearly impossible to do their best.
④ She made it <u>easily</u> to wake up early in the morning.

07 밑줄 친 부분 중 어법상 틀린 것은?

① It was they <u>who</u> had left before we arrived.
② It was true <u>that</u> my roommate was in danger then.
③ It was my wallet <u>when</u> you found under the table yesterday.
④ It is at my parents' home <u>where</u> I'm looking forward to spending holidays.

문법 포인트 **076** 부정대명사의 관용적 용법

❶ One author after another criticized his review.

❷ I saw your picture in the paper the other day.

❸ The Olympic is held every four years.

부정대명사 관용적 용법

one after another (셋 이상에서) 연이어, 잇달아, 차례로
one after the other (둘 사이에서) 번갈아
the other day 요전날, 일전에
on the one hand ~, on the other hand … 한편으로는 ~, 다른 한편으로 …
every other day (= every second day, every two days) 하루걸러, 이틀에 한 번
every four days (months, years) 4일에(넉 달에, 4년에) 한 번
A is one thing and B is another A와 B는 별개이다

→ 내 손으로 만드는 영문법 노트

해석 ❶ 작가들이 연달아 그의 서평을 비판했다.
　　 ❷ 나는 요전날 신문에서 당신의 사진을 보았다.
　　 ❸ 올림픽은 4년에 한 번 개최된다.
어휘 author 작가 criticize 비판하다 hold 열다, 개최하다

문법 포인트 077 > some vs. any

some은 긍정문에서 any는 부정문, 의문문, 조건문에서 사용된다.

❶ Here are some of our suggestions but people disapprove of the idea.

❷ She spent hardly any of the money.

❸ I need some stamps. Are there any in your bag?

❹ If you have any question, please ask me.

❺ Would you like some (thing) coffee (to drink)?

❻ You may catch any bus.
Come any day you want.

┌ 내 손으로 만드는 영문법 노트

해석 ❶ 여기 몇몇 제안이 있지만 사람들은 그 아이디어에 반대한다.
　　❷ 그녀는 돈을 거의 쓰지 않는다.
　　❸ 난 우표가 필요해. 네 가방 속에 가진 거 있니?
　　❹ 만약 질문이 있다면 하세요.
　　❺ 커피 좀 드시겠어요? (마실 것 좀 드릴까요?)
　　❻ 당신은 어떤 버스나 타도 된다.
　　　 원하는 어떤 날이든 와라.
어휘 suggestion 제안　disapprove 승인하지 않다, 반대하다　hardly 거의 ~ 않는　suggestion 제안

확인학습 문제

08 밑줄 친 부분 중 어법상 적절한 것은?

① Shops have been closing down <u>every second day</u>.

② Why does the FIFA World Cup only take place <u>every 4 year</u>.

③ You have to convince us that each <u>packages</u> is safely packed.

④ I saw your pictures you took in the newspaper <u>the other days</u>.

09 우리말을 영어로 옮긴 것 중 밑줄 친 부분이 어법상 틀린 것은?

① 우리를 위해 타이핑 좀 해주시겠습니까?

　→ Could you do <u>some</u> typing for us?

② 비행기에는 어떤 아이들도 없다.

　→ There were not <u>some</u> children on the plane.

③ 약간의 돈이 있다면 좀 빌려주세요.

　→ If you have <u>some</u> money, please lend it to me.

④ 우리는 산에서 흥미로운 것을 보지 못했다.

　→ We didn't see <u>something</u> interesting in the mountain.

CHAPTER

02

형용사와 부사

문법 포인트 **078** 형용사 vs 부사

1 형용사와 부사는 동사에 의해서 결정된다.

❶ The students wandered [aimless / aimlessly] around the ground.

❷ I think your explanation sounds [reasonable / reasonably].

❸ He got an email massage [sudden / suddenly].

❹ She bought me ice cream [frequent / frequently].

❺ The noise kept all my family [unhappy / unhappily].

→ 내 손으로 만드는 영문법 노트

2 형용사와 부사는 수식 관계에 의해서 결정된다.

❶ He is a smart student.

❷ This is a very difficult problem.

→ 내 손으로 만드는 영문법 노트

형용사와 부사는 동사에 의해서 결정된다.
해석 **❶** 학생들이 목적 없이 운동장 주변을 배회했다.
　　 ❷ 나는 당신의 설명이 이치에 맞는다고 생각한다.
　　 ❸ 그는 갑자기 이메일 메시지를 받았다.
　　 ❹ 그녀는 나에게 자주 아이스크림을 사주었다.
　　 ❺ 그 소음이 나의 가족 모두를 불행하게 했다.

형용사와 부사는 수식관계에 의해서 결정된다.
해석 **❶** 그는 똑똑한 학생이다.
　　 ❷ 이것은 매우 어려운 문제이다.
어휘 wander 배회하다　aimlessly 목적 없이　* aim 목적　reasonable 이치에 맞는, 이성적인　suddenly 갑자기
　　 frequently 빈번히, 자주
정답 **❶** aimlessly **❷** reasonable **❸** suddenly **❹** frequently **❺** unhappy

3 형용사와 부사는 위치 관계에 의해서 결정된다.

❶ My son is seriously preparing his test.

❷ Her toy was finally broken at the moment.

┌─ 내 손으로 만드는 영문법 노트

해석 ❶ 나의 아들은 진지하게 시험을 준비하고 있다.
　　❷ 그녀의 장난감은 마침내 그 순간 부서졌다.
어휘 seriously 진지하게　prepare 준비하다　at the moment 그 순간(에)

문법 포인트 079 > 형용사와 부사의 후치 수식

형용사는 명사 앞에 위치해서 뒤의 명사를 전치 수식하는 것이 원칙이지만 명사 뒤에 위치해서 앞의 명사를 후치 수식하는 경우도 있다. 또한 enough의 위치에도 주목해야 한다.

❶ You may find a woman attractive at the party.

❷ The club posters describing its activities are attached.

❸ I'd like to have something different this evening.

→ 내 손으로 만드는 영문법 노트

해석 ❶ 당신은 그 파티에서 매력적인 여자를 찾을 수 있다.
　　 ❷ 클럽 활동을 묘사하는 포스터가 붙어 있다.
　　 ❸ 나는 오늘 저녁 뭔가 다른 것을 가지고(먹고)싶다.
어휘 attractive 매력적인   describe 묘사하다   activity 활동   attach 붙이다

❹ My son is 4-years old and his daughter is 3-years old.

❺ The Grand Canyon is 1 mile deep, 10 miles wide and 160 miles long.

❻ We need someone old enough to have a solution.

❼ We have food enough (food) to eat in the mountain.

┌─ 내 손으로 만드는 영문법 노트

┌───┐
│   │
│   │
│   │
│   │
│   │
│   │
│   │
│   │
│   │
│   │
│   │
│   │
│   │
│   │
│   │
│   │
│   │
└───┘

해석 ❹ 나의 아들은 4살이고 그의 딸은 3살이다.
　　 ❺ 그랜드 캐니언은 1마일 정도의 깊이, 10마일 정도의 너비, 그리고 160마일에 이르는 길이를 가졌다.
　　 ❻ 우리는 해결책을 가질 정도로 충분히 나이 든 누군가가 필요하다.
　　 ❼ 우리는 산에서 먹을 충분한 음식이 있다.
어휘 wide (폭이) 넓은

확인학습 문제

01 다음 우리말을 영어로 옮긴 것 중 밑줄 친 부분이 어법상 옳은 것은?

① 그녀는 침묵했고 얼굴도 창백해졌고 목소리도 이상해졌다.

→ She remained silent and turned pale and her voice sounded <u>strangely</u>.

② 학교에 있는 모든 학생들이 이 규칙들을 잘 지킨다.

→ These rules hold <u>well</u> to all students in the school.

③ 만약 공급이 부족해지면 국제유가는 빠르게 급등할 것이다.

→ If supply runs short, international oil prices will proliferate <u>swift</u>.

④ Mike는 부모님이 어떻게 서로 멀어지는 지 지켜보았다.

→ Mike watched how <u>distant</u> his parents grew from each other.

02 다음 밑줄 친 부분 중 어법상 적절하지 않은 것은?

The mass media have ① <u>extraordinary</u> power to shape culture, including what people have ② <u>absolutely</u> believed and the information ③ <u>available</u> to them. If you doubt this, observe how ④ <u>good</u> the mass media affect your everyday life.

03 밑줄 친 부분 중 어법상 옳은 것은?

① The doctor began to reveal <u>personal something</u> to the patient about himself.

② There are some <u>people incapably</u> of making decisions.

③ Flat pillows are not <u>dangerous enough</u> for babies.

④ The forest has about <u>5 inches high</u> plants.

문법 포인트 080 > 형용사의 주요 기능

1 난이 형용사

❶ He is difficult to understand this book. (×)
It is difficult for him to understand this book. (○)
→ It is difficult that he understands this book. (×)

❷ She is impossible to solve the problem. (×)
It is impossible for her to solve the problem. (○)
→ It is impossible that she solves the problem. (×)

> **난이 형용사**
>
> • difficult 어려운   • hard 어려운   • easy 쉬운
> • (im) possible (불)가능한   • tough 힘든   • (in) convenient (불)편리한

2 판단 형용사

❶ It is important for every window to be closed.
= It is important that every window (should) be closed.

❷ It is imperative for him to have a meeting.
= It is imperative that he (should) have a meeting.

> **It is 판단형용사 (that) S + (should) + 동사원형**
>
> • imperative 필수적인   • essential 필수적인   • vital 필수적인
> • integral 필수적인   • necessary 필요한   • natural 당연한
> • important 중요한   • right 올바른   • desirable 바람직한
> • proper 적절한   • rational 이성적인   • wrong 잘못된

난이 형용사
해석 ❶ 그가 이 책을 이해하는 것은 어렵다.   ❷ 그녀가 그 문제를 해결하는 것은 불가능하다.

판단 형용사
해석 ❶ 모든 창문을 닫는 것이 중요하다.   ❷ 그가 회의를 하는 것은 필수적이다.
어휘 common 보통의, 평범한 purpose 목적 imperative 필수적인

3 인성 형용사

❶ It is stupid of you to say so. (○)

→ It is stupid for you to say so. (×)

❷ It is kind of him to help me out. (○)

→ It is kind for him to help me out. (×)

It is 인성 형용사 of A to ⓥ

- stupid 어리석은
- kind 친절한
- considerate 사려 깊은
- careless 부주의한
- generous 관대한
- nice 멋진
- polite 공손한
- clever 영리한
- rude 무례한
- cruel 잔인한

→ 내 손으로 만드는 영문법 노트

해석 ❶ 당신이 그렇게 말하다니 어리석네요.   ❷ 그가 나를 도와준 것은 친절하다.
어휘 stupid 어리석은

문법 포인트 081 > the + 형용사 / 분사

1 복수명사
「the + 형용사/분사」는 복수명사(주로 사람들)로 사용될 수 있다.

❶ The wounded were killed in the hospital.

❷ The elderly need to be cared for.

❸ The rich have to pay a higher tax.

the + 형용사 / 분사 → 복수명사

the wounded (= wounded people) 부상자들	the poor (= poor people) 가난한 사람들
the rich (= rich people) 부자들	the old (elderly) (= old people) 노인들
the young (= young people) 젊은이들	the foolish (= foolish people) 어리석은 사람들
the wise (= wise people) 현명한 사람들	the smart (= smart people) 똑똑한 사람들

2 단수명사
「the + 형용사/분사」는 단수명사(주로 추상명사)로 사용할 수 있다.

❶ The beautiful is always the good.

❷ The unknown is sometimes attractive.

❸ The accused was asked t」nd up.

the + 형용사 / 분사 → 단수명사

the good 선, 좋은 것	the true 진실, 사실인 것
the accused 피고인	the beautiful 미, 아름다운 것
the wicked 사악한 자	the disabled 장애우
the unemployed 실업자	the unknown 미지의 것
the beloved 사랑받는 자	the assured 피보험자
the wanted 현상범	the deceased 고인(故人)

복수명사
해석 ❶ 부상자들은 병원에서 죽었다. ❷ 노인들은 보살핌을 필요로 한다. ❸ 부자들은 더 높은 세금을 내야 한다.

단수명사
해석 ❶ 아름다운 것이 항상 좋은 것이다. ❷ 미지의 것은 가끔 매력적이다. ❸ 피고인은 일어나라는 요청을 받았다.
어휘 wounded 상처 입은, 부상당한 *wound 상처 입히다, 부상시키다 elderly 나이든
care for ① 돌보다 ② 좋아하다 tax 세금 attractive 매력적인
accused 고발[고소]당한 *accuse 고발[고소]하다

확인학습 문제 |||||||||||||||||||||||||||||||||||||||||||||||||||||||||||||||||||||||||||||||||||||||||||||||||||||||||||

04 다음 밑줄 친 부분 중 어법상 가장 적절한 것은?

> It was generous ① <u>for</u> the man who accepted this situation to forgive his
> student all the time. Irrespective of the wise or not, ② <u>they are</u> hard to
> make it out. However, even though his age was only ③ <u>24-year old</u>, it
> was necessary that the man ④ <u>do</u> the right thing.

05 밑줄 친 부분 중 어법상 틀린 것은?

① <u>The anxious are</u> less likely to play their important role.
② More supports were required to tend <u>injured and damaged</u>.
③ However affluent <u>the notorious are</u>, they are not always happy.
④ <u>The young tend</u> to think all of the world music is right at their fingertips.

문법 포인트 082 > 형용사의 주요 기능

1 서술적(보어) 역할로만 쓰이는 형용사

absent 결석의	afloat 떠 있는, 떠도는	afraid 두려운
akin 유사한	alike 닮은	alive 살아 있는
alone 외로운	ashamed 부끄러워하는	asleep 잠들어 있는
awake 깨어 있는	aware 알고 있는	

❶ The fish is alive. → The alive fish is big. (×)

❷ My baby falls asleep. → My asleep baby is cute. (×)

2 한정적(수식적) 용법으로만 쓰이는 형용사

chief 주요한	daily 매일의	spare 여분의
elder 연장의	eldest 제일 연장의	fallen 떨어진
outer 밖의	inner 안의	golden 금의
former 전의	latter 후의	lone 고독한
outdoor 실외의	indoor 실내의	very 바로 그것의
upper 위쪽의	lower 아래쪽의	only 단 하나의, 유일한

❶ He is my elder brother. → My brother is elder. (×)

❷ My lone friend is in his room. → My friend is lone. (×)

서술적(보어) 역할로만 쓰이는 형용사
해석 ❶ 물고기가 살아 있다. → 살아있는 물고기가 크다.
　　 ❷ 나의 아기가 잔다. → 나의 잠든 아기가 귀엽다.

한정적(수식적) 용법으로만 쓰이는 형용사
해석 ❶ 그는 나의 형이다. → 나의 형이 연장자이다.
　　 ❷ 나의 고독한 친구가 방에 있다. → 내 친구는 고독하다.

문법 포인트 083 부정부사의 중복 금지

부정부사는 그 자체에 부정어가 포함되어 있으므로 또 다른 부정어와 함께 사용할 수 없다.

❶ I rarely have no time to call on my aunt. (×)

❷ I rarely have time to call on my aunt. (○)

❸ I have no time to call on my aunt. (○)

💬 부정부사(구)

hardly, scarcely, rarely, barely, seldom, little
never(=anything but, on no account, under no circumstances)

→ 내 손으로 만드는 영문법 노트

해석 나는 이모에게 전화를 할 시간이 거의 없다.
어휘 call on 방문하다, (잠깐) 들르다

문법 포인트 084 ⟩ 형용사와 형태가 같은 부사

❶ Two years is a short period in a way.

For women in the 1920s, it was in mode to wear the hair short.

❷ Dave has enough money to buy a car.

I've been eating too much enough.

형용사와 형태가 같은 부사

구분	형용사	부사	구분	형용사	부사
high	높은	높이	fast	빠른	빨리
early	이른	일찍	enough	충분한	충분히
far	먼	멀리	free	무료의	무료로
hard	딱딱한, 어려운	열심히	late	늦은	늦게
long	긴	오랫동안	pretty	예쁜	아주, 매우
short	짧은, 부족한	짧게	well	건강한	잘
right	옳은, 올바른	바로	just	공정한	단지, 다만

→ 내 손으로 만드는 영문법 노트

해석 ❶ 어떤 면에서는 2년이 짧은 기간이다.

1920년대의 여성들에게는 머리를 짧게 자르는 것이 유행이었다.

❷ Dave는 차를 살 만큼 돈이 충분히 있다.

나는 아주 충분히 많이 먹고 있다.

어휘 period 기간 mode 유행 costly 값비싼

문법 포인트 **085** **모양은 비슷하나 뜻이 전혀 다른 부사**

❶ A high degree of accuracy is needed in doing this task.

❷ Harry Potter wa a highly unusual boy in many ways.

❸ If you are late, we will be in a big trouble.

❹ It is only lately that she's been well enough to go out.

❺ Most classical music causes me to sleep.

❻ The audience were mostly women.

모양은 비슷하나 뜻이 전혀 다른 부사

형용사	뜻	부사	뜻
high	높은, 높게	highly	아주, 매우, 꽤
bitter	(맛이)쓴, 쓰라린	bitterly	아주, 매우, 꽤
late	늦은, 늦게	lately	최근에
near	가까운, 가까이	nearly	거의
short	짧은, 부족한, 짧게	shortly	곧, 금방
most	대부분의, 가장	mostly	주로, 대체로
hard	딱딱한, 어려운, 열심히	hardly	거의 ~ 않는
rare	드문, 희귀한	rarely	거의 ~ 않는
bare	벌거벗은	barely	거의 ~ 않는
scarce	드문, 희귀한	scarcely	거의 ~ 않는

해석 ❶ 이 일을 하는 데에는 고도의 정확성이 요구된다.
　　 ❷ 해리포터는 여러 면에서 아주 특별한 소년이다.
　　 ❸ 만약 당신이 늦으면 우리는 아주 곤란해질 것이다.
　　 ❹ 겨우 최근 들어서야 그녀는 외출을 할 정도로 몸이 좋아졌다.
　　 ❺ 대부분의 고전 음악은 나를 졸리게 한다.
　　 ❻ 청중은 주로 여자들이었다.
어휘 degree 정도 accuracy 정확성 unusual 흔치않은, 특별한 go out 외출하다 cause 초래하다, 야기하다
　　 audience 청중

06 밑줄 친 부분이 어법상 옳은 것은?

① The medicine made him feel <u>asleep</u>.

② You should have confessed the <u>aware</u> fact.

③ There are many <u>absent</u> students nowadays.

④ The lake was full of <u>alive</u> fish at that time.

07 다음 우리말을 영어로 옮긴 것 중 밑줄 친 부분이 어법상 옳은 것은?

① 어떤 일이 있어도 당신은 폴에게 돈을 빌려 주어서는 안 된다.

→ Under no circumstances should you <u>not</u> lend Paul any money.

② 그녀는 그 회사에서 너무 열심히 일해서 마침내 승진이 되었다.

→ She worked so <u>hardly</u> in the company that she was finally promoted.

③ 베트남 공산주의 정권은 부패 때문에 오랫동안 약화되었다.

→ The Vietnamese Communist regime has <u>longly</u> weakened due to corruption.

④ 내가 가져간 한국 음식이 대체로 시간이 조금 지나면 부족해지는 경향이 있었다.

→ The Korean food that I brought usually tended to run <u>short</u> after some time.

✏️ 실전문제

01 다음 빈칸에 들어갈 말로 가장 적절한 것을 고르시오.

> Since 2015, Joe became to be blind. His blindness was serious then and forced _____ to give up the writing of long text.

① him
② them
③ himself
④ themselves

02 밑줄 친 부분 중 어법상 틀린 것은?

① All of the food <u>has gone bad</u>.
② <u>Each item is</u> worth of 20 dollars.
③ She takes a medicine <u>every second hour</u>.
④ I was informed that the couple married <u>one another</u>.

03 밑줄 친 부분 중 어법상 옳은 것은?

① Because I lost my textbook, I have to buy <u>it</u>.
② <u>They</u> are impossible to settle the real issue.
③ Do you know <u>some</u> of these people?
④ All that I want to meet <u>are</u> rich.

04 밑줄 친 부분 중 어법상 적절하지 않은 것은?

> When choosing ① well qualified potatoes, look for ② those that are firm, ③ good shaped and ④ smooth.

05 밑줄 친 부분 중 어법상 적절하지 않은 것은?

① You must have spotted the actress glamorous in this drama.
② The large supermarkets selling many cheap items shut down.
③ Some manufacturers insist that the shop sell something different.
④ Understanding this is essential to some employers interesting in running their own business.

06 다음 밑줄 친 부분 중 어법상 적절하지 않은 것은?

> Interests in automatic data processing ① that ② have grown ③ swift since the first large calculators were introduced about ④ thirty-years ago.

07 다음 밑줄 친 부분 중 어법상 적절하지 않은 것은?

> ① Because of the wonderful acting, ② sensitive photographs, ③ well developed plot, the ④ three-hours movie absolutely captured our attention.

08 다음 우리말을 영어로 옮긴 것 중 밑줄 친 부분이 어법상 옳은 것은?

① 잡지의 수가 급격히 감소하고 있다.

  → The number of magazine is decreasing dramatically.

② 불편하다면 내게 오지 않아도 된다.

  → If you feel inconvenient, you need not come to me.

③ 많은 숙제를 적은 시간에 하느라 바쁘다.

  → They are busy doing more homework into less hours.

④ 이 책들 각각은 많은 정보로 가득 차 있다.

  → Each of these books is full of an amount of information.

기출문제

01 밑줄 친 부분이 어법상 옳지 않은 것은? 2023. 지방직 9급

① I should have gone this morning, but I was feeling a bit ill.

② These days we do not save as much money as we used to.

③ The rescue squad was happy to discover an alive man.

④ The picture was looked at carefully by the art critic.

02 다음 우리말을 영어로 잘못 옮긴 것을 고르시오. 2019. 지방직 9급

① 그를 당황하게 한 것은 그녀의 거절이 아니라 그녀의 무례함이었다.

→ It was not her refusal but her rudeness that perplexed him.

② 부모는 아이들 앞에서 그들의 말과 행동에 대해 아무리 신중해도 지나치지 않다.

→ Parents cannot be too careful about their words and actions before their children.

③ 환자들과 부상자들을 돌보기 위해 더 많은 의사가 필요했다.

→ More doctors were required to tend sick and wounded.

④ 설상가상으로, 또 다른 태풍이 곧 올 것이라는 보도가 있다.

→ To make matters worse, there is a report that another typhoon will arrive soon.

CHAPTER

03

비교구문

문법 포인트 **086** 〉 **동등비교**

동등비교는 형용사나 부사의 원급(형용사나 부사의 원래 형태)을 사용해서 서로 다른 두 개의 대상이 같음(동등함)을 표현할 때 사용된다. 이를 문법적으로 원급비교라 한다.

❶ You are as ugly as she is.

❷ She is not so kind as you are.

동등비교

- 동등비교 형태 : A is as + 형용사·부사 원급 + as B (긍정)
  A is not as(so) + 형용사·부사 원급 + as B (부정)
- 동등비교 해석 요령 : 우선 비교 대상을 찾고 그다음 무엇(어떤 점)이 같은지 확인한다.

⌐ 내 손으로 만드는 영문법 노트

해석 ❶ 당신은 그녀만큼 못 생겼다.
　　 ❷ 그녀는 당신만큼 친절하지 않다.

문법 포인트 087 〉 우등(열등)비교

우등(열등)비교는 비교급의 형태를 사용해서 서로 다른 두 개의 대상이 서로 다름을 표현할 때 사용된다.

❶ Mr. Kim is handsomer than my boy friend.

❷ English is more important than history.

우등(열등)비교

- 우등(열등)비교 형태: A is + [비교급 more/less ~ than] + B (긍정)

  A is not + [비교급 more/less ~ than] + B (부정)

- 우등(열등)비교 해석 요령 : 우선 비교 대상을 찾고 그다음 무엇(어떤 점)이 다른지 확인한다.

→ 내 손으로 만드는 영문법 노트

해석 ❶ 김 선생님은 내 남자친구보다 더 잘생겼다.
　　 ❷ 영어는 역사보다 더 중요하다.

확인학습 문제

01 밑줄 친 부분 중 어법상 가장 적절한 것은?

① Cash is kept more <u>precious</u> than check.

② I have lived in a village of <u>few</u> than 10 houses.

③ His prediction is <u>positive</u> than that of many analysts.

④ No sooner had he graduated from a college <u>as</u> he married her.

02 다음 우리말을 영어로 옮긴 것 중 밑줄 친 부분이 어법상 옳은 것은?

① Susan은 Peter만큼 뛰어난 수영 선수이다.

→ Susan is as <u>an excellent</u> swimmer as Peter is.

② 그 쇼핑몰은 평상시보다 더 혼잡했다.

→ The shopping mall was <u>more crowded</u> than usual.

③ 그 교수는 생각했던 만큼 그렇게 친근하지는 않았다.

→ The professor was not so <u>friendlier</u> as he was thought to be.

④ 우리는 소프트웨어를 디자인하기 위해 단지 10명 미만의 숙련된 기술자들을 고용해
왔다.

→ We have only hired <u>less</u> than 10 skilled IT workers to design the
software.

문법 포인트 088 〉 **라틴어원 비교급**

어미가 −or로 끝나는 라틴어원 비교급은 than 대신 to를 사용하고 비교급 (more나 less)과 함께 사용할 수 없다.

❶ This model is technically superior to its competitors.

❷ The employee is four years senior to his boss.

❸ Get to the airport two and a half hours prior to departure.

💬 **라틴어원 비교급**

┌ superior to ~보다 더 뛰어난
└ inferior to ~보다 열등한

┌ prior to ~보다 이전에
└ posterior to ~보다 이후에

┌ major to ~보다 중요한
└ minor to ~보다 덜 중요한

┌ senior to ~보다 더 나이든
└ junior to ~보다 더 어린

💬 **prefer A to B / prefer A rather than B**

I prefer staying home to going to the concert. 나는 콘서트에 가는 것보다 집에 있고 싶다.
= I prefer to stay home rather than go to the concert.

⊢ 내 손으로 만드는 영문법 노트

✍️

해석 ❶ 이 모델이 기술적으로 경쟁사들보다 더 뛰어나다.
　　 ❷ 그 근로자는 그의 상사보다 4살 더 위다.
　　 ❸ 출발하기 2시간 30분 전에 공항에 도착해야 한다.
어휘 competitor 경쟁자　departure 출발

문법 포인트 089 ▷ 배수사 비교표현

배수사(times)와 비교급이 함께 사용될 때 비교 대상을 명확하게 찾고 그다음 무엇(어떤 점)이 몇 배가 되는지 확인해야 한다.

❶ Peter has earned twice as much money this year as he did last year.

❷ This computer device three times more expensive than that one.

배수사 비교표현

A + 배수사 + $\begin{bmatrix} \text{as(so)} \sim \text{as} \\ \text{비교급} \sim \text{than} \end{bmatrix}$ + B   A(앞에 것)가 B(뒤의 것)의 몇 배

→ 내 손으로 만드는 영문법 노트

해석 ❶ Peter는 작년보다 올해 2배 더 많은 돈을 벌었다.
    ❷ 이 컴퓨터의 장치가 저것보다 3배 더 비싸다.
어휘 earn 벌다 device 장치

확인학습 문제

03 밑줄 친 부분 중 어법상 옳은 것은?

① I paid three times as much money for the meal <u>as</u> they did.

② My art professor prefers Michelangelo's painting <u>than</u> his sculpture.

③ The manager is eager to be technically <u>more</u> superior to his competitors.

④ The students seem to prefer to <u>learning</u> English rather than study history.

문법 포인트 090 > 비교급 앞에 정관사 the가 붙는 경우

The + 비교급 ~, the + 비교급 … : ~하면 할수록 점점 더 …하다

❶ As you learn more, you can understand better.

= The more you learn, the better you can understand.

❷ As the expectation is bigger, the satisfaction is smaller.

= The bigger (is) the expectation, the smaller (is) the satisfaction.

❸ As the parents are pushier, the children feel less confident.

= The pushier the parents are, the less confident the children feel.

→ The pushier the parents are, the less children feel confident. (×)

❹ As you have more convenient device, you feel more comfortable.

= The more convenient device you have, the more comfortable you feel.

→ The more convenient you have device, the more you feel comfortable. (×)

→ 내 손으로 만드는 영문법 노트

```
















```

✍

해석 ❶ 당신이 더 많이 배우면 배울수록, 더 잘 이해할 수 있다.
　　❷ 기대가 크면 클수록, 만족은 더 작아진다.
　　❸ 부모가 밀어붙일수록, 아이들은 자신감이 부족해진다.
　　❹ 편리한 기계 장치가 많으면 많을수록 당신은 더 많이 편안해진다.
어휘 expectation 기대　satisfaction 만족　confident 자신 있는, 확신하는　convenient 편리한　device 장치
comfortable 편안한

확인학습 문제

04 다음 빈칸에 들어갈 말로 가장 적절한 것을 고르시오.

> The higher your energy level, the more efficient your body. _____
> _____ your body is, the better you fell and the more you will use your
> talent to produce outstanding results.

① More efficient
② More efficiently
③ The more efficient
④ The more efficiently

05 다음 중 어법상 가장 적절한 것은?

① The simpler a system is, the complex its function is.
② The more they seem coercive, the less the students are altruistic.
③ The more pesticides are used, the more resistant the insects become.
④ The more covert the majority uses the violence, the more overt the
minority does.

문법 포인트 091 〉 **최상급 대용 표현**

❶ No creature in the sea is odder than the sea cucumber.

❷ Nothing is as(so) precious as health.

❸ There is no love as(so) unselfish as parental love.

❹ She is taller than any other student in her class.
- → She is taller than all the other students in her class.
- → She is taller than anyone else in her class.
- → She is the tallest student in her class.

⌐ 내 손으로 만드는 영문법 노트

해석 ❶ 해삼만큼 이상한 바다 생물은 없다.
❷ 어떤 것도 건강만큼 소중한 것은 없다.
❸ 부모 사랑만큼 이타적인 사랑은 어디에도 없다.
❹ 그녀는 반에서 어떤 다른 학생들보다 키가 크다.
어휘 creature 생물 sea cucumber 해삼 precious 소중한 unselfish 이타적인 parental 부모의

문법 포인트 092 > 원급 · 비교급 · 최상급 강조 부사

❶ They were even more surprised to hear the news.

❷ She is by far the most competent worker.

❸ She is more competent by far than the employee.

→ 내 손으로 만드는 영문법 노트

해석 ❶ 그들은 그 소식을 듣고 훨씬 더 많이 놀랐다.
　　 ❷ 그녀는 가장 유능한 근로자이다.
　　 ❸ 그녀는 그 근로자보다 훨씬 더 능력이 있다.
어휘 competent 유능한, 능력있는

확인학습 문제

06 밑줄 친 부분 중 어법상 적절하지 않은 것은?

① She is more beautiful than any other <u>girl</u> in the class.

② His latest film is <u>far</u> more boring than his previous ones.

③ He was more skillful than all the other baseball <u>players</u> in his class.

④ Had you taken my advice, you would have been able to do it <u>more</u> better.

07 다음 우리말을 영어로 옮긴 것 중 밑줄 친 부분이 어법상 틀린 것은?

① 운동이 원치 않는 살을 빼는 데 가장 좋은 방법이다.

　→ Exercising is <u>as good a way as anything else</u> to lose unwanted weight.

② 새로운 거대한 고층 빌딩은 이 도시의 어떤 건물들보다 훨씬 높다.

　→ The new colossal skyscraper is <u>far higher than any other building</u> in this city.

③ 미란다는 모든 이에게 더 다가가려고 노력을 하는 아주 세심한 사람이다.

　→ Miranda is a <u>much careful woman who makes</u> an effort to get closer to everyone.

④ 전후 미국의 과학은 전쟁 전과 비교도 안 될 만큼 발전했다.

　→ The development of science that America has made since the end of the war is <u>even greater than that</u> in pre-war days.

문법 포인트 093 > 비교급 병렬

비교 구문에서는 비교 대상끼리 병렬을 이루어야 한다.

1 비교대상의 격 일치

❶ I like you better than [he / him].

❷ You are more beautiful than [she / her].

2 비교대상의 병렬

❶ To write a poem is as difficult as to write a novel.

❷ Running is not much better than walking fast.

3 비교대상의 일치

❶ 한국의 기후가 일본의 기후보다 더 좋다.
→ The climate of Korea is better than Japan. (×)
→ The climate of Korea is better than the climate of Japan. (×)
→ The climate of Korea is better than that of Japan. (○)

❷ 토끼의 귀가 호랑이의 귀보다 더 길다.
→ The ears of a rabbit are longer than tiger. (×)
→ The ears of a rabbit are longer than the ears of a tiger. (×)
→ The ears of a rabbit are longer than those of a tiger. (○)

❸ To be honest with you, his idea is better than [you / yours].

❹ I think my notebook is more expensive than [Peter / Peter's].

비교대상의 격 일치
해석 ❶ 나는 그 사람보다 너를 더 좋아한다. ❷ 당신은 그녀보다 더 아름답다.
비교대상의 병렬
해석 ❶ 시를 쓰는 것이 소설을 쓰는 것만큼 어렵다. ❷ 달리기가 빨리 걷는 것보다 훨씬 더 좋지는 않다.
비교대상의 일치
해석 ❸ 솔직히 말해서, 그의 생각이 당신 것보다 더 좋다. ❹ 나는 내 공책이 피터의 것 보다 더 비싸다고 생각한다.
정답 ❶ he, him 둘 다 ❷ she ❸ yours ❹ Peter's

4 비교대상의 동사 일치(대동사)

❶ She is as beautiful as you are.

❷ He plays tennis better than he did a year ago.

→ 내 손으로 만드는 영문법 노트

비교대상의 동사 일치(대동사)
해석 ❶ 그녀는 너만큼 아름답다.　　　　　　❷ 그는 1년 전보다 테니스를 더 잘한다.

확인학습 문제

08 밑줄 친 부분 중 어법상 가장 적절한 것은?

① Nobody can speak English more fluently than <u>me</u>.

② Her latest novel is even more interesting than <u>his</u>.

③ The role of humans today differs from <u>those</u> of Aboriginals.

④ My mother's symptom is a lot more serious than <u>my father</u>.

09 밑줄 친 부분 중 어법상 적절하지 않은 것은?

① Our eyes captures an image in the way as similar as a camera <u>does</u>.

② Some students often achieve better results than <u>do</u> their counterparts.

③ People who get enough sleep are getting sick less often than people who <u>aren't</u>.

④ Men have a lower life expectancy which is estimated about 75 years than <u>do</u> women.

문법 포인트 094 〉 유사 비교급 병렬

```
          ┌ similar to / different from / the same ~ as / ┐
• A       │ (un)like / compare to(with) / outnumber /     │  B    (A와 B는 병렬을 이룬다)
          └ surpass / exceed / excel                      ┘
```

❶ Your opinion is very different from his.

❷ The food of India is similar to that of China.

문법 포인트 095 〉 비교 · 최상급 관용표현

❶ no more than : 단지 ~밖에 안 되는(=only) ⊖
  • I have no more than $10.

❷ no less than : (자그마치) ~나 되는(=as many/much as) ⊕
  • I have no less than $10.

❸ not more than : 기껏해야, 고작(=at most, at best) ⊖
  • I have not more than $10.

❹ not less than : 최소한(=at least) ⊕
  • I have not less than $10.

유사 비교급 병렬
해석 ❶ 당신의 견해가 그의 견해와는 다르다.   ❷ 인도의 음식은 중국의 음식과 비슷하다.

비교 · 최상급 관용표현
해석 ❶ 나는 단지 10달러 밖에 없다.   ❷ 나는 10달러나 가지고 있다.
      ❸ 나는 기껏해야 10달러 밖에 없다.   ❹ 나는 최소한 10달러는 가지고 있다.

❺ A no more ~ than B = A not ~ any more than B : A가 ~ 이 아닌 것처럼
B도 아니다[= A B 둘 다 아니다 (부정)]
- Mary had no more ability for math than Jane had.
  = Mary did not have any more ability than Jane had.

❻ A no less ~ than B(= A as ~ as B) : A가 ~ 인 것처럼 B도 마찬가지이다
[= A B 둘 다 기다 (긍정)]
- Mary had no less information on him than Jane had.
  = Mary had as information on him as Jane had.

❼ not so much A as B : A라기보다는 오히려 B (not A so much as B)
- Great accomplishments depend on not so much on talent as hard work.

❽ A is no more (not) B than (any more than) C is D : C가 D가 아닌 것처럼 A도
B가 아니다
- A whale is no more a fish than a horse is a reptile.
- We cannot live without air any more than the fish can without water.

❾ 긍정문 ~ much(still) more : 하물며(~은커녕) ~은 말할 것도 없이
- Everyone has a right to enjoy his liberty, much(still) more his life.

❿ 부정문 ~ much(still) less : 하물며(~은커녕) ~은 말할 것도 없이
- I can barely stand the sight of bugs, much(still) less touch them.

해석 ❺ Mary나 Jane 둘 다 수학적 능력이 없었다.
　　❻ Mary나 Jane 둘 다 그에 대한 정보를 가지고 있었다.
　　❼ 위대한 성취는 재능에 달려있기보다는 많은 노력에 달려 있다.
　　❽ 고래가 물고기가 아닌 것은 말이 파충류가 아닌 것과 같다.
　　　　물고기가 물 없이 살 수 없는 것처럼 우리도 공기 없이 살 수 없다.
　　❾ 자신의 삶은 말할 것도 없이 하물며 누구나 자유를 즐길 권리가 있다.
　　❿ 나는 벌레를 만지는 것은 말할 것도 없이 하물며 보는 것도 견딜 수 없다.
어휘 accomplishment 성취, 업적　reptile 파충류　liberty 자유　barely 거의 ~않는　stand 참다, 견디다

10 다음 빈칸에 들어갈 말로 가장 적절한 것을 고르시오.

> I don't think that Mike is very competent; still _____ do I think that his employees are.

① never
② more
③ less
④ nor

11 다음 두 문장의 의미가 서로 다른 하나는?

① Most resumes are read for no more than a few seconds.
　= Most resumes are read for only a few seconds.
② No less than 60,000 spectators were present at the ball park.
　= As many as 60,000 spectators were present at the ball park.
③ The fertilizer should be applied not more than twice in a year.
　= The fertilizer should be applied at most twice in a year.
④ Not less than two hundred people attended this conference.
　= At best two hundred people attended this conference.

12 우리말을 영어로 옮긴 것 중 밑줄 친 부분이 어법상 가장 적절한 것은?

① 그 일에 대한 그녀의 자격요건은 늘 그를 능가했다.

→ Her qualifications for the job always surpassed <u>his</u>.

② 그녀의 배경은 그녀의 남편과는 뚜렷이 다르다.

→ Her background is markedly different from <u>her husband</u>.

③ 모든 학교처럼 당신의 학교도 궁극적으로 예산을 초과할 것이다.

→ Like every school, <u>your school</u> will eventually exceed budget.

④ 운동장에 있는 각각의 선수들은 그녀와 같은 야구 모자를 쓰고 있다.

→ Each player at the ground is wearing the same baseball cap as <u>her</u>.

13 다음 우리말을 영어로 옮긴 것 중 적절하지 않은 것은?

① 수익성이 좋은 동업은 1인 소유의 사업체만큼 바람직하다.

→ A profitable partnership is no less desirable than a business with one owner.

② 여름더위가 불편한 것처럼 겨울추위도 불편하다.

→ The heat of summer is no more comfortable than the cold of winter.

③ 창의력은 특이한 재능이라기보다는 생산성에 관한 것이다.

→ Creativity isn't about weird talent so much as about productivity.

④ 내가 로제가 아닌것처럼 당신도 공유가 아니다.

→ You are no more Gong-yu than I am not Rosé.

실전문제

01 다음 밑줄 친 부분 중 어법상 틀린 것은?

The scientist who argued that Galileo's contribution ① to physics and mathematics was as ② important as ③ Newton was more erudite than ④ anyone else.

02 다음 밑줄 친 부분 중 어법상 틀린 것은?

Nothing is so ① more precious as health. Unfortunately, there is nothing you can do to stop yourself falling ill. But if you try to lead much ② healthier life, you can probably get better ③ even more quickly. We can all escape doing things that damages the body, such as smoking cigarettes or drinking too much alcohol which must be ④ quite baneful to your health.

03 다음 밑줄 친 부분 중 어법상 틀린 것은?

Younger students ① <u>who had participated</u> in the survey ② <u>sponsored</u> by a weekly magazine turned out to be ③ <u>less</u> concerned about the serious problems of homeless people than the older students ④ <u>did</u>.

04 밑줄 친 부분 중 어법상 옳은 것은?

① You are two years senior <u>to</u> him.
② He prefers reading <u>than writing</u> a poem.
③ I always put <u>little sugar</u> into tea than into coffee.
④ She got better grades than <u>any student</u> in her class.

05 밑줄 친 부분 중 어법상 틀린 것은?

① Mary liked the same man as <u>did</u> Sue.

② Kim seems cleverer in math than she <u>does</u>.

③ Peter was totally affected by this book as I <u>did</u>.

④ John hasn't bought as many books as <u>has</u> his brother.

06 밑줄 친 부분 중 어법상 틀린 것은?

① Fraser got higher scores than he <u>did</u> a month ago.

② The number of male students greatly outnumbers <u>that</u> of female students.

③ To diagnose a variety of diseases is as difficult as <u>operating</u> on a patient.

④ Frankly speaking, mother's symptom of depression is a lot more serious than <u>father's</u>.

07 밑줄 친 부분 중 어법상 옳은 것은?

① There is a great deal of food that you have as <u>many</u> as you want.

② There were <u>few</u> people at this meeting than at the last one.

③ I prefer to watch TV rather than <u>go</u> to a ball park.

④ This mountain is <u>the</u> highest at this point.

기출문제

01 밑줄 친 부분 중 어법상 옳지 않은 것은?

2024. 국가직 9급

① Despite the belief that the quality of older houses is superior to ② those of modern houses, the foundations of most pre-20th-century houses are dramatically shallow ③ compared to today's, and have only stood the test of time due to the flexibility of ④ their timber framework or the lime mortar between bricks and stones.

02 밑줄 친 부분이 어법상 옳지 않은 것은?

2024. 국가직 9급

① They are not interested in reading poetry, still more in writing.
② Once confirmed, the order will be sent for delivery to your address.
③ Provided that the ferry leaves on time, we should arrive at the harbor by morning.
④ Foreign journalists hope to cover as much news as possible during their short stay in the capital.

03 **우리말을 영어로 잘못 옮긴 것을 고르시오.** 2022. 국가직 9급

① 우리가 영어를 단시간에 배우는 것은 결코 쉬운 일이 아니다.

→ It is by no means easy for us to learn English in a short time.

② 우리 인생에서 시간보다 더 소중한 것은 없다.

→ Nothing is more precious as time in our life.

③ 아이들은 길을 건널 때 아무리 조심해도 지나치지 않다.

→ Children cannot be too careful when crossing the street.

④ 그녀는 남들이 말하는 것을 쉽게 믿는다.

→ She easily believes what others say.

04 **어법상 옳은 것은?** 2020. 국가직 9급

① The traffic of a big city is busier than those of a small city.

② I'll think of you when I'll be lying on the beach next week.

③ Raisins were once an expensive food, and only the wealth ate them.

④ The intensity of a color is related to how much gray the color contains.

05 밑줄 친 부분 중 어법상 가장 옳지 않은 것은? 2019. 서울시 9급

There is a more serious problem than ① <u>maintaining</u> the cities. As people become more comfortable working alone, they may become ② <u>less</u> social. It's ③ <u>easier</u> to stay home in comfortable exercise clothes or a bathrobe than ④ <u>getting</u> dressed for yet another business meeting!

06 우리말을 영어로 잘못 옮긴 것은? 2018. 국가직 9급

① 그 연사는 자기 생각을 청중에게 전달하는 데 능숙하지 않았다.
→ The speaker was not good at getting his ideas across to the audience.

② 서울의 교통 체증은 세계 어느 도시보다 심각하다.
→ The traffic jams in Seoul are more serious than those in any other city in the world.

③ 네가 말하고 있는 사람과 시선을 마주치는 것은 서양 국가에서 중요하다.
→ Making eye contact with the person you are speaking to is important in western countries.

④ 그는 사람들이 생각했던 만큼 인색하지 않았다는 것이 드러났다.
→ It turns out that he was not so stingier as he was thought to be.

김세현 영어

전혀 다른
개념 문법

정답 및 해설

PART **01** 동사

CHAPTER 01 동사의 수 일치

📌 **확인학습 문제**

01 :
• p.11

다음 문장을 읽고 주어를 찾아 밑줄 긋고 S표시 하시오.

1. The stoves that are in the kitchen are useful.
2. In the middle of night the woman is working out.
3. Those who look happy are my relatives.
4. To wear seat belt is good for your safety.
5. Getting up early is not always easy to me.
6. Whether we lose or win does not matter.
7. What's learned in the cradle is carried to the grave.
8. That the earth goes around the sun is common sense.

해석 1. 부엌에 있는 그 가스레인지는 유용하다.
2. 한밤중에 그 여자는 운동 중이다.
3. 행복해 보이는 사람들이 나의 친척들이다.
4. 안전벨트를 매는 것은 당신의 안전에 좋다.
5. 일찍 일어나는 것은 항상 내게 쉽지 않다.
6. 우리가 이기든지 지든지 중요치 않다.
7. 요람에서 배운 것은 무덤까지 지니고 간다.
8. 지구가 태양 주변을 돈다는 것은 상식이다.

어휘 stove 가스레인지 work out 운동하다 relative 친척
wear seat belt 안전벨트를 매다 safety 안전 get up 일어나다
lose 지다 cradle 요람 grave 무덤 common sense 상식

해설 1. The stoves that are in the kitchen are useful.
     S
2. In the middle of night the woman is working out.
                               S
3. Those who look happy are my relatives.
   S
4. To wear seat belt is good for your safety.
   S
5. Getting up early is not always easy to me.
   S
6. Whether we lose or win does not matter.
   S
7. What's learned in the cradle is carried to the grave.
   S
8. That the earth goes around the sun is common sense.
   S

02 :
• p.13

다음 문장을 읽고 [ ] 안에서 어법상 적절한 것을 고르시오.

1. Street trees enclosed by concrete and asphalt [is / are] dying.
2. To solve many problems [is / are] no big deal in this situation.
3. Various theories of the subject [was / were] introduced then.
4. That she put a lot of effort into these works [is / are] not surprising to me.
5. I think that one of the best actors in the world [is / are] Gong-Yu.
6. Citizens advocating the campaign [was / were] demonstrating on the roadside.
7. Talking him into buying a new car [depends / depend] on your will.
8. Whether we accept their offer or not [is / are] not easy to decide.

1. **해석** 콘크리트와 아스팔트에 둘러싸여진 가로수들이 죽어가고 있다.
   어휘 street tree 가로수 concrete ① 콘크리트 ② 구체적인
   enclose 둘러싸다, 에워싸다
   해설 문두의 명사 Street tress가 이 문장의 주어이므로 복수동사 are가 정답이 된다.

2. **해석** 많은 문제를 해결하는 것이 이 상황에서는 별일이 아니다.
   어휘 no big deal 대수롭지 않은 일 *deal 거래 situation 상황
   해설 to부정사(to solve)가 이 문장의 주어이고 to부정사는 단수 취급해야 하므로 단수동사 is가 정답이 된다.

3. **해석** 그 주제의 다양한 이론들이 그때 소개되었다.
   어휘 various 다양한 theory 이론 introduce 소개하다
   then 그때, 그 당시에는
   해설 문두의 명사 theories가 이 문장의 주어이므로 복수동사 were가 정답이 된다.

4. **해석** 그녀가 이 작품들에 많은 노력을 들인 것은 내게는 놀랍지 않다.
   어휘 effort 노력 work 작품
   해설 명사절(That ~ works)이 이 문장의 주어이고 명사절은 단수 취급해야하므로 단수동사 is가 정답이 된다.

5. **해석** 나는 이 세상에서 가장 훌륭한 배우 중 하나가 공유라고 생각한다.
   해설 접속사 that 다음 one이 that절의 주어이므로 단수동사 is가 정답이 된다.

6. **해석** 그 켐페인을 지지하는 시민들이 길 위에서 시위 중에 있었다.
   어휘 advocate 지지하다 demonstrate 시위하다, 데모하다 roadside 길 도로
   해설 문두의 명사(Citizens)가 이 문장의 주어이므로 복수동사 were가 정답이 된다.

7. **해석** 그를 설득해서 새로운 차를 사게 하는 것은 당신의 의지에 달려 있다.
   어휘 talk A into B A를 설득해서 B하게 하다
   depend on ① ~에 달려 있다 ② ~에 의존하다 will 의지
   해설 동명사(Talking)가 이 문장의 주어이고 동명사는 단수 취급해야 하므로 단수동사 depends가 정답이 된다.

8. **해석** 우리가 그들의 제안을 수락할지 말지는 결정하기가 쉽지 않다.
   어휘 accept 수락하다, 받아들이다 offer 제안 decide 결정하다
   해설 명사절(Whether ~ or not)이 이 문장의 주어이고 명사절은 단수 취급해야 하므로 단수동사 is가 정답이 된다.

03 :
*p.15

다음 문장을 읽고 [ ] 안에서 어법상 적절한 것을 고르시오.

1. All that knew Ms. Lee [misses / miss] her too much.
2. Each of the exhibits [has / have] a supplementary explanation in English.
3. Many a doctor [has / have] recommended a reduction in stress.
4. A number of employees opposed to this rule [was / were] fired yesterday.
5. All that I want to gain [is / are] her position and property.
6. Every word and phrase of his speech [reflects / reflect] his earnestness.
7. The number of children attending schools [becomes / become] more than doubled.

1. [해석] Ms. Lee를 아는 모든 사람은 그녀를 아주 많이 그리워한다.
   [어휘] miss ① 그리워하다 ② 놓치다 ③ 실종되다, 사라지다
   [해설] 주어가 All이고 사람을 지칭하므로 복수동사로 수 일치 시켜야 한다. 따라서 miss가 정답이 된다.

2. [해석] 그 전시(작품) 각각은 영어로 추가설명이 되어있다.
   [어휘] exhibit 전시회, 전시작품 supplementary 보조의, 추가적인 explanation 설명
   [해설] 주어가 each이고 each는 단수동사로 수 일치시켜야 하므로 has가 정답이 된다.

3. [해석] 많은 의사들이 스트레스를 줄일 것을 권하고 있다.
   [어휘] many a 많은 recommend ① 추천하다, 권하다 ② 제안하다 reduction 감소
   [해설] many a doctor는 단수동사로 수 일치시켜야 하므로 has가 정답이 된다.

4. [해석] 이 규칙을 반대하는 많은 피고용인들이 어제 해고됐다.
   [어휘] employee 피고용인 opposed to ~에 반대하는 fire 해고시키다
   [해설] A number of는 복수동사로 수 일치시켜야 하므로 were가 정답이 된다.

5. [해석] 내가 얻고 싶은 것을 그녀의 지위와 재산이다.
   [어휘] gain 얻다 position 지위, 위치 property 재산
   [해설] 주어가 All이고 사물을 지칭하므로 단수동사로 수 일치시켜야 한다. 따라서 is가 정답이 된다.

6. [해석] 그의 연설의 단어나 문구 모두 그의 진심을 반영한다.
   [어휘] speech 연설 phrase 구(句), 문구 reflect 반영하다 earnestness 진지함, 열심, 진심
   [해설] Every는 뒤에 단수명사가 와야 하고 동사도 단수동사로 수 일치시켜야 하므로 reflects가 정답이 된다.

7. [해석] 학교에 입학하는 학생의 수가 두 배 이상이 되었다.
   [어휘] attend ~에 들어가다 doubled 2배가 된
   [해설] The number of는 단수동사로 수 일치시켜야 하므로 becomes가 정답이 된다.

04 :
*p.17

다음 문장을 읽고 [ ] 안에서 어법상 적절한 것을 고르시오.

1. The Jasons as well as my family [makes / make] ends meet.
2. Three quarters of beer [has / have] gone bad since then.
3. Neither she nor I [has / have] any plan for the weekend.
4. Three million dollars [is / are] a lot of money to keep under your mattress.
5. Economics on an unemployment rate hardly [makes / make] me understood.
6. The majority of young people [wants / want] to become public officers.

1. [해석] 나의 가족뿐만 아니라 Jason의 가족들도 역시 겨우겨우 살아간다.
   [어휘] make ends meet 수입과 지출을 맞추다, 겨우겨우 살아가다
   [해설] B as well as A는 B에 수 일치시켜야 하므로 Jasons와 동사를 수 일치시켜야 한다. 따라서 make가 정답이 된다.

2. [해석] 그때 이후로 맥주의 3/4이 상했다.
   [어휘] go bad (음식이)상하다 since then 그때 이후로
   [해설] 주어가 분수주어(Three quarters → 3/4)이고 of 다음 명사가 단수명사(beer)이므로 동사는 단수동사로 수 일치시켜야 한다. 따라서 has가 정답이 된다.

3. [해석] 그녀도 나도 주말에 어떤 계획도 없다.
   [해설] neither A nor B는 B와 수 일치시켜야 하므로 I와 동사를 수 일치시켜야 한다. 따라서 have가 정답이 된다.

4. [해석] 삼백만 달러는 침대 매트리스 아래 보관하기에 많은 돈이다.
   [해설] 가격이 주어이므로 단수로 수를 일치시켜야 한다. 따라서 is가 정답이 된다.

5. [해석] 실업률에 대한 경제학은 좀처럼 내가 이해하기 어렵다.
   [어휘] unemployment 실업 rate 비율 hardly 거의 ~ 않는
   [해설] 주어가 학과명(Economics)이므로 단수동사가 필요하다. 따라서 makes가 정답이 된다.

6. [해석] 젊은이들 대다수가 공무원이 되고 싶어 한다.
   [어휘] majority 다수 public officer 공무원
   [해설] 주어가 분수주어(majority)이고 of 다음 명사가 복수명사(people)이므로 동사는 복수동사로 수 일치시켜야 한다. 따라서 want가 정답이 된다.

05 :
*p.20

다음 문장을 읽고 [ ] 안에서 어법상 적절한 것을 고르시오.

1. After a storm [a calm comes / comes a calm].
2. There [people were / were people] who obtain their water in some villages.
3. Only when I was young [did I know / I knew / knew I] the secret.
4. I did not recognize her name and [nor / neither] [John did / did John].
5. Rarely [the fact embarrassed / did the fact embarrass] me when I heard of the news.
6. Around the corner of the road [a bad thing happened / happened a bad thing].
7. So dangerous [the weather conditions were / were the weather conditions] that all terminals shut down.

1. **해석** 폭풍이 지나면 고요함이 찾아온다(고생 끝에 낙이 온다).
   어휘 storm 폭풍(우) calm 고요함, 평온함
   해설 시간을 나타내는 전치사구 After a storm이 문두에 위치하고 동사가 1형식 동사(come)이므로 주어와 동사는 도치되어야 한다. 따라서 comes a calm이 정답이 된다.

2. **해석** 몇몇 마을에서 물을 구한 사람들이 있었다.
   어휘 obtain 얻다, 구하다 village 마을
   해설 There가 문두에 위치하면 주어와 동사가 도치되어야 하므로 were people이 정답이 된다.

3. **해석** 단지 어렸을 때 나는 그 비밀을 알았었다.
   해설 'only + 시간' 개념이 문두에 위치하면 주어와 동사가 도치되어야 하므로 did I know가 정답이 된다. 참고로 일반동사의 도치는 도치조동사 do가 필요하다.

4. **해석** 나는 그녀의 이름을 몰랐고 John도 마찬가지였다.
   어휘 recognize 인식하다, 알아차리다
   해설 and 다음 nor는 함께 사용할 수 없으므로 neither가 정답이 되고 neither가 문두에 위치하면 주어와 동사가 도치되어야 하므로 did John이 정답이 된다.

5. **해석** 내가 그 소식을 들었을 때 나는 좀처럼 당황하지 않았었다.
   어휘 embarrass 당황하게 하다 shut down 폐쇄하다, 닫다
   해설 부정어 rarely가 문두에 있으므로 뒤에 오는 주어와 동사를 도치시켜야 한다. 따라서 did the fact embarrass가 정답이 된다.

6. **해석** 그 도로의 구석에서 나쁜 일이 일어났다.
   해설 장소를 나타내는 전치사구 Around the corner of the road가 문두에 위치하고 동사가 1형식 동사(happen)이므로 주어와 동사는 도치되어야 한다. 따라서 happened a bad thing이 정답이 된다.

7. **해석** 기상 상황이 너무 위험해서 모든 터미널들은 폐쇄됐다.
   어휘 shut down 폐쇄하다, 닫다
   해설 문두에 형용사 보어 (So) dangerous가 위치하면 주어와 동사가 도치되어야 하므로 were the weather conditions가 정답이 된다.

실전 문제

01

• p.21

다음 (A)와 (B)에 들어갈 말로 가장 적절한 것은?

A number of police ___(A)___ , if test accident happens, ___(B)___ about to get there.

	(A)	(B)
①	officer	are
②	officer	is
③	officers	are
④	officers	is

해석 만약 시험 사고가 일어나면 많은 경찰관들은 학교로 갈 것이다.

어휘 a number of 많은 police officer 경찰관 test accident 시험 사고 happen 일어나다, 발생하다 be about to ⓥ ⓥ할 예정이다 get ~에 이르다, 다다르다, 도착하다

해설 (A) a number of 다음에는 복수명사가 위치해야 하므로 복수명사 officers가 필요하다.
(B) 주어가 a number of이므로 복수동사 are가 필요하다.

정답 ③

02

• p.21

다음 (A)와 (B)에 들어갈 말로 가장 적절한 것은?

Ms Hogan, vice-principal of a junior high-school in Chicago, is going to be a principal when great changes in the near but uncertain future ___(A)___ in the school. If so, her school that faces challenges ___(B)___ on the point of growing rapidly.

	(A)	(B)
①	happen	are
②	happen	is
③	happens	are
④	happens	is

해석 시카고에 있는 중학교 교감선생님인 Morgan씨는 가깝지만 불확실한 미래에 학교에 커다란 변화가 발생할 때 교장이 될 것이다. 만약 그렇게 된다면 난제에 직면해 있는 그녀의 학교는 빠르게 성장할 것이다.

어휘 vice-principal 교감선생님 is going to ⓥ (가까운 미래에)ⓥ할 것이다 (= is about to ⓥ, be on the point of ⓥ -ing) uncertain 불확실한 face 직면하다 challenge 도전, 난제 rapidly 빠르게, 신속하게

해설 (A) 접속사 when 다음 주어가 복수명사(changes)이므로 복수동사 happen이 필요하다.
(B) 주어가 단수명사(school)이므로 단수동사 is가 필요하다.

정답 ②

03

• p.21

밑줄 친 부분 중 어법상 가장 적절한 것은?

① Not until he <u>was</u> 50 did he start to write.
② On the platform women <u>stand</u> in black dresses.
③ All of the committee <u>is</u> attending the late evening meeting.
④ Uncommon <u>is</u> psychological researches of women who have ASD.

해석 ① 그는 50세가 되어서야 비로소 글을 쓰기 시작했다.
② 검은 드레스를 입고 있는 여성들이 플랫폼 위에 있다.
③ 위원회의 모두가 늦은 저녁회의에 참석하고 있다.
④ ASD를 가진 여성들에 대한 연구는 드물다.

어휘 not until A B A하고 나서야 (비로소) B하다 committee 위원회 attend 참석하다 uncommon 드문 psychological 심리학의, 심리적인 ASD(Autism Spectrum Disorders) 자폐 스펙트럼 장애

해설 ① 부정어 not until이 문두에 위치할 때 주절의 주어와 동사가 도치(did he start)되어야 하므로 until절의 주어 + 동사 어순(he was)은 어법상 적절하다.
② 장소를 나타내는 전치사구가 문두에 위치하므로 주어와 동사의 도치가 필요하다. 따라서 women stand는 stand women으로 고쳐 써야 한다.
③ All이 사람을 지칭하므로 복수 동사가 필요하다. 따라서 is는 are로 고쳐 써야 한다.
④ 형용사 보어 uncommon을 강조하기 위해 문두로 도치시킨 구조이다. 주어가 psychological researches(복수명사)이므로 단수 동사 is는 복수 동사 are로 고쳐 써야 한다.

정답 ①

04

• p.22

다음 밑줄 친 부분 중 어법상 적절하지 않은 것은?

It has long been part of folk wisdom that birth order strongly ① affects personality, intelligence and achievement. However, a fourth of the research which ② claims that firstborns are radically different from other children ③ have been discredited, and it now seems that any effects of birth order on intelligence or personality ④ are likely to be washed out by all the other influences in a person's life.

[해석] 출생 순서가 성격, 지능, 업적(성취)에 강하게 영향을 미친다는 것은 오랫동안 민담(전해져 내려오는 이야기)의 일부분이었다. 하지만, 첫째 아이가 다른 아이들과 근본적으로 다르다고 주장하는 연구의 1/4은 신빙성이 없어졌고, 이제는 지능과 성격에 미치는 출생 순서의 어떠한 영향도 개인의 삶에 있는 다른 모든 영향들에 의해 없어질 것으로 보인다.

[어휘] folk wisdom 민담 affect ~에 영향을 주다
personality 성격, 개성 intelligence 지능 achievement 성취, 업적
claim 주장하다 firstborn 맏이, 첫째
radically ① 근본적으로, 원래는 ② 철저히, 완전히 ③ 급진적으로
discredit 신빙성을 없애다, 존경심을 떨어뜨리다 wash out 없애다

[해설] ③ 부분 주어 a fourth(1/4) of 다음 단수명사(research)가 있으므로 단수동사가 필요하다. 따라서 have는 has로 고쳐 써야 한다.
① 주어가 단수명사(birth order)이므로 단수동사 affects는 어법상 적절하고 affect는 타동사이므로 바로 뒤에 목적어의 사용 역시 어법상 옳다.
② 관계사절 안에 동사 claims는 선행사 research와 수 일치시켜야 하므로 단수동사 claims는 어법상 옳다.
④ 주어가 복수명사(effects)이므로 복수동사 are는 어법상 옳다.

[정답] ③

05

• p.22

다음 밑줄 친 부분 중 어법상 적절하지 않은 것은?

At the same time, however, we know that many an artist usually ① limits themselves quite forcefully by choice of material and form of expression. To make the choice to express a feeling by carving a specific form from a rock without the use of high technology or colors ② restrict the artist significantly. A lot of choices that all agree with ③ are not made to limit creativity, but rather to cultivate it. When everything is possible, creativity has no tension. Creativity is strange in that it finds its way in any kind of situation, no matter how restricted, just as the same amount of water ④ flows faster and stronger through a narrow strait than across the open sea.

[해석] 그러나, 그와 동시에 우리는 예술가들이 일반적으로 재료와 표현 형식에 대한 선택에 의해 스스로를 상당히 강력하게 제약한다는 사실을 알고 있다. 고도의 기술이나 색깔을 사용하지 않고 암석에서 특정한 형상을 깎아냄으로써 감정을 표현하는 선택을 하는 것은 예술가를 상당히 제약한다. 모든 사람들이 동의하는 많은 선택도 창의성을 제한하기 위해서가 아니라 오히려 창의성을 기르기 위해서 이루어진다. 모든 것이 가능할 때 창의성은 아무런 긴장도 없게 된다. 똑같은 양의 물이 탁 트인 바다를 가로지를 때보다 좁은 해협을 통과할 때 더 빠르고 더 세게 흐르는 것처럼 창의성은 아무리 제약을 받을지라도 어떤 종류의 상황에서도 그것이 갈 길을 찾아내기 때문에 이상한 것이다.

[어휘] at the same time 동시에 forcefully 강력하게
material ① 물질 ② 재료 ③ 교재
expression 표현 *express 표현하다 carve 조각하다, 새기다
restrict 제한하다 significant ① 상당한, 꽤 많은 ② 중요한
cultivate 경작하다, 기르다 creativity 창의성(력) tension 긴장감
amount ① 양 ②(주로 복수형으로)금액 flow 흐르다 narrow 좁은
strait 해협

[해설] ② 주어가 to부정사(To make)이므로 단수동사가 필요하다. 따라서 restrict는 restricts로 고쳐 써야 한다.
① many a 단수명사 다음 단수동사가 와야 하므로 limits는 어법상 적절하다.
③ 부분주어(a lot) of 다음 복수명사(choices)가 있으므로 복수동사 are는 어법상 옳다.
④ 주어가 단수명사(amount) 이므로 단수동사 flows는 어법상 적절하다.

[정답] ②

06

• p.23

다음 밑줄 친 부분 중 어법상 적절하지 않은 것은?

The news that fairness in distributing access to an institution ① has nothing to do with the virtue that associations appropriately ② pursue ③ explain why tracing the values ④ is negligible.

[해석] 어떤 기관의 접근을 할당하는 데 있어서의 공정함은 그 기관기들이 적절하게 추구하는 가치와는 아무 관계가 없다는 그 소식이 왜 그 가치를 따르는 것이 하찮은 것인지를 설명해준다.

[어휘] fairness 공정함 distribute 분배[할당]하다 access 접근
institution 기관 have nothing to do with ~와 관계가 없다
virtue 덕목, 선행 association 단체, 연합체
appropriately 적절하게, 적당히
pursue ① 추구하다 ② 추적하다(= trace)
negligible 사소한, 하찮은, 얼마 안되는

[해설] ③ 주어가 단수명사(news)이므로 복수동사 explain은 단수동사 explains로 고쳐 써야 한다.
① 주어가 단수명사(fairness)이므로 단수동사 has는 어법상 적절하다.
② 주어가 복수명사(associations)이므로 복수동사 pursue는 어법상 옳다.
④ 주어가 동명사 주어(tracing)이므로 단수동사 is는 어법상 적절하다.

[정답] ③

07

• p.23

다음 밑줄 친 부분 중 어법상 적절하지 않은 것은?

The descriptions of sound production ① have been rewritten in this edition, so as to update the theory of sound and to provide better practical advice regarding pronunciation problems. Several figures, in order to achieve greater accuracy and clearer detail, ② have been redrawn. The authors have tried to eliminate traces of gender-biased attitudes, where those which were detected in a definite attempt ③ have been made to balance female and male references. Despite many adversities and setbacks until finishing this, the most significant kind of change in these new editions ④ are the result of the effort we have made to introduce more use of language for real communicative purposes in the learning activities suggested for students to carry out.

해석 소리 생산에 대한 묘사가 그 이론을 개정하기 위해 그리고 발음문제에 관한 실용적인 조언을 하기 위해서 이번 편에 다시 쓰였다. 몇몇 도형은 더욱 정확하고 더 명확한 세부사항들을 확고히 하기 위해서 다시 그려졌다. 작가는 어디에서건 성별에 대한 편견을 가진 태도에 대한 흔적이 감지되면 제거하려고 시도했으며 남성적인 그리고 여성적인 참조가 균형을 이루도록 명확한 시도가 이루어 졌다. 이것을 끝내기까지 많은 역경과 고난에도 불구하고 이 새로운 개정판의 가장 두드러진 변화는 학생들이 수행해나가는 데 제안되는 학습 활동에 있어서 실제 의사소통 목적으로 사용하는 언어를 더 많이 소개하려는 노력의 결과물이다.

어휘 so as to ⓥ ⓥ하기 위해서(= in order to ⓥ)
practical 실질[실용]적인 regarding ~에 관한
figure ① 숫자 ② 인물 ③ 모습, 형상 ④ 그림, 도형, 표
accuracy 정확함 eliminate 제거하다 trace 흔적, 자취
gender-biased 성별에 대한 편견을 가진 detect 감지하다
definite 명확한, 분명한 reference 참조, 참고 significant 중요한
communicative 의사소통의 purpose 목적
learning activities 학습 활동 carry out 수행[실행]하다
editorial 편집의, 편집상의 regulation 규정, 규제 proposal 제안
explanation 설명 major 주된, 주요한 novel ① 소설 ② 새로운
publish 출판하다

해설 ④ 주어가 단수명사(kind)이므로 복수동사 are는 단수동사 is로 고쳐 써야 한다.
① 주어가 복수명사(descriptions)이므로 복수동사 have의 사용은 어법상 적절하다.
② 주어가 복수명사(figures)이므로 복수동사 have의 사용은 어법상 옳다.
③ 주어가 복수대명사(those)이므로 복수동사 have의 사용은 어법상 옳다.

정답 ④

기출 문제

01
• p.24

밑줄 친 부분 중 어법상 옳지 않은 것은?
2025. 1차 출제기조 전환 예시

You may conclude that knowledge of the sound systems, word patterns, and sentence structures ① are sufficient to help a student ② become competent in a language. Yet we have all worked with language learners ③ who understand English structurally but still have difficulty ④ communicating.

해석 당신은 소리 체계, 단어 패턴, 그리고 문장 구조의 지식이 학생이 하나의 언어에 능숙해지는 것을 돕는 데 충분하다고 결론지을지도 모른다. 그러나 우리 모두 영어를 구조적으로 이해하는 언어 학습자들과 함께 일을 해왔지만 여전히 의사소통을 하는 데 어려움을 겪는다.

어휘 conclude 결론짓다 sentence 문장 structure 구조
sufficient 충분한 competent 유능한, 능숙한
structurally 구조적으로 have difficulty ~ing ~하는 데 어려움을 겪다

해설 ① 주어가 단수명사(knowledge)이므로 복수동사 are는 단수동사 is로 고쳐 써야 한다.
② 동사 help의 목적격 보어 자리에 원형부정사(become)의 사용은 어법상 적절하다.
③ 관계대명사 who 앞에 사람 선행사(learners)가 있고 who 다음 문장 구조가 불완전(주어가 없다)하므로 관계대명사 who의 사용은 어법상 옳다.

④ have difficulty ~ing구문을 묻고 있다. 따라서 communicating의 사용은 어법상 적절하다.

정답 ①

02
• p.24

다음 밑줄 친 부분 중 어법상 적절하지 않은 것은?
2023. 국가직 9급

While advances in transplant technology have made ① it possible to extend the life of individuals with end-stage organ disease, it is argued ② that the biomedical view of organ transplantation as a bounded event, which ends once a heart or kidney is successfully replaced, ③ conceal the complex and dynamic process that more ④ accurately represents the experience of receiving an organ.

해석 이식 기술의 발전으로 말기의 장기 질환 환자의 수명을 연장시킬 수 있는 반면에 심장이나 콩팥이 성공적으로 교체되면 끝나는 한정적인 사건으로 장기 이식을 여기는 생물 의학적 관점이 장기를 (이식)받는 경험을 더 정확하게 보여주는 복잡하고 역동적인 과정을 숨긴다는 주장이 제기되고 있다.

어휘 advances 발전, 진보 transplant technology 이식 기술
*transplant 이식하다 extend 연장하다 end-staged 말기의
biomedical 생물의학의 view 견해 organ 장기, 기관
bounded 한정된, 제한된 kidney 콩팥 replace 대체하다
conceal 숨기다, 감추다 complex 복잡한, 어려운
dynamic 역동적인 process 과정, 절차 accurately 정확하게
represent 보여주다, 나타내다

해설 ③ 주어가 단수(the biomedical view)이므로 동사도 단수동사가 필요하다. 따라서 conceal은 conceals로 고쳐 써야 한다.
① 뒤에 to부정사를 대신하는 가목적어 it의 사용은 어법상 적절하다.
② that 앞에 선행사가 없고 뒤의 문장 구조가 완전하므로 접속사 that의 사용은 어법상 옳다.
④ 부사 accurately가 동사 represents를 수식하므로 부사 accurately의 사용은 어법상 적절하다.

정답 ③

03
• p.24

밑줄 친 부분 중 어법상 옳지 않은 것은?
2022. 국가직 9급

To find a good starting point, one must return to the year 1800 during ① which the first modern electric battery was developed. Italian Alessandro Volta found that a combination of silver, copper, and zinc ② were ideal for producing an electrical current. The enhanced design, ③ called a Voltaic pile, was made by stacking some discs made from these metals between discs made of cardboard soaked in sea water. There was ④ such talk about Volta's work that he was requested to conduct a demonstration before the Emperor Napoleon himself.

해석 좋은 출발점을 찾기 위해 우리는 최초의 현대식 전기 배터리가 개발된 1800년으로 돌아가야 한다. 이탈리아의 Alessandro Volta는 은, 구리 그리고 아연의 결합이 전류를 만들어내는 데 이상적이라는 것을 알아냈다. 볼타파일이라 불리어지는 그 강화된 디자인은 바닷물에 적셔진 골판지로 만든 디스크 사이에 이러한 금속으로 만들어진 몇몇 디스크를 쌓아올려 만들어졌다. 볼타의 작업에 대한 이야기가 있어서 그는 Napoleon 황제 앞에서 직접 시연을 수행하라는 요청을 받았다.

copper 구리, 동 zinc 아연 ideal 이상적인
electrical current 전류 *current 흐름 enhance 강화시키다
stack 쌓아 올리다, 쌓다 cardboard 골판지 soak 적시다, 담그다
conduct 수행하다 demonstration 시연

[해설] ② 주어가 단수명사(combination)이므로 복수동사 were는 단수동사
was로 고쳐 써야 한다.
① 앞에 사물명사 the year 1800이 있고 전치사 during which 다음
문장 구조가 완전하므로 관계대명사 which의 사용은 어법상 적절하다.
③ 자릿값에 의해 준동사 자리이고 뒤에 목적어가 없으므로 수동의 형
태 called는 어법상 옳다. 참고로 a Voltaic pile은 called의 목적격
보어로 사용되었다.
④ such ~ that 구문의 사용은 어법상 적절하고 또한 such 다음 명
사 talk의 사용 역시 어법상 적절하다.

[정답] ②

04 :
• p.25

어법상 옳지 않은 것을 고르시오.   2022. 지방직 9급

① He asked me why I kept coming back day after day.
② Toys children wanted all year long has recently discarded.
③ She is someone who is always ready to lend a helping hand.
④ Insects are often attracted by scents that aren't obvious to us.

[해석] ① 그는 내게 왜 매일 계속해서 다시 왔는지 물었다.
② 아이들이 일 년 내내 원했던 장난감들이 최근에 버려졌다.
③ 그녀는 늘 도움의 손길을 줄 준비가 되어 있는 사람이다.
④ 곤충들은 우리에게 명확하지 않은 냄새에 종종 매료된다.

[어휘] keep ~ing 계속해서 ~하다 discard 버리다 attract 매혹시키다
obvious 분명한, 명백한

[해설] ② 주어가 복수명사(Toys)이므로 단수동사 has는 have로 고쳐 써야
하고 또한 동사 뒤에 목적어가 없으므로 능동의 형태 has recently
discarded도 역시 have been recently discarded로 고쳐 써야 한다.
① 4형식 동사 ask의 사용과 명사절을 유도하는 why 다음 주어 +
동사의 어순 그리고 keep ~ing의 사용 모두 어법상 적절하다.
③ 주어동사의 수 일치, 관계대명사 who, 그리고 be ready to ⓥ의
사용 모두 어법상 옳다.
④ are attracted 다음 목적어가 없으므로 수동태의 사용은 어법상
옳고 관계대명사 that과 that 앞의 선행사가 scents(복수)이므로 복
수동사 are의 사용 역시 어법상 적절하다.

[정답] ②

05 :
• p.25

밑줄 친 부분 중 어법상 옳지 않은 것은?   2021. 지방직 9급

Elizabeth Taylor had an eye for beautiful jewels and over the
years amassed some amazing pieces, once ① declaring "a girl
can always have more diamonds." In 2011, her finest jewels
were sold by Christie's at an evening auction ② that brought in
$115.9 million. Among her most prized possessions sold during
the evening sale ③ were a 1961 bejeweled time piece by Bulgari.
Designed as a serpent to coil around the wrist, with its head and
tail ④ covered with diamonds and having two hypnotic emerald
eyes, a discreet mechanism opens its fierce jaws to reveal a tiny
quartz watch.

[해석] Elizabeth Taylor는 아름다운 보석에 대한 안목이 있었고 수년 동안
몇몇 놀라운 보석들을 수집했다. 그리고 그녀는 한때 여성은 늘 더 많
은 다이아몬드를 가질 수 있다고 선언했다. 2011년에 그녀의 가장 좋
은 보석들이 Christie의 경매장에서 팔렸는데 그 가격이 일억천오백
구십만불이었다. 그날 저녁 경매에서 팔린 그녀의 가장 값비싼 소유물
들 중에는 1961년 Bulgri의 보석이 박힌 시계가 있었다. 손목을 뱀이
휘감는 모양으로 디자인된 그 시계는 머리와 꼬리가 다이아몬드로 덮
여있고 최면을 거는 듯한 두 개의 에메랄드 눈을 갖고 있는데 이 작은
쿼츠시계(수정발진식시계)를 드러내기 위해 정교한 기계장치가 사나
운 입을 벌린다.

[어휘] jewel 보석 amass 모으다, 수집하다 declare 선언하다, 말하다
fine 좋은, 멋진 auction 경매 prized 소중한 possession 소유(물)
bejeweled 보석이 박힌 time piece 시계 serpent 뱀 coil 휘감다
wrist 손목 hypnotic 최면을 거는 discreet 신중한, 정교한
mechanism 기계장치 fierce 사나운 jaw 턱 reveal 드러내다
tiny 아주 작은 quartz watch 쿼츠 시계(수정발진식시계)

[해설] ③ 장소의 전치사 Among이 문두에 위치해서 주어와 동사가 도치된
구조로 주어가 단수명사(time piece)이므로 동사는 단수동사가 필요
하다. 따라서 were는 was로 고쳐 써야 한다.
① 자릿값에 의해 준동사자리(접속사 once 다음 주어 + be동사가 생
략된 구조)이고 뒤에 목적어(직접인용문)가 있으므로 능동의 형태
declaring은 어법상 적절하다.
② 선행사 auction이 있고 뒤에 문장 구조가 불완전(주어가 없다)하
므로 관계대명사 that의 사용은 어법상 옳다.
④ 자릿값에 의해 준동사 자리이고 뒤에 목적어가 없으므로 수동의 형
태 covered는 어법상 적절하다.

[정답] ③

CHAPTER 02 동사의 시제 일치

확인학습 문제

01
• p.30

다음 문장을 읽고 [ ] 안에서 어법상 적절한 것을 고르시오.

1. General Yi Sun-sin [passes / passed] away in Noryang battle in 1598.
2. We [are / were] due to enjoy a great vacation on Mars in the near future.
3. I once [want / wanted] to be a politician .
4. Could you tell me when he [comes / will come] back home?
5. Unfortunately, Peter and Olivia [are / were] getting divorced next Friday.
6. If I have some free time tomorrow, I [go / will go] to a theme park.

1. **해석** 이순신 장군은 1598년 노량해전에서 전사하셨다.
   어휘 general 장군 pass away 죽다, 돌아가시다
   해설 역사적 사실은 과거시제를 사용해야 하고 또한 과거표시 부사 in 1598이 있으므로 과거시제 passed가 정답이 된다.

2. **해석** 우리는 가까운 미래에 화성에서 멋진 휴가를 보낼 것이다.
   어휘 vacation 휴가 Mars 화성
   해설 are due to ⓥ(ⓥ할 예정이다)는 가까운 미래를 나타내는 미래시제 대용표현이므로 현재시제 are가 정답이 된다.

3. **해석** 나는 한 때 정치가가 되고 싶었다.
   어휘 once ① 한 번 ② 한때 politician 정치가
   해설 과거 표시 부사 once가 있으므로 과거시제가 필요하다. 따라서 wanted가 정답이 된다.

4. **해석** 그가 언제 집으로 돌아올지 말해 주시겠어요?
   해설 tell의 목적어가 when절이므로 여기에서 when절은 명사절이 된다. 따라서 부사절이 아닌 명사절이기 때문에(시조부는 현미가 아니기 때문에) 미래시제 will come이 정답이 된다.

5. **해석** 불행하게도, 피터와 올리비아는 다음 주 금요일에 이혼을 할 것이다.
   어휘 unfortunately 불행하게도 divorce 이혼하다
   해설 현재진행시제가 미래표시 부사구와 결합되면 가까운 미래를 나타내므로 are가 정답이 된다.

6. **해석** 만약 내일 여유 시간이 생긴다면 나는 테마 공원에 갈 것이다.
   어휘 theme 주제, 테마
   해설 '시조부는 현미'이므로 if절에는 현재시제(have)가, 주절에는 미래시제(will go)가 필요하다. 따라서 will go가 정답이 된다.

02
• p.34

다음 (A)와 (B)에 들어갈 말로 가장 적절한 것은?

Korea's imports of Middle East oil ___(A)___ no sooner plunged than economic crisis ___(B)___ .

	(A)	(B)
①	had	ended
②	have	ended
③	had	had ended
④	have	had ended

해석 한국의 중동 석유 수입이 급감하자마자 경제위기가 끝이 났다.
어휘 Middle East 중동 plunge 급감하다 crisis 위기
해설 'S + had + no sooner + p.p ~ than + S + 과거동사' 구문을 묻고 있다. 따라서 (A)에는 had가 있어야 하고 (B)에는 ended가 필요하다.
정답 ①

03
• p.34

다음 밑줄 친 부분 중 어법상 적절하지 않은 것은?

Scarcely ① had Mrs. Ferry left my company when I met her by chance on the street. All of a sudden, I remembered your request for a person to work with you two weeks ago. So, I am now writing in response to your request. She ② has worked as my secretary for the last three years and has been an excellent employee. I ③ am knowing that she meets all the requirements mentioned in your job description and indeed exceeds them in many ways. I ④ have never had reason to doubt her complete integrity since then. And so, I am recommending Mrs. Ferry for the post that you advertise.

해석 페리씨가 나의 회사를 그만두자마자 나는 그녀를 길에서 우연히 만났습니다. 갑자기 2주 전에 직원을 소개해달라는 당신의 부탁이 기억나고 그래서 지금 저는 당신의 요청에 따라 추천서를 쓰고 있습니다. 그녀는 지난 3년 동안 저의 비서로서 일해오고 있으며 뛰어난 근로자입니다. 저는 그녀가 당신의 직무분석표에 언급된 모든 요구사항들을 충족시키고 실제로 여러 면에서 그것들을 초월한다고 믿고 있습니다. 저는 결코 그녀의 완전한 진실성을 의심해 본 적이 없습니다. 그래서 (저는) 지금 페리씨를 당신이 광고한 자리에 추천 중입니다.

어휘 by chance 우연히 all of a sudden 갑자기 request 요청, 부탁 in response to ~에 대한 응답으로 * response ① 응답, 대답 ② 반응 request 요구, 요청 secretary 비서 employee 근로자, 피고용인 mention 언급하다 job description 직무분석표 indeed 실제로 exceed 능가하다, 초월하다 doubt 의심(하다) integrity 진실성 recommend 추천하다, 권하다 post 직책, (일)자리

해설 ③ 인지동사 know는 진행형 불가동사이므로 am knowing은 know로 고쳐 써야 한다.
① 'Scarcely(Hardly) + had + S + p.p ~ when(before) S + 과거동사' 구문을 묻고 있다. 따라서 완료 조동사 had의 사용은 어법상 적절하다.
② 주어가 3인칭 단수 she이므로 단수동사 has의 사용은 어법상 적절하고 뒤에 'for the last three years'가 있으므로 현재완료시제 (has worked)의 사용 역시 어법상 옳다.
④ 뒤에 since then이 있으므로 현재완료시제 have had의 사용은 어법상 적절하다.

정답 ③

04 :
• p.36

다음 문장을 읽고 [   ] 안에서 어법상 적절한 것을 고르시오.

1. When [have you heard / did you hear] the news?
2. I will keep in touch with you if I [is getting / get] there.
3. When I finished the task, I [go / went] home with her.
4. The teacher told us that he [is / was] interested in phonetics.
5. The principal who is about to speak to the students [will show /showed] up soon.

1. [해석] 언제 그 소식을 들었어?
   [해설] 의문사 when은 현재완료시제와 함께 사용할 수 없으므로 did you hear가 정답이 된다.
2. [해석] 내가 거기에 도착하면 연락할게.
   [어휘] keep in touch with ~ 와 연락을 취하다
   [해설] 시조부는 현미이므로 현재시제 get이 정답이 된다.
3. [해석] 내가 그 일을 끝냈을 때 나는 그녀와 함께 집에 갔다.
   [해설] when절에 과거시제가 있으므로 주절의 시제도 과거시제가 필요하다. 따라서 went가 정답이 된다.
4. [해석] 선생님께서 우리에게 자신이 음성학에 관심이 있다고 말씀하셨다.
   [어휘] phonetics 음성학
   [해설] 주절의 시제가 과거이므로 종속절에는 과거나 과거완료시제가 필요하다. 따라서 was가 정답이 된다.
5. [해석] 학생들에게 연설하실 교장선생님께서 곧 등장하실 거다.
   [어휘] principal 교장   be about to ⓥ 막 ⓥ할 것이다
   show up 등장하다, 나타나다
   [해설] 관계사절에 미래시제가 있으므로 문맥상 주절의 시제도 미래가 필요하다. 따라서 will show가 정답이 된다.

💡 실전 문제

01 :
• p.37

밑줄 친 부분에 들어갈 말로 가장 적절한 것을 고르시오.

A friend of mine didn't figure out the formula and _____ my sister.

① so was
② nor did
③ neither did
④ neither was

[해석] 나의 친구는 그 공식을 이해하지 못하였고 나의 여동생도 또한 이해하지 못하였다.
[어휘] figure out ① 이해하다 ② 계산하다   formula 공식
[해설] 빈칸 앞에 부정문이 있으므로 and 다음 neither가 있어야 하고 앞에 동사의 시제가 과거이므로 neither 다음 역시 과거시제가 필요하다. 또한, 앞에 동사가 일반동사(figure)이므로 neither 다음 도치 조동사 did가 필요하다. 따라서 ③ neither did가 빈칸에 들어가기에 가장 적절하다. 참고로 nor는 and와 함께 사용할 수 없으므로 ②는 정답이 될 수 없다.
[정답] ③

02 :
• p.37

밑줄 친 부분에 들어갈 말로 가장 적절한 것을 고르시오.

The moment is so scary to her. As soon as he _____ his back, she will make herself escape.

① will have turned
② is turning
③ will turn
④ turns

[해석] 그 순간이 그녀에게는 너무 두렵다. 그가 돌아서자마자 그녀는 탈출할 것이다.
[어휘] moment 순간   scary 두려운, 무서운   as soon as ~하자마자
turn one's back 돌아서다   escape 탈출하다, 달아나다
[해설] '시조부는 현미'이므로 빈칸에 들어가기에 가장 적절한 것은 ④ turns 이다.
[정답] ④

03 :
• p.37

밑줄 친 부분에 들어갈 말로 가장 적절한 것을 고르시오.

My geography teacher explained to us that the earth goes around so the sun always rises in the east two days ago in his class. However, all that were there _____ his explanation.

① don't understand
② didn't understand
③ hadn't understood
④ doesn't understand

[해석] 지리 선생님께서 지구는 태양 주변을 돌고 태양은 항상 동쪽에서 뜬다고 설명하셨다. 하지만 그 곳에 있었던 모두는 그의 설명을 이해하지 못했다.
[어휘] geography 지리   explain 설명하다 *explanation 설명
[해설] 과거표시 부사구 two days ago가 있으므로 빈칸에는 과거시제가 필요하다. 따라서 빈칸에 들어가기에 가장 적절한 것은 ② didn't understand 이다.
[정답] ②

04 :
• p.38

밑줄 친 부분에 들어갈 말로 가장 적절한 것을 고르시오.

If you are personally acknowledged by your teachers, you will study hard. However, I wonder if you _____ your best.

① try
② tried
③ will try
④ had tried

[해석] 만약 당신이 개인적으로 선생님들에게 인정받는다면 당신은 열심히 공부할 것이다. 하지만 나는 당신이 최선을 다할지 궁금하다.
[어휘] personally 개인적으로   acknowledge 인정하다
wonder 궁금해하다, 궁금하다   try one's best 최선을 다하다
[해설] wonder 다음 if절은 명사절이고 문맥상 전반적인 글의 시제가 미래시제이므로 빈칸에 들어가기에 가장 적절한 것은 ③ will try이다.
[정답] ③

05

밑줄 친 부분 중 어법상 적절하지 않은 것은? • p.38

> When we reached the restaurant with no reservation, we ① <u>realized</u> that we became too late. At the very moment, the manager in the restaurant ② <u>told</u> us that there ③ <u>will be</u> an hour and a half wait, and so we ④ <u>headed</u> for another place.

해석 우리가 예약 없이 그 식당에 도착했을 때 우리는 너무 늦었다는 것을 알았다. 바로 그 순간 식당의 매니저가 우리에게 1시간 30분을 기다려야 한다는 말을 했고 그래서 우리는 다른 곳으로 향했다.

어휘 reach ~에 이르다, 다다르다, 도착하다 reservation 예약
realize ① 깨닫다 ② 실현하다 head for ~로 향해가다

해설 ③ 시제는 주변을 봐야 한다. 주절의 시제가 과거이므로 that절의 시제도 과거시제가 필요하므로 미래시제 will은 과거시제 would로 고쳐 써야 한다.
① when절의 시제가 과거(reached)이므로 주절의 과거시제(realized)의 사용은 어법상 적절하다.
② 문맥상 at the very moment는 과거의 '그 순간'이므로 과거동사 told의 사용은 어법상 옳다.
④ 대등절을 이끄는 대등접속사 and so를 기준으로 앞 절의 동사가 과거이므로 과거동사 haeded의 사용은 어법상 적절하다.

정답 ③

06

밑줄 친 부분 중 어법상 적절하지 않은 것은? • p.39

> A Caucasian territory ① <u>has been</u> the center of the incessant political turmoil since its beginnings in the late 18th century. However, despite sporadic uprisings it ② <u>was</u> eventually pacified by the Russians those days. Together with Ingushnya, it ③ <u>formed</u> part of the Soviet Union as an Autonomous Soviet Republic within Russian over the last two hundred years. Through continuing uprising, hardly had Soviet Union collapsed when Chechnyan autonomy against Russian / Soviet rule ④ <u>began</u> to shape.

해석 18세기 말 저항이 시작된 이후로 러시아의 통치에 반대해 온 한 코카서스 지역은 끊임없는 정치적 혼란의 중심이었다. 하지만 산발적인 폭동에도 불구하고 그 당시에는 러시아인들이 그 지역을 안정시켰다. Ingushnya와 더불어 그곳은 지난 200년 동안 러시아 내 하나의 소비에트 자치공화국으로서 소련 연방의 일부를 형성해왔다. 지속적인 폭동으로 소련 연방이 붕괴하자마자 러시아/소비에트 통치에 반대하는 체첸 자치가 모양을 갖추기 시작했다.

어휘 Caucasian ① 백인의 ② 코카서스의 territory (영해를 포함한) 영토
incessant 끊임없는 political 정치적인 turmoil 소란, 소동
sporadic 산발적인 uprising 반란(= revolt), 폭동
pacify 달래다, 진정시키다 collapse 붕괴하다
autonomy 자치, 자치권

해설 ③ over the last two hundred years가 있으므로 현재완료시제가 필요하다. 따라서 formed는 has formed로 고쳐 써야 한다.
① since 다음 과거 표시 부사구(in the late 18th century)가 있으므로 주절의 시제 has been(현재완료)은 어법상 옳다.
② 과거표시부사구 those days(그 당시에는)가 있으므로 was의 사용은 어법상 적절하다.

④ 'hardly(scarcely) had + S +p.p ~ when(before) + S + 과거동사' 구문을 묻고 있다. 따라서 주절의 과거동사 began의 사용은 어법상 옳다.

정답 ③

07

밑줄 친 부분 중 어법상 가장 적절한 것은? • p.39

① When he left his hometown 10 years ago, little <u>does he dream</u> that he could never see it again.
② North Korea's imports of China oil <u>had skyrocketed</u> by 40percent in 2020.
③ No sooner <u>has the boy fallen</u> asleep than his father came home.
④ Please tell me when your dad <u>will come</u> back home.

해석 ① 10년 전 고향을 떠날 때, 그는 다시는 고향을 못 볼 거라고 꿈에도 생각지 않았다.
② 북한의 중국 석유 수입은 2020년에 40% 급증하였다.
③ 소년이 잠들자마자 그의 아버지가 집에 왔다.
④ 당신의 아버지가 언제 집으로 돌아오실지 제게 말씀해주세요.

어휘 import 수입 skyrocket 치솟다 fall asleep 잠들다

해설 ④ tell의 목적어가 when절이므로 여기에서 when절은 명사절이 된다. 따라서 부사절이 아니기 때문에 will come은 어법상 적절하다.
① 부정어 little이 문두에 위치하므로 주어와 동사의 도치는 어법상 적절하지만 When절의 동사시제가 과거(left)이므로 주절의 동사 시제도 과거시제가 필요한데 현재시제 does가 있으므로 어법상 적절하지 않다. 따라서 does를 did로 고쳐 써야 한다.
② 과거표시 부사(in 2020)가 있으므로 과거완료시제 had skyrocketed의 사용은 어법상 적절하지 않다. 따라서 had skyrocketed는 과거동사 skyrocketed로 고쳐 써야 한다.
③ 'no sooner + had + S + p.p ~ than S + 과거시제…' 구문으로 no sooner에는 과거완료시제가 필요하므로 has the boy fallen은 had the boy fallen으로 고쳐 써야 한다.

정답 ④

🖉 기출 문제

01

밑줄 친 부분에 들어갈 말로 가장 적절한 것을 고르시오. 2025. 출제기조 전환 예시

> By the time she _____ her degree, she will have acquired valuable knowledge on her field of study.

① will have finished ② is finishing
③ will finish ④ finishes

해석 그녀가 학위를 받을 때쯤 그녀의 연구 분야에 대한 가치 있는 지식을 습득할 것이다.

어휘 by the time ~할 때쯤 degree 학위 acquire 얻다, 습득하다
field 분야

해설 '시조부는 현미'이므로 빈칸에 들어가기에 가장 적절한 것은 ④ finishes이다.

정답 ④

02 :

우리말을 영어로 잘못 옮긴 것을 고르시오.

• p.40
2023. 지방직 9급

① 식사를 마치자마자 나는 다시 배고프기 시작했다.
→ No sooner I have finishing the meal than I started feeling hungry again.
② 그녀는 조만간 요금을 내야만 할 것이다.
→ She will have to pay the bill sooner or later.
③ 독서와 정신의 관계는 운동과 신체의 관계와 같다.
→ Reading is to the mind what exercise is to the body.
④ 그는 대학에서 의학을 공부했으나 결국 회계 회사에서 일하게 되었다.
→ He studied medicine at university but ended up working for an accounting firm.

어휘 no sooner A than B A하자마자 B했다
end up ~ing 결국 ~하게 되다 accounting 회계 firm 회사

해설 ① 부정어 No sooner가 문두에 위치하면 주어와 동사가 도치되어야 하고 No sooner는 과거완료시제를 이끄므로 No sooner I have finishing은 No sooner had I finished로 고쳐 써야 한다.
② 조동사 will have to의 사용과 '조만간'의 의미를 갖는 sonner or later의 사용 모두 어법상 적절하다.
③ 관계대명사 what의 관용적 표현인 'A is to B what C is to D(A와 B의 관계는 C와 D의 관계와 같다)' 구문의 사용은 어법상 옳다.
④ 접속사 but을 기준으로 과거동사의 병렬과 동명사의 관용적 용법인 'end up ~ing(결국 ~하게 되다)' 구문 모두 어법상 적절하다.

정답 ①

03 :

어법상 옳은 것은?

• p.40
2021. 국가직 9급

① Cindy loved playing the piano, and so was her son.
② I was born in Taiwan, but I have lived in Korea since I started work.
③ The novel was so excited that I lost track of time and missed the bus.
④ It's not surprising that book stores don't carry newspapers any more, doesn't it?

해석 ① Cindy는 피아노 치는 것을 매우 좋아했고 그녀의 아들도 그랬다.
② 나는 대만에서 태어났지만 일을 시작한 후 한국에서 살고 있다.
③ 그 소설이 너무 재미있어서 나는 시간가는 줄 몰랐고 그래서 버스를 놓쳤다.
④ 서점에 신문을 더 이상 두지 않는 것은 놀랄 일이 아니야, 그렇지 않니?

어휘 lost track of time 시간 가는 줄 모르다 *track 흔적, 자취
miss ① 그리워하다 ② 놓치다 ③ 실종되다, 사라지다

해설 ② 'have + p.p. ~ since + 과거시제'의 사용은 어법상 적절하다. 태어난 시점은 과거이고 지금 현재 한국에 살고 있으므로 문맥상 시제 일치 역시 어법상 옳다.
① so + V + S(도치구문)을 묻고 있다. 앞에 긍정문이 있으므로 so의 사용은 어법상 적절하지만 주절의 동사가 일반동사 loved가 있으므로 이를 대신하는 대동사 was의 사용은 어법상 적절하지 않다. 따라서 was는 did로 고쳐 써야 한다.
③ 감정표현동사 exite의 주체가 사물(novel)이므로 exited는 exiting으로 고쳐 써야 한다.
④ 부가의문문은 앞에 부정문이 있을 때 뒤에 긍정이 와야 하고 앞에 동사가 be동사일 때에는 be동사를 사용해야 하므로 doesn't는 is로 고쳐 써야 한다.

정답 ②

◀ CHAPTER **03** **동사의 태 일치**

▌확인학습 문제

01 :

• p.45

다음 문장을 읽고 [ ] 안에서 어법상 적절한 것을 고르시오.

1. Smoking [was allowed / allowed] in public place.
2. The device [was expedited / expedited] delivery systems.
3. The committee [was consisted / consisted] of scientists and engineers.
4. The oil price [was plunged / plunged] in some Asian countries.
5. She [was looked / looked] nervous when she heard the bad news.
6. The spice [is imparted / imparts] an Eastern flavor to the dish.
7. The evidence [was appeared / appeared] from her room at last.
8. They [are remained / remained] good friends in spite of their quarrel.
9. The gallery [is possessed / possesses] a number of works.
10. Her parents who loved each other [were grown / grew] distant.

1. **해석** 흡연은 공공장소에서 허락되지 않았다.
어휘 allow 허락하다 public place 공공장소
해설 흡연은 허락하는 것이 아니라 허락되는 것이고 또한 뒤에 목적어가 없으므로 was allowed가 정답이 된다.

2. **해석** 그 장치는 배달 시스템을 신속히 처리했다.
어휘 expedite 신속히 처리하다
해설 뒤에 목적어(delivery systems)가 있으므로 능동의 형태 expedited가 정답이 된다.

3. **해석** 그 위원회는 과학자들과 기술자들로 구성되어 있다.
어휘 committee 위원회 consist of ~로 구성되다
해설 consist of는 수동태 불가동사이므로 능동의 형태 consisted가 정답이 된다.

4. **해석** 기름 가격이 몇몇 아시아 국가에서 급감했다.
어휘 plunge 급감하다
해설 plunge는 1형식 자동사이므로 수동이 불가하다. 따라서 능동의 형태 plunged가 정답이 된다.

5. **해석** 그녀는 그 나쁜 소식을 들었을 때 초조해 보였다.
어휘 nervous 초조한, 걱정되는
해설 look은 2형식 자동사이므로 수동이 불가하다. 따라서 능동의 형태 looked가 정답이 된다.

6. **해석** 그 양념이 요리에 동양적인 풍미를 준다.
어휘 spice 양념 impart 주다, 전하다 flavor 맛, 풍미
dish ① 요리 ② 접시
해설 impart 뒤에 목적어 an Eastern flavor이 있으므로 능동의 형태 imparts가 정답이 된다.

7. **해석** 그 증거가 마침내 그녀의 방에서 나왔다.
어휘 evidence 증거 at last 마침내
해설 appear는 1형식 자동사이므로 수동이 불가하다. 따라서 능동의 형태 appeared가 정답이 된다.

8. **해석** 논쟁에도 불구하고 그들은 좋은 친구이다.
어휘 in spite of ~에도 불구하고 quarrel 논쟁
해설 remain은 2형식 자동사이므로 수동이 불가하다. 따라서 능동의 형태 remained가 정답이 된다.

9. [해석] 그 화랑은 많은 작품을 소유하고 있다.

[어휘] possess 소유하다 a number of 많은

[해설] possess는 수동태 불가동사이므로 능동의 형태 possesses가 정답이 된다.

10. [해석] 서로 사랑했던 부모님들이 멀어졌다.

[어휘] distant 거리가 먼 *grow distant 멀어지다

[해설] grow는 2형식 자동사이므로 수동이 불가하다. 따라서 능동의 형태 grew가 정답이 된다.

02 :
• p.45

다음 밑줄 친 부분 중 어법상 가장 적절한 것은?

① Peter Smith was migrated from U.S. to Rome.
② The price of oil has dwindled rapidly nowadays.
③ The police officer wandered useless around the building.
④ Spoken words were emerged as a powerful tool for new ideas.

[해석] ① 피터 스미스는 미국에서 로마로 이주했다.
② 기름 가격이 요즘 빠르게 하락하고 있다.
③ 그 경찰관은 쓸데없이 건물 주변을 배회했다.
④ 구어는 새로운 아이디어를 위한 강력한 도구로서 나타났다.

[어휘] migrate 이주하다 dwindle 감소하다, 줄어들다 rapidly 빠르게 nowadays 요즘 wander 배회하다 around ① 주위에, 둘레에 ② 대략, 약 emerge 나타나다, 나오다

[해설] ② dwindle은 1형식 자동사이므로 수동이 불가하고 바로 뒤에 부사가 올 수 있으므로 밑줄 친 부분은 어법상 적절하다.
① migrate는 1형식 자동사이므로 수동이 불가하다. 따라서 was migrated는 migrated로 고쳐 써야 한다.
③ wander는 1형식 자동사이므로 바로 뒤에 형용사가 올 수 없다. 따라서 형용사 useless는 uselessly로 고쳐 써야 한다.
④ emerge는 1형식 자동사이므로 수동이 불가하다. 따라서 were emerged는 emerged로 고쳐 써야 한다.

[정답] ②

03 :
• p.45

다음 밑줄 친 부분 중 어법상 가장 적절한 것은?

① I feel happily whenever I saw her.
② Autumn leaves are lain thick on the field.
③ She turned pale and her voice sounded strange.
④ This rule is held good to all students in the university.

[해석] ① 나는 그녀를 볼 때마다 행복하다.
② 가을 나뭇잎이 들판에 두껍게 쌓인다.
③ 그녀는 안색이 창백해지고 목소리도 이상하게 들린다.
④ 이 규칙은 이 대학의 모든 학생들에게 유효하다.

[어휘] whenever ~할 때마다 lie thick 두껍게 쌓이다 pale 창백한 (turn pale 창백해지다) strange 이상한, 낯선 rule ① 규칙 ② 지배하다 hold good 유효하다

[해설] ③ 2형식 감각동사 sound 다음 형용사 strange의 사용은 어법상 적절하다.
① 2형식 감각동사인 feel은 형용사 보어를 필요로 한다. 따라서 부사 happily는 형용사 happy로 고쳐 써야 한다.
② 2형식 자동사 lie는 수동 불가하므로 are lain은 lie로 고쳐 써야 한다.
④ 2형식 자동사 hold는 수동 불가하므로 is held는 holds로 고쳐 써야 한다.

[정답] ③

04 :
• p.47

다음 문장을 수동태로 고치시오.

1. Somebody thought that the couple were divorced.
   → That the couple were divorced was thought (by somebody).
   → It was thought that the couple were divorced (by somebody).
   → The couple were thought to be divorced (by somebody).

[해석] 누군가가 그 커플이 이혼했다고 생각했다.

2. They said that our team had lost the game.
   → That our team had lost the game was said (by somebody).
   → It was said that our team had lost the game (by somebody).
   → Our team was said to have lost the game (by somebody).

[해석] 그들은 우리 팀이 경기에서 졌다고 말했다.

05 :
• p.47

다음 우리말을 영어로 잘못 옮긴 것은?

> 그들은 그녀가 그를 때렸다고 믿는다.

① They believe that she hit him.
② That she hit him is believed.
③ It is believed that she hit him.
④ She is believed to hit him.

[해설] '믿는다'보다 '때렸다'가 한 시제 앞서므로 to hit은 to have hit으로 고쳐 써야 한다. 따라서 ④가 정답이 된다.

[정답] ④

06 :
• p.49

밑줄 친 부분에 들어갈 말로 가장 적절한 것을 고르시오.

> My own decisions that are always supported by many civilians have _____ some public officers.

① interfered
② been interfered
③ been interfered by
④ been interfered with by

[해석] 늘 시민들에게 지지를 받았던 내 자신의 결정이 몇몇 공무원들에 의해 방해받았다.

[어휘] decision 결정 civilian 시민 interfere with ~을 방해하다 public officer 공무원

[해설] interfere with는 구동사이므로 interfered 다음 전치사 with와 by가 필요하다. 따라서 빈칸에 들어가기에 가장 적절한 것은 ④이다.

[정답] ④

07 :
• p.49

밑줄 친 부분에 들어갈 말로 가장 적절한 것을 고르시오.

> Her unhappy schooldays _____ in her autobiography.

① were occasionally referred to
② were occasionally referred
③ occasionally referred to
④ occasionally referred

[해석] 그녀의 불행한 학창시절은 그녀의 자서전에서 가끔 언급되었다.

[어휘] schooldays 학창시절 refer to ~을 언급하다 autobiography 자서전

[해설] refer to는 구동사이고 뒤에 목적어가 없으므로 수동의 형태가 필요하다. 따라서 빈칸에 들어가기에 가장 적절한 것은 ①이다.

[정답] ①

08 :
• p.52

다음 밑줄 친 부분 중 어법상 가장 적절한 것은?

① Art materials consist <u>of</u> paint, brushes, canvas, and so on.
② The entertainer denied answering <u>to</u> the questions against his family.
③ Some of the rare plants that inhabit <u>in</u> the area are in danger of extinction.
④ The manager is supervising whether his subordinates greet <u>to</u> the client well or not.

[해석] ① 미술 재료는 페인트, 붓, 캔버스 등으로 구성되어 있다.
② 그 연예인은 자신의 가족에 대한 질문에 대답하기를 거부했다.
③ 이 지역 안에 살고 있는 몇 가지 희귀식물들이 멸종 위기에 있다.
④ 그 관리인은 자신의 부하직원들이 고객을 잘 환대하는지 감독하고 있다.

[어휘] material ① 물질 ② 재료 consist of ~로 구성되다
and so on 기타 등등 entertainer 연예인 deny 거부하다
against ① ~에 대항하여 ② ~쪽으로 inhabit ~에 살다(거주하다)
extinction 멸종 supervise 감독하다 subordinate 부하직원
greet 환대하다, ~에게 인사하다 client 고객

[해설] ① consist of는 '~로 구성되다'의 뜻을 가진 구동사이므로 of의 사용은 어법상 적절하다.
② answer는 타동사로 바로 뒤에 목적어가 와야 한다. 따라서 to를 없애야 한다.
③ inhabit은 타동사로 바로 뒤에 목적어가 와야 한다. 따라서 전치사 in을 없애야 한다.
④ greet은 타동사이므로 바로 뒤에 목적어가 와야 한다. 따라서 전치사 to를 없애야 한다.

[정답] ①

09 :
• p.52

다음 우리말을 영어로 옮긴 것 중 적절하지 않은 것은?

① 심지어 비판적인 사람들조차도 모든 성공은 중요하다고 인정한다.
 → Even the critical admit that all success counts.
② 이 신발과 드레스면 그 파티를 위해서는 충분할 것이다.
 → These shoes and this dress will do for the party.
③ 솔직히 말해서 당신의 제안을 거절하게 되어서 유감입니다.
 → To be honest with you, I'm sorry to decline your offer.
④ 전문 경영인을 영입하는 것은 아마도 비용이 많이 들 것이다.
 → To scout a professional manager will probably pay too much.

[어휘] critical ① 비판적인 ② 중요한 admit 인정하다
count ① 세다 ② 중요하다 do ① 하다 ② 충분하다
to be honest with you 솔직히 말해서
decline ① 거절하다 ② 감소하다 offer ① 제공(하다) ② 제안(하다)
scout 영입하다, 스카우트하다 professional manager 전문경영인
pay ① 지불하다 ② 이익이 되다

[해설] ④ pay가 1형식 자동사로 사용될 때에는 '이익이 되다'의 뜻으로 적절한 영작이 될 수 없다.
① count가 1형식 자동사로 사용될 때에는 '중요하다'의 뜻이므로 적절한 영작이다.
② do가 1형식 자동사로 사용되면 '충분하다'의 뜻이므로 적절한 영작이다.
③ decline이 3형식 타동사로 사용되면 '거절하다'의 뜻이므로 적절한 영작이다.

[정답] ④

10 :
• p.55

밑줄 친 부분에 들어갈 말로 가장 적절한 것을 고르시오.

> Students _____ French by teachers over the recent 3 years.

① have been taught
② have taught
③ were taught
④ taught

[해석] 그때 이후로 선생님들은 학생들에게 프랑스어를 가르쳤다.

[어휘] since then 그때 이후로, 그때 이래로

[해설] over the recent 3 years가 뒤에 있으므로 시제는 현재완료시제가 필요하고 4형식 동사 teach의 목적어가 하나(English)밖에 없으므로 수동의 형태가 필요하다. 따라서 빈칸에 들어가기에 가장 적절한 것은 ① have veen taught이다.

[정답] ①

11 :
• p.55

다음 중 밑줄 친 부분 중 어법상 적절하지 않은 것은?

① We <u>were told</u> there would be a 40-minute wait when arriving at the store.
② I <u>am convinced</u> that a tactical retreat is the best way to control my image.
③ The student <u>was noticed</u> that how uncomfortable the wooden chairs were in the classroom.
④ Since then, antique collectors <u>have promised</u> those customers that they are buying genuine products.

[해석] ① 가게에 도착 했을 때 (누군가가) 우리에게 40분을 기다려야 한다고 말했다.
② 나는 전술적 후퇴가 나의 이미지를 조절하는 데 최선의 방식이라는 것을 확신한다.
③ 그 학생은 얼마나 나무 의자가 불편한지 알아차렸다.
④ 골동품 수집상들은 그들의 고객들에게 진품을 사고 있다는 것을 약속했고 확인시켜 주었다.

[어휘] manufacturer 제조업자 in advance 미리, 앞서서
convince 확신시켜주다 tactical 전술적인 retreat 후퇴하다
wooden chair 나무의자 antique 골동품 genuine 진짜의
product 물건, 상품

[해설] ③ notice는 3형식 동사이므로 수동태로 전환 시 뒤에 목적어가 없어야 한다. 따라서 was noticed는 noticed로 고쳐 써야 한다.

① tell은 4형식 동사로 수동태로 전환 시 that절 목적어를 be told 다음 위치시킬 수 있으므로 어법상 적절하다.
② convince는 4형식 동사로 수동태로 전환 시 that절 목적어를 be convinced 다음 위치시킬 수 있으므로 어법상 적절하다.
④ promise는 4형식 동사로 간접목적어와 직접목적어 that절을 취할 수 있으므로 어법상 적절하다.

정답 ③

12 :
• p.57

밑줄 친 부분에 들어갈 말로 가장 적절한 것을 고르시오.

Table tennis _____ that it is considered a popular sports.

① is convincing
② is convinced
③ convinced
④ convinces

해석 사람들은 탁구가 인기 있는 운동으로 여겨진다고 확신한다.

어휘 table tennis 탁구   convince 확신시키다, 설득하다
popular 인기 있는

해설 convince는 4형식 동사로 직접목적어 자리에 that절을 취할 수 있고 3형식 구조로 사용될 때에는 수동의 형태를 취해야 하므로 빈칸에 들어가기에 가장 적절한 것은 ② is convinced이다.

정답 ②

13 :
• p.57

다음 우리말을 영어로 옮긴 것 중 가장 적절한 것은?

① 우리는 다양한 방식으로 그들에게 그 사실을 알렸다.
→ We announced them the fact in various ways.
② 나는 투명성이 동시에 증가되는 것을 당신에게 제안합니다.
→ I propose you an increase in transparency at the same time.
③ 그녀는 새로운 프로그램을 설치하기 위해서 부모님에게 돈을 빌렸다.
→ She borrowed her parents money to install the new program.
④ 당신은 내가 일부러 그랬다고 생각하지만 확실히 하건대 그렇지 않았다.
→ You think I did it deliberately, but I assure you that I did not.

어휘 announce 알리다   various 다양한   propose 제안하다
transparency 투명(성)   at the same time 동시에   borrow 빌리다
install 설치하다   deliberately 일부러, 고의로
convince 확신시키다, 분명히 하다

해설 ④ assure는 3형식 동사이지만 4형식 구조(assure+목적어+that+S+V~)로도 사용될 수 있으므로 어법상 적절하다.
① announce는 3형식 동사이므로 4형식 구조를 취할 수 없다. 따라서 them 앞에 전치사 to가 있어야 한다.
② propose는 3형식 동사이므로 4형식 구조를 취할 수 없다. 따라서 you 앞에 전치사 to가 있어야 한다.
③ borrow는 3형식 동사이므로 4형식 구조를 취할 수 없다. 따라서 her parents 앞에 전치사 from이 있어야 한다.

정답 ④

14 :
• p.62

밑줄 친 부분에 들어갈 말로 가장 적절한 것을 고르시오.

The typical experiment uses a task _____ the ultimatum game.

① named
② naming
③ is named
④ is naming

해석 대표적인 실험은 최후통첩 게임이라고 불리는 과업을 이용한다.

어휘 typical 전형적인   experiment 실험   task 일, 업무
ultimatum 최후통첩

해설 자릿값에 의해 준동사 자리(앞에 동사 uses가 있다)이고 뒤에 있는 명사 game은 목적격 보어로 사용되었기 때문에 과거분사가 필요하다. 따라서 빈칸에 들어가기에 가장 적절한 것은 ① named이다.

정답 ①

15 :
• p.62

다음 밑줄 친 부분 중 어법상 틀린 것은?

The man who doesn't look bright or smart pretends to keep ① himself intelligent. In fact, he finds his own behavior more ② importantly than anything else. He often slips the overly sophisticated words into a conversation. That makes people who consider him ③ arrogant unhappy. Nevertheless, he will ④ be appointed vice-chairman of the board.

해석 명석하지도 똑똑하지도 않은 그 남자는 스스로 지적인 척한다. 사실 그는 어떤 다른 것보다도 그 자신의 행동을 중요시 여긴다. 그는 지나치게 종종 대화 중에 어려운 단어를 슬쩍 끼워 넣는다. 그것이 그를 거만하다고 여기는 사람들을 불행하게 한다. 그럼에도 불구하고 그는 이사회의 부의장으로 임명되었다.

어휘 pretend ~인 체하다   overly 지나치게   sophisticated 어려운, 복잡한   slip A into B A를 B에 슬쩍 끼워 넣다   arrogant 거만한
nevertheless 그럼에도 불구하고   vice-chairman 부의장
board 이사회

해설 ② 'find + O + 형용사보어' 구조를 묻고 있다. 따라서 importantly는 important로 고쳐 써야한다.
① 'Keep + O + 형용사보어' 구조를 묻고 있다. 따라서 형용사 intelligent는 어법상 적절하고 주어와 목적어가 동일인 The man이므로 재귀대명사 himself의 사용 역시 어법상 옳다.
③ 형용사 arrogant는 5형식 동사 consider와 연결되는 목적격 보어이고 형용사 unhappy는 5형식 동사 make와 연결되는 목적격 보어이므로 둘 다 어법상 적절하다.
④ appoint는 목적격 보어 자리에 명사를 사용할 수 있고 appoint를 수동으로 바꾸어도 vice-chairman이 목적어가 아니라 목적격 보어이므로 수동의 형태 be appointed는 어법상 적절하다.

정답 ②

16 :
• p.63

다음 밑줄 친 부분 중 어법상 적절하지 않은 것은?

① Henry was always elected captain.
② Some prisoners were asked to do work so hard.
③ This will help the sick in the hospital recovering soon.
④ The teacher was heard to say that bullying was unacceptable.

해석 ① 헨리는 늘 주장으로 선출되었다.
② 몇몇 죄수들은 아주 고된 일을 하도록 요구받았다.
③ 이것이 병원에서 환자들이 곧 회복될 수 있게 도와줄 것이다.
④ 선생님께서 왕따는 용납할 수 없다고 말씀하시는 것을 들었다.

어휘 elect 선출하다 prisoner 죄인, 죄수 recover 회복하다(시키다)
bullying 왕따, 약자 괴롭히기 unacceptable 받아들일 수 없는

해설 ③ help + 목적어 + (to) ⓥ 구문을 묻고 있다. 따라서 (to) ⓥ 자리에
ⓥ -ing는 사용할 수 없으므로 recovering은 recover나 to recover
로 고쳐 써야 한다.
① elect는 5형식 동사로 목적격 보어 자리에 명사가 올 수 있다. 따
라서 was elected의 사용은 어법상 옳다.
② ask는 5형식 동사(ask + O + to ⓥ)이므로 were asked 다음
목적격 보어 자리에 to do의 사용은 적절하다.
④ hear는 지각동사로 수동태로 바꾸면 목적격 보어 자리에 원형부정
사를 to부정사로 바꾸어야 하므로 to say의 사용은 어법상 옳다.

정답 ③

17 : • p.63

다음 밑줄 친 부분 중 어법상 적절하지 않은 것은?

① Why don't you have the window that is at the box-office <u>clean</u> every month?
② The detective observed the man who looked like a mugger <u>follow</u> her closely.
③ Mike who has a single parent watched his parents <u>grow</u> distant from each other.
④ The scientist noticed the wood warbles which have beautiful feathers <u>enter</u> the nest.

해석 ① 왜 당신은 매표소의 창문을 매달 닦게 하지 않죠?
② 그 형사는 노상강도처럼 보이는 그 남자가 그녀를 가깝게 따라가는
것을 관찰했다.
③ 편부모를 가지고 있는 마이크는 그의 부모님들이 서로 멀어지는 것
을 지켜보았다.
④ 그 과학자는 아름다운 깃털을 가진 숲 솔새들이 둥지로 들어가는
것을 알아차렸다.

어휘 box-office 매표소 detective ① 형사 ② 탐정
observe ① 관찰하다 ② 지키다, 준수하다 mugger 노상강도
grow distant 멀어지다 wood warbles 숲 솔새 feather 깃(털)

해설 ① 사역동사(have) + 목적어(the window) + 원형부정사(clean)는 어
법상 적절하지만 clean 다음 목적어가 없으므로 clean은 cleaned로
고쳐 써야 한다.
② 지각동사(observe) 다음 목적격 보어 자리에 원형부정사(follow)
는 어법상 적절하고 뒤에 목적어 her가 있으므로 능동의 형태 역시 어
법상 옳다.
③ 지각동사(watch) 다음 목적격 보어 자리에 원형부정사(grow)는
어법상 적절하고 2형식 동사 grow 다음 형용사 보어 distant 역시 어
법상 옳다.
④ 지각동사(notice) 다음 목적격 보어 자리에 원형부정사(enter)는
어법상 적절하고 3형식 동사 enter 뒤에 목적어 the nest 역시 어법
상 옳다.

정답 ①

18 : • p.65

다음 어법상 밑줄 친 부분에 가장 적절한 것은?

The situation you have to provide people with money must _____.

① overwhelm
② be overwhelmed
③ overwhelming
④ be overwhelming

해석 당신이 사람들에게 돈을 줘야만 하는 상황은 틀림없이 당황스럽다.

어휘 situation 상황 overwhelm ① 당황하게 하다 ② 압도하다

해설 overwhelm은 감정표현 동사이고 주체가 사물(situation)이므로 빈칸
에 가장 적절한 것은 ④ be overwhelming이다. 참고로 ③은 조동사
must 다음 동사원형이 위치해야 하므로 정답이 될 수 없다.

정답 ④

19 : • p.65

다음 밑줄 친 부분 중 어법상 가장 적절한 것은?

① I rarely heard the rumor <u>confused</u> recently.
② I have read an article full of something <u>exciting</u> in it.
③ If you are <u>exhausting</u>, why not take a nap for an hour?
④ I felt his sermon so <u>bored</u> that I fell asleep after half an hour.

해석 ① 나는 최근에 좀처럼 혼란스러운 소문을 듣지 못했다.
② 나는 흥미로운 것으로 가득 찬 기사를 읽었다.
③ 피곤하면 한 시간 정도 낮잠을 자는 게 어떻습니까?
④ 그 설교가 너무 지루해서 나는 30분 후에 잠이 들었다.

어휘 rarely 좀처럼 ~ 않는 confuse 혼란시키다 recently 최근에
article 기사 exhaust 피곤하게[지치게]하다 take a nap 낮잠 자다
sermon 설교 bore 지루하게 하다

해설 ② excite는 감정표현 동사이고 수식하는 명사가 사물(something)이
므로 exciting의 사용은 어법상 적절하다.
① confuse는 감정표현 동사이고 주체가 사물(rumor)이므로 excited
는 exciting으로 고쳐 써야 한다.
③ exhaust는 감정표현 동사이고 주체가 사람(you)이므로 exhausting
은 exhausted로 고쳐 써야 한다.
④ bore는 감정표현 동사이고 주체가 사물(sermon)이므로 bored는
boring으로 고쳐 써야 한다.

정답 ②

💡 실전 문제

01 : • p.66

밑줄 친 부분에 들어갈 말로 가장 적절한 것을 고르시오.

Don't let recycling waste _____ away into the general one mindlessly.

① throw
② thrown
③ be thrown
④ had been thrown

해석 재활용품을 함부로 일반 쓰레기에 버리면 안 된다.

어휘 throw away 버리다 recycling waste 재활용 쓰레기
general 일반적인 mindlessly 아무 생각 없이, 함부로

해설 부정명령문의 수동태 구문을 묻고 있다. 이 문장을 능동으로 바꾸면 'Don't throw recycling waste away into the general one mindlessly.'가 되고 다시 이 문장을 수동으로 바꾸면 'Don't let recycling waste be thrown away into the general one mindlessly.'가 되어야 하므로 빈칸에 들어가기에 가장 적절한 것은 ③ be thrown 이다. 참고로 ①의 원형부정사의 사용은 뒤에 목적어가 없으므로 능동의 형태는 어법상 적절하지 않고 ②와 ④는 사역동사 let 다음 목적격 보어 자리에 동사원형이 필요하므로 정답이 될 수 없다.

[정답] ③

02 : ・p.66

밑줄 친 부분에 들어갈 말로 가장 적절한 것을 고르시오.

> She is thought _____ Spanish fluently those days.

① speak ② spoken
③ to speak ④ to have spoken

해석 사람들은 그녀가 유창하게 스페인어를 말했다고 생각했다.

어휘 fluently 유창하게

해설 People think she spoke Spanish fluently those days의 수동태 문장으로 과거표시 부사구 those days가 있으므로 한 시제 앞선 to have spoken이 빈칸에 들어가야 한다. 따라서 빈칸에 들어가기에 가장 적절한 것은 ④ to have spoken이다.

[정답] ④

03 : ・p.67

밑줄 친 부분에 들어갈 말로 가장 적절한 것을 고르시오.

> Spoken words _____ as a powerful tool for new ideas over the past three decades.

① have been emerged ② were emerged
③ have emerged ④ emerged

해석 지난 30년 동안 구어는 새로운 아이디어를 위한 강력한 도구로서 나타났다.

어휘 spoken words 구어 powerful 강력한 emerge 나타나다, 나오다 decade 10년

해설 시간을 나타내는 전치사 over 다음 과거표시 부사 past가 있으므로 주절의 시제는 현재완료시제가 필요하고 또한 emerge는 1형식 자동사이므로 수동의 형태를 취할 수 없다. 따라서 빈칸에 들어가기에 가장 적절한 것은 ③ have emerged이다.

[정답] ③

04 : ・p.67

밑줄 친 부분에 들어갈 말로 가장 적절한 것을 고르시오.

> They are different from periodicals even if they _____ a magazine.

① are resembling like ② are resembled like
③ resembling ④ resemble

해석 비록 그것들은 잡지와 닮았지만 정기간행물과는 다르다.

어휘 periodical 정기간행물 resemble ~와 닮다

해설 자릿값에 의해 동사 자리이고 resemble은 타동사이고 진행시제와 수동태가 불가하므로 빈칸에 들어가기에 가장 적절한 것은 ④ resemble 이다.

[정답] ④

05 : ・p.68

밑줄 친 부분 중 어법상 적절하지 않은 것을 고르시오.

> In 2023, UN researchers let a program ① fight child malnutrition in poor rural villages. Various surveys were conducted to get the individuals ② to understand the issue. What were these families impelled ③ to do differently? If they could discover behaviors that enabled even the most materially poor parents ④ raise healthy children, the influences would be tremendous.

해석 2023년에 UN 연구원들이 빈곤한 시골 마을의 아동 영양실조와 맞서 싸우는 프로그램을 허용했다. 그 문제를 개인들로 하여금 이해하기 위해 다양한 조사를 실시했다. 이 가정들은 무엇을 다르게 해야만 하는가? 물질적으로 가장 가난한 부모들조차도 건강한 아이들을 기를 수 있도록 한 행동을 그들이 발견할 수 있다면, 그 영향은 엄청날 것이었다.

어휘 malnutrition 영양실조 rural 시골의 conduct 수행[실행]하다 be impelled to ⓥ ⓥ 해야만 한다 materially 물질적으로, 물질적으로 raise 기르다, 양육하다 tremendous 거대한, 어마어마한

해설 ④ 'enable + 목적어 + to ⓥ' 구문을 묻고 있다. 따라서 raise는 to raise로 고쳐 써야 한다.
① 사역동사(let)다음 목적격 보어 자리에 원형부정사 fight의 사용은 어법상 적절하다.
② 'get + 목적어 + to ⓥ' 구문을 묻고 있다. 따라서 to understand 의 사용은 어법상 옳다.
③ 'be impelled to ⓥ' 구문을 묻고 있다. 따라서 to do의 사용은 어법상 적절하다.

[정답] ④

06 : ・p.68

다음 밑줄 친 부분 중 어법상 적절하지 않은 것은?

> My secretary, Jenny, was good at doing her job. I ① was always reminded of a number of business affairs. She sometimes ② notified me that I received e-mail message. Not only ③ was she told that my company launched the new project, she ④ was also asked that I should go to take much business trip.

해석 나의 비서 Jenny는 자신의 일을 잘했다. 그녀는 내게 많은 업무를 상기시켜 주었다. 그녀는 가끔 나에게 이메일 받은 것을 확인시켜 주었다. 그녀는 나의 회사가 새로운 프로젝트를 시작한 것을 말해주었을 뿐 아니라 또한 내가 너무 많은 출장을 가야한다고 요구했다.

어휘 be good at ~에 익숙하다, ~을 잘하다 remind A of B A에게 B를 상기시키다 business affairs 업무 assure 확신시키다, 확인시키다 launch 시작하다 impede 막다, 방해하다

해설 ④ ask는 3형식 동사이고 뒤에 명사절(that + S + V ~)이 있으므로 수동의 형태는 어법상 적절하지 않다. 따라서 수동의 형태 was also asked는 능동의 형태 also asked로 고쳐 써야 한다.
① 'remind A of B'의 수동태 구문(A be reminded of B)은 어법상 적절하다.

② notified는 4형식 동사(assure + I.O + that + S + V ~)로 사용할 수 있으므로 어법상 옳다.
③ Not only가 문두에 위치하므로 주어 동사 도치는 어법상 적절하고 4형식 동사 tell의 수동태 역시 어법상 적절하다.

정답 ④

07 : • p.69

밑줄 친 부분 중 어법상 적절하지 않은 것은?

Nations where work time ① has declined dramatically for the last 3 decades, such as the France, German, U.S and England, ② are increasing. However, bringing about decrease of work time among the countries ③ create many challenges in the global market. Even if demand surges, it can be true that the boom of world economy ④ continues weak.

해석 지난 30년 동안 노동시간이 급격히 감소한 프랑스, 독일, 미국, 영국과 같은 국가들이 늘어나고 있다. 하지만 그 나라들 가운데 노동시간의 감소를 초래하는 것이 많은 난제들을 만든다. 비록 수요가 급증한다하더라도 세계경제의 호황이 약해지는 것은 사실일 수 있다.

어휘 decline 감소하다 dramatic 극적인 bring about 초래하다, 야기하다 demand ①요구하다 ②수요 surge 급증하다, 치솟다 boom 호황, 붐 continue weak 약해지다 *weak 약한

해설 ③ 뒤에 목적어 challenges가 있으므로 능동의 형태는 어법상 적절하지만 주어가 bringing(동명사)이므로 복수동사 create는 단수동사 creates로 고쳐 써야 한다.
① 관계부사 where 다음 주어가 work time(단수명사)이므로 단수동사 has의 사용은 어법상 적절하고 또한 뒤에 for the last 3 decades가 있으므로 현재완료의 시제 사용도 어법상 옳다.
② 주어가 Nations(복수명사)이므로 복수동사 are의 사용은 어법상 적절하고 또한 increase는 1형식 자동사이므로 능동의 형태 역시 어법상 옳다.
④ 접속사 that 다음 주어가 boom(단수명사)이므로 단수동사 continues의 사용은 어법상 적절하고 또한 2형식 동사 continue 다음 형용사 보어 weak의 사용 역시 어법상 옳다.

정답 ③

08 : • p.69

밑줄 친 부분 중 어법상 가장 적절한 것은?

Someone who ① has been dwelled in the auto industry since 1980s ② must be quit his job now that his job ③ is now being done more quickly by a robot. According to the technicians, the robot's memory volume ④ can load into 86 billion bits of information.

해석 이제 인간의 일이 로봇에 의해 더욱 빠르게 행해지고 있기 때문에 1980년대부터 자동차 산업에서 살아온 사람은 직장을 그만 두어야 한다. 기술자들에 따르면, 로봇의 기억 용량은 8백 6십억 비트의 정보를 수용할 수 있다.

어휘 auto 자동차 industry ①산업 ②업계
dwell in ~에서 살다, 거주하다 quit 그만두다, 멈추다
now that + S + V ~ ~ 때문에
according to ~ 에 따르면, ~ 에 따라서 technician 기술자
volume 용량 load 싣다, 적재하다 billion 10억

해설 ③ is being done은 진행시제의 수동태 구문으로 done 뒤에 목적어가 없으므로 수동의 형태 being done의 사용은 어법상 적절하다.

① since 다음 과거표시부사(1980s)가 있으므로 현재완료시제의 사용은 어법상 적절하지만 dwell은 1형식 자동사이므로 수동이 불가하다. 따라서 has been dwelled를 has dwelled로 고쳐 써야 한다.
② quit의 목적어(job)가 뒤에 있으므로 능동의 형태가 필요하다. 따라서 must be quit는 must quit로 고쳐 써야 한다.
④ 타동사 load의 목적어가 없으므로 수동의 형태가 필요하다. 따라서 can load는 can be loaded로 고쳐 써야 한다.

정답 ③

09 : • p.69

밑줄 친 부분이 어법상 틀린 것은?

① He observed her stolen something.
② Please keep the building remodeled.
③ Wildlife officials will make five bears released.
④ We survived the summer without an air conditioner.

해석 ① 그는 그녀가 무언가를 훔치는 것을 보았다.
② 그 건물을 제발 리모델링 해주세요.
③ 야생 동물 관리들은 5마리 곰들을 풀어줄 예정이다.
④ 우리는 에어컨 없이 여름을 견뎌냈다.

어휘 official 관리 release 풀어주다, 내놓다
observe ①관찰하다, 보다 ②지키다, 준수하다 steal 훔치다

해설 ① 지각동사 observe 다음 목적격 보어 자리에 원형부정사(현재분사) 또는 과거분사가 위치할 수 있다. stolen 뒤에 목적어(something)가 있으므로 수동의 형태는 어법상 적절하지 않다. 따라서 stolen은 steal이나 stealing으로 고쳐 써야 한다.
② 5형식 동사 keep 다음 목적격 보어 자리에 현재분사 또는 과거분사가 위치할 수 있다. remodeled 뒤에 목적어가 없으므로 수동의 형태는 어법상 적절하다.
③ 사역동사 make 다음 목적격 보어 자리에 원형부정사 또는 과거분사가 위치할 수 있다. released 뒤에 목적어가 없으므로 수동의 형태는 어법상 옳다.
④ survive가 3형식 동사로 사용될 때에는 '이겨내다, 견뎌내다'의 뜻으로 목적어 the summer의 사용은 어법상 적절하다.

정답 ①

기출 문제

01 : • p.70

밑줄 친 부분 중 어법상 옳지 않은 것을 고르시오. 2025. 출제기조 전환 2차 예시

We have already ① arrived in a digitized world. Digitization affects not only traditional IT companies, but companies across the board, in all sectors. New and changed business models ② are emerged: cars ③ are being shared via apps, languages learned online, and music streamed. But industry is changing too: 3D printers make parts for machines, robots assemble them, and entire factories are intelligently ④ connected with one another.

해석 우리는 이미 디지털화된 세계에 도달했다. 디지털화는 전통적인 IT 회사들뿐만 아니라, 모든 분야 전반의 회사들에도 영향을 미친다. 새롭고 변화된 비즈니스 모델들이 등장하는데, 자동차는 앱을 통해 공유되고, 언어는 온라인으로 학습되고, 음악은 스트리밍되고 있다. 그러나 산업도 변화하고 있는데, 3D 프린터는 기계를 위한 부품들을 만들고, 로봇은 그것들을 조립하고, 온 공장이 지적으로 서로 연결되어 있다.

어휘 digitize 디지털화하다 across the board 전반에 걸쳐 via ~을 통하여 assemble 조립하다 intelligently 지적으로

해설 ② 주어가 복수명사(models)이므로 복수동사의 사용은 어법상 적절하지만 emerge는 1형식 자동사이므로 수동이 불가하다. 따라서 are emerged는 emerge로 고쳐 써야 한다.
① arrive는 1형식 자동사이므로 능동의 형태는 어법상 적절하고 또한 뒤에 장소를 나타내는 전치사 in의 사용 역시 어법상 옳다.
③ 뒤에 목적어가 없으므로 수동의 형태는 어법상 적절하다.
④ 뒤에 목적어가 없으므로 수동의 형태는 어법상 옳다.

정답 ②

02 :
• p.70

우리말을 영어로 바르게 옮긴 것은? 2024. 국가직 9급
① 지원자 수가 증가하고 있어서 우리는 기쁘다.
→ We are glad that the number of applicants is increasing.
② 나는 2년 전에 그에게서 마지막 이메일을 받았다.
→ I've received the last e-mail from him two years ago.
③ 어젯밤에 그가 잔 침대는 꽤 편안했다.
→ The bed which he slept last night was quite comfortable.
④ 그들은 영상으로 새해 인사를 교환했다.
→ They exchanged New Year's greetings each other on screen.

어휘 applicant 지원자 comfortable 편안한 exchange 교환하다 greeting 인사 on screen 영상으로

해설 ① the number of 다음 복수명사(applicants) + 단수동사(is)의 사용은 어법상 적절하고 또한 increase는 자동사이므로 능동의 형태(increasing)역시 어법상 옳다.
② 과거표시 부사구 two years ago가 있으므로 과거시제가 필요하다. 따라서 현재완료 I've는 과거시제 I was로 고쳐 써야 한다.
③ 관계대명사 which 다음 문장 구조가 완전[주어(he)가 있고 동사가 자동사(slept)이다]하므로 문맥상 which는 in which 또는 where로 고쳐 써야 한다.
④ exchange는 4형식 동사로 착각하기 쉬운 3형식 동사이므로 each other 앞에 with가 있어야 한다.

정답 ①

03 :
• p.70

어법상 옳지 않은 것은? 2023. 국가직 9급
① All assignments are expected to be turned in on time.
② Hardly had I closed my eyes when I began to think of her.
③ The broker recommended that she buy the stocks immediately.
④ A woman with the tip of a pencil stuck in her head has finally had it remove.

해석 ① 모든 과제는 정시에 제출될 것으로 예상된다.
② 나는 눈을 감자마자 그녀에 대해 생각하기 시작했다.
③ 그 중개인은 그녀에게 즉시 주식을 살 것을 권했다.
④ 머리에 연필 끝이 박힌 여자가 마침내 그것을 제거했다.

어휘 assignment 과제 turn in 제출하다 broker 중개인 stock 주식 immediately 즉시 stick-stuck-stuck 찌르다, ~을 박다 remove 없애다, 제거하다

해설 ④ 사역동사 have 다음 목적격 보어 자리에 원형부정사(to없는 부정사)의 사용은 능동의 형태로 뒤에 목적어(명사)가 위치해야 하는데 목적어가 없으므로 원형부정사 remove는 과거분사 removed로 고쳐 써야 한다.

① be expected 다음 to부정사의 사용은 어법상 적절하고 또한 과제가 '제출되는' 것이므로 수동부정사 to be turned in의 사용 모두 어법상 옳다.
② '~하자마자 ~했다'라는 의미인 'Hardly + had + S + p.p. ~ when + S + 과거동사' 구문의 사용은 어법상 적절하다.
③ 주요명제동사 recommend 다음 that절에는 '(should) + 동사원형'이 있어야 하므로 주어 she 다음 조동사 should가 생략되어 동사원형 buy를 사용한 것은 어법상 옳다.

정답 ④

04 :
• p.71

우리말을 영어로 잘못 옮긴 것은? 2023. 지방직 9급
① 우리는 그의 연설에 감동하게 되었다.
→ We were made touching with his speech.
② 비용은 차치하고 그 계획은 훌륭한 것이었다.
→ Apart from its cost, the plan was a good one.
③ 그들은 뜨거운 차를 마시는 동안에 일몰을 보았다.
→ They watched the sunset while drinking hot tea.
④ 과거 경력 덕분에 그는 그 프로젝트에 적합하였다.
→ His past experience made him suited for the project.

어휘 touch 감동시키다 suit 적합하게 하다, 알맞게 하다

해설 ① touch는 감정표현동사이고 주체가 사람이므로 touching은 touched로 고쳐 써야 한다.
② apart from은 '~은 차치하고'의 뜻으로 그 쓰임은 문맥상 적절하고 plan을 대신하는 부정대명사 one의 사용 역시 어법상 적절하다.
③ while 다음 they were가 생략된 구조로 drinking 다음 목적어 hot tea가 있으므로 drinking의 사용은 어법상 옳다.
④ 사역동사 make 다음 목적격 보어 자리에 과거분사 suited의 사용(suited 뒤에 의미상 목적어가 없다)은 어법상 적절하다.

정답 ①

05 :
• p.71

우리말을 영어로 잘못 옮긴 것은? 2021. 지방직 9급
① 경찰 당국은 자신의 이웃을 공격했기 때문에 그 여성을 체포하도록 했다.
→ The police authorities had the woman arrested for attacking her neighbor.
② 네가 내는 소음 때문에 내 집중력을 잃게 하지 말아라.
→ Don't let me distracted by the noise you make.
③ 가능한 한 빨리 제가 결과를 알도록 해 주세요.
→ Please let me know the result as soon as possible.
④ 그는 학생들에게 모르는 사람들에게 전화를 걸어 성금을 기부할 것을 부탁하도록 시켰다.
→ He had the students phone strangers and ask them to donate money.

어휘 authority 당국 arrest 체포하다 attack 공격하다 distract (마음을) 흩어지게 하다 phone 전화하다 donate 기부하다

해설 ② 부정명령문의 수동태 구문을 묻고 있다. 이 문장을 능동으로 바꾸면 'Don't distract me by the noise(that)you make.'가 되고 다시 이 문장을 수동으로 바꾸면 'Don't let me be distracted by the noise you make.'여야 하므로 distracted 앞에 be가 있어야 한다.
① 사역동사 had의 목적격 보어 역할을 하는 과거분사(arrested)뒤에 목적어가 없으므로 수동의 형태는 어법상 적절하고 '전치사(for) + 동명사(attacking) + 의미상 목적어(her neighbor)' 구문 역시 어법상 옳다.

③ 사역동사 let의 목적격 보어 역할을 하는 원형부정사(know) 뒤에 목적어(the result)가 있으므로 능동의 형태는 어법상 적절하다.

④ 사역동사 had의 목적격 보어 역할을 하는 원형부정사(phone)뒤에 목적어(strangers)가 있으므로 능동의 형태는 어법상 적절하고 접속사 and를 기준으로 phone과 병렬을 이루는 ask의 사용 역시 어법상 옳다. 또한 ask 다음 목적어 자리에 strangers를 대신하는 복수대명사 them의 사용과 목적격 보어 역할을 하는 to부정사(to donate)의 사용 모두 어법상 적절하다.

[정답] ②

06 :
· p.71

밑줄 친 부분에 들어갈 말로 가장 적절한 것을 고르시오 2022. 국가직 9급 응용

> A myth is a narrative that embodies the religious, philosophical, moral and political values of a culture. According to this definition, *the Iliad* and *the Odyssey*, *the Koran*, and *the Old and New Testaments* can all _____ as myths.

① refer　　　　　　② refer to
③ be referred　　　④ be referred to

[해석] 신화는 어떤 문화의 종교적, 철학적, 도덕적, 그리고 정치적 가치를 담은 어떤 경우들을 설명하는 데 도움을 주는 이야기이다. 이러한 정의에 따르면, <일리아드>와 <오디세이>, <코란>, <구약 및 신약 성경>은 신화로 일컬을 수 있다.

[어휘] myth 신화　narrative 이야기, 담화
embody ① 포함하다, 담다 ② 구현하다　religious 종교적인
philosophical 철학적인　moral 도덕적인　political 정치적인
definition 정의　old(new) testament 구약(신약)성서

[해설] 구동사 refer to A as B의 수동 구문을 묻고 있다. 빈칸 뒤에 목적어가 없으므로 빈칸에는 수동의 형태가 필요하다. 따라서 빈칸에 들어가기에 가장 적절한 것은 ④ be referred to이다.

[정답] ④

CHAPTER **04**　**조동사와 법**

📕**확인학습 문제**

01 :
· p.76

밑줄 친 부분이 어법상 틀린 것은?

① When he ran into the door yesterday, he might be hurt.
② He cannot have been there because I was with him then.
③ She could have borrowed money from her parents to buy a car.
④ Since there was no message, they must have declined my offer.

[해석] ① 그가 어제 문에 부딪쳤을 때 그는 아마도 아팠을 것이다.
② 내가 그때 그와 함께 있었기 때문에 그는 거기에 없었음이 틀림없다.
③ 그녀는 자동차를 사기 위해 아마도 부모님께 돈을 빌렸을 것이다.
④ 연락이 없는 걸 보니 그들은 내 제안을 거절했음에 틀림없다.

[어휘] run into ① ~와 충돌하다, ~에 부딪히다 ② 우연히 만나다, 마주치다
borrow 빌리다　decline ① 감소하다, 줄어들다 ② 거절하다

[해설] ① might be는 현재사실에 대한 추측이므로 과거표시부사 yesterday와 함께 사용할 수 없다. 따라서 과거사실에 대한 추측이 필요하므로 might be는 might have been으로 고쳐 써야 한다.

② 과거사실에 대한 부정추측은 cannot have + p.p이므로 cannot have been의 사용은 어법상 적절하다.

③ 과거사실에 대한 약한 추측은 could have + p.p이므로 could have borrowed의 사용은 어법상 적절하다.

④ 과거사실에 대한 강한 긍정추측은 must have + p.p이므로 must have declined의 사용은 어법상 적절하다.

[정답] ①

02 :
· p.78

밑줄 친 부분 중 어법상 틀린 것은?

① Jane locked the door lest he entered the room.
② Because Olivia bought the house, she must be rich.
③ Peter should not have smoked much in his schooldays.
④ Her face suggests to us that she knew the fact in advance.

[해석] ① 제인은 그가 방에 들어오지 못하도록 문을 잠갔다.
② 올리비아가 그 집을 샀기 때문에 부자임에 틀림없다.
③ 피터는 학창시절에 너무 많이 담배를 피우지 말았어야 했다.
④ 그녀의 얼굴은 그녀가 이미 이 사실을 알고 있다는 것을 보여주고 있다.

[어휘] lock the door 문을 잠그다　schooldays 학창시절
necessary 필요한　in advance 미리, 앞서서

[해설] ① lest 다음 조동사 should가 생략된 구조로 entered는 (should) enter로 고쳐 써야 한다.

② 문맥상 현재사실에 대한 강한 추측이므로 must be의 사용은 어법상 옳다.

③ should not have p.p는 과거에 '~ 하지 말았어야 했는데'의 뜻으로 과거사실에 대한 후회나 유감을 나타내므로 과거표시 부사구(in his schooldays)와 함께 사용할 수 있다. 따라서 should not have smoked의 사용은 어법상 적절하다.

④ suggest가 '보여주다, 암시하다'의 뜻으로 쓰일 때 that절에는 S +(should) ⓥ의 구조를 사용하지 않는다. 문맥상 suggest는 '보여주다, 암시하다'의 뜻이므로 과거동사 knew의 사용은 어법상 적절하다.

[정답] ①

03 :
· p.81

다음 빈칸에 들어갈 말로 가장 적절한 것을 고르시오.

> I _____ you the final score on account of my computer being out of order.

① cannot but to text　　② had no choice but to fax
③ cannot help to text　　④ cannot help but texting

[해석] 내 컴퓨터가 고장이 나서 당신에게 최종 점수를 문자로 보낼 수밖에 없다.

[어휘] on account of ~ 때문에　be out of order 고장이 나다
text 문자를 보내다

[해설] 'cannot but 동사원형' 구문을 묻고 있다. ①은 but 다음 to를 빼야 하고 ③은 to text가 texting으로 바꾸어야 하며 ④는 texting이 text가 되어야 하므로 정답은 ②가 된다.

[정답] ②

04

• p.81

다음 빈칸에 들어갈 말로 가장 적절한 것을 고르시오.

Chandler _____ to work before he got promoted, but he has a private driver now.

① used to drive
② is used to driving
③ was used to drive
④ gets used to drive

[해석] 챈들러가 승진되기 전에는 운전해서 출근했지만 이제는 운전기사가 있다.

[어휘] promote 승진시키다   private 사적인

[해설] 과거에 승진 전에 운전을 했고 지금은 운전기사가 있다는 내용의 글이므로 빈칸에 들어가기에 가장 적절한 것은 '운전을 하곤 했다'의 의미를 지닌 ① used to drive가 정답이 된다. 참고로 ②는 현재 운전에 익숙하다는 내용이므로 문맥상 적절하지 않고 ③과 ④는 운전하는 데 사용되었다는 내용이므로 이 역시 문맥상 적절하지 않다.

[정답] ①

05

• p.82

밑줄 친 부분 중 어법상 옳은 것은?

① Doremus did not so much as to look up.
② We'd better leave now, or we'll miss the bus.
③ I would rather study than to watch the boring movie.
④ The rain gauge is used to measure the amount of rainfall.

[해석]
① 도어머스는 고개조차 들지 않았다.
② 우리 지금 출발하는 게 좋겠어, 그렇지 않으면 버스를 놓칠 거야.
③ 나는 지루한 영화를 보느니 차라리 공부를 하겠다.
④ 비 측정기는 강우량을 측정하는 데 사용된다.

[어휘] look up (고개를)들어 올리다
miss ① 그리워하다 ② 놓치다 ③ 실종되다, 사라지다   boring 지루한
gauge 측정기, 게이지   measure 측정하다, 재다
amount of rainfall 강우량

[해설] ② 조동사의 관용적 용법 'had better 동사원형' 구문을 묻고 있다. 따라서 We'd better 다음 동사원형 leave의 사용은 어법상 적절하다.
① 조동사의 관용적 용법 'can(do)not so much as 동사원형' 구문을 묻고 있다. 따라서 to look은 look으로 고쳐 써야 한다.
③ 조동사의 관용적 용법 'would rather A(동사원형) than B(동사원형)' 구문을 묻고 있다. 따라서 to watch는 watch로 고쳐 써야 한다.
④ be used to 다음 동명사(ⓥ-ing)는 사용가능하지만 문맥상 비 측정기는 비의 양을 측정하는 데 사용되는 것이므로 '~ 하는 데 익숙하다'는 문맥상 적절하지 않다. 따라서 measuring은 measure로 고쳐 써야 한다.

[정답] ②

06

• p.82

밑줄 친 부분 중 어법상 틀린 것은?

① 당신은 그러한 사소한 일 때문에 경찰을 부를 필요는 없다.
→ You don't have to call the police for such a trivial thing.
② 그는 여성들이 그 토론에 참여하도록 허락해야 한다고 권했다.
→ He recommended that women be allowed to participate in the discussion.
③ 비록 우리는 서로 동의하지는 않았지만 나는 그들이 너무 그립다.
→ Even if we used not to agree to one another, I miss them too much.
④ 우리가 수학적 확률을 이용할 바에야 차라리 전적으로 포커게임을 이해하려고 노력하는 게 더 낫겠다.
→ One might as well entirely try to grasp the game of poker as to use the mathematical probability.

[어휘] trivial 사소한   participate in ~에 참석하다   entirely 전적으로   grasp ① 잡다, 쥐다 ② 이해하다   mathematical 수학적인   probability 확률

[해설] ④ 조동사의 관용적 용법 'may(might)as well A as B(A와 B자리에는 모두 동사원형이 필요하다)' 구문을 묻고 있다. 따라서 to use는 동사원형 use로 고쳐 써야 한다.
① don't have to 동사원형은 '~ 할 필요가 없다'의 뜻으로 to call의 사용은 어법상 옳다.
② 주절에 주요명제동사가 있으므로 that절의 동사원형 be의 사용은 어법상 적절하다.
③ used to 다음 동사원형은 '~였었다(과거의 상태)'의 의미로 문맥상 to agree의 사용은 어법상 옳다.

[정답] ④

07

• p.85

밑줄 친 부분 중 어법상 옳은 것은?

① If we had more rain, we could not have arrived there on time.
② Were it not for lucky, she might have not achieved the goal.
③ If you had wanted to pass the exam, you should work hard.
④ Had the weather been nice, I would go out today.

[해석]
① 만약 비가 더 온다면, 우리는 제시간에 도착하지 못할 수도 있다.
② 운이 없었다면, 그녀는 그 목표를 이루지 못했을 텐데.
③ 만약 당신이 시험에 합격하고 싶었다면 열심히 공부 했어야 했는데.
④ 날씨가 좋았다면 우리는 오늘 아침 외출할 텐데.

[어휘] on time 제시간에   achieve 성취하다, 이루다   goal 목표

[해설] ④ If the weather had been nice에서 If를 지우고 주어와 동사를 도치시킨 구문이므로 주절에는 가정법 과거완료시제가 필요하다. 하지만 주절의 마지막 부분에 현재표시부사 today가 있으므로 혼합가정법을 사용해야 한다. 따라서 Had의 사용은 어법상 옳다.
① 주절에 가정법 과거완료시제(could have arrived)가 있으므로 If절에도 가정법 과거완료시제가 필요하다. 따라서 had는 had had로 고쳐 써야 한다.
② 주절에 가정법 과거완료시제(might have achieved)가 있으므로 주절에도 가정법 과거완료시제가 필요하다. 따라서 Were it not for는 Had it not been for로 고쳐 써야 한다.
③ 주절에 가정법 과거시제(should work)가 있으므로 If절에도 가정법 과거시제가 있어야 한다. 따라서 had를 없애야 한다.

[정답] ④

08 : • p.85

밑줄 친 부분 중 어법상 틀린 것은?

① A true judge would <u>forgive</u> him then.
② It's high time that you <u>solved</u> the problem.
③ My mother dealt with me as though I <u>were</u> a child.
④ I wish you <u>had told</u> me the truth the day before yesterday.

[해석] ① 진정한 판사라면 그때 그를 용서했을 텐데.
② 당신이 그 문제를 해결해야 할 시간이다.
③ 나의 엄마는 나를 마치 아이처럼 다루었다.
④ 나는 그제 당신이 내게 진실을 말해 주었길 소망한다.

[어휘] judge 판사 forgive 용서하다 deal with 다루다, 취급하다
the day before yesterday 그제, 그저께

[해설] ① 가정법 과거시제(사람주어 + would+Root-)는 현재사실에 반대하기 때문에 과거표시부사 then과 함께 사용할 수 없다. 따라서 would forgive를 would have forgiven으로 고쳐 써야 한다.
② 'It is (high) time that S+과거동사' 구문을 묻고 있다. 따라서 solved의 사용은 어법상 적절하다.
③ 주절의 시제가 과거일 때 as if[thought]절에는 가정법 과거시제나 가정법 과거완료시제 모두 가능하므로 as though 다음 가정법 과거시제 were의 사용은 어법상 옳다.
④ I wish 가정법에서는 주절의 시제와 관계없이 종속절에 가정법 과거시제나 가정법 과거완료시제 모두 가능하지만 뒤에 과거표시부사구 the day before yesterday가 있으므로 가정법 과거완료시제패턴이 필요하다. 따라서 had told의 사용은 어법상 적절하다.

[정답] ①

💡 실전 문제

01 : • p.86

밑줄 친 부분 중, 어법상 틀린 것은?

The pilot rigidly said that he might as well ① <u>give up</u> piloting as ② <u>surrender</u> to the enemy. He ③ <u>cannot have accepted</u> to give in to threats. He insisted that a soldier ④ <u>took</u> his responsibility.

[해석] 그 조종사는 적에게 항복하느니 차라리 비행을 하지 않겠다고 단호하게 말했다. 그는 협박에 굴복하는 것을 받아들이지 않음에 틀림없다. 그는 군인이 자신의 책임을 다해야 한다고 주장했다.

[어휘] rigidly 엄격하게, 단호하게
might as well A as B B하느니 차라리 A하다.
surrender 항복하다, 굴복하다 enemy 적
accept 받아들이다, 수락하다 threat 위협
natural 당연한, 자연스러운 responsibility 책임

[해설] ④ '주요명제동사 (that) + S +(should) + 동사원형' 구문을 묻고 있다. 따라서 과거동사 took은 동사원형 take로 고쳐 써야 한다.
① 'might as well + 동사원형 ~ as + 동사원형…' 구문을 묻고 있다. 따라서 동사원형 give up의 사용은 어법상 적절하다.
② 'might as well + 동사원형 ~ as + 동사원형…' 구문을 묻고 있다. 따라서 동사원형 surrender의 사용은 어법상 옳다.
③ 글의 전반적인 시제는 과거시제이므로 과거사실에 대한 강한 부정 추측이 필요하므로 cannot have accepted의 사용은 어법상 적절하다.

[정답] ④

02 : • p.86

밑줄 친 부분 중, 어법상 틀린 것은?

In the mid 1990s, so ① <u>perilously</u> ② <u>did</u> the situation in the Middle East ③ <u>look</u> that UN ④ <u>did</u> take action in order to intervene in the circumstance.

[해석] 1990년대 중반 중동의 상황이 너무 위험해 보여서 유엔은 그 상황에 개입하려고 행동을 취했다.

[어휘] perilous 위험한 intervene in ~에 개입하다 circumstance 상황

[해설] ① 2형식 감각동사 look 다음 형용사 보어가 문두로 나와 도치된 구문이므로 부사 perilously는 형용사 perilous로 고쳐 써야 한다.
② look은 일반동사이므로 도치조동사 do의 사용은 어법상 적절하고 과거표시부사구 In the mid 1990s가 있으므로 과거시제의 사용 역시 어법상 옳다.
③ 도치조동사 did가 있으므로 동사원형 look은 어법상 적절하다.
④ take를 강조하기 위해 강조조동사 do가 사용되었고 전반적인 시제가 과거이므로 do의 과거 did의 사용은 어법상 옳다.

[정답] ①

03 : • p.86

밑줄 친 부분에 들어갈 말로 가장 적절한 것을 고르시오.

About 20 percent of those killed the bygone accidents would _____ had they worn safety belts.

① be saved
② not be saved
③ have been saved
④ not have been saved

[해석] 안전벨트를 착용했었다면 이전에 발생한 사고에서 죽은 이들의 약 20%가 목숨을 구했을 것이다.

[어휘] bygone 지나간, 과거의 wear a seat belt 안전벨트를 매다

[해설] if 없는 가정법 과거완료(had they worn) 구문이므로 주절에는 가정법 과거완료시제가 필요하다. 또한 문맥상 목숨을 구했을 것이라는 긍정의 개념이 있어야 하므로 빈칸에 들어가기에 가장 적절한 것은 ③ have been saved이다.

[정답] ③

04 : • p.87

밑줄 친 부분 중 어법상 틀린 것은?

① <u>Should</u> everyone want to clone a cow or other animal, how will our life change? For example, if a farmer ② <u>had</u> a cow that produced high quality meat or milk, and especially ③ <u>were</u> many copies of this cow made by the farmer, he would make a lot of money. But what ④ <u>will</u> the world be like if we produced another Michael Jordan, Elvis Presley, Albert Einstein, or Mother Teresa?

[해석] 만약 모든 사람들이 소나 다른 동물들을 복제하기를 원한다면 우리의 삶은 어떻게 변할까? 예를 들어서 만약 어떤 농부가 고품질의 고기나 우유를 만드는 소를 가지고 있다면 그리고 그 농부가 특히 이 소의 많은 복제품을 만든다면 그 농부는 많은 돈을 벌 수 있다. 하지만, 우리가 또 다른 Michael Jordan이나 Elvis Presley 그리고 Albert Einstein이나 수녀 Teresa를 만들어 낸다면 이 세상은 어떻게 될까?

[어휘] clone 복제하다 make money 돈을 벌다
what is A like? A는 어때?

해설 ④ if절에 과거시제(produced)가 있으므로 주절의 시제는 가정법 조동사 would가 필요하다. 따라서 will은 would로 고쳐 써야 한다.
① 가정법 미래시제 패턴을 묻고 있다. 'If everyone should want ~'에서 if를 지우고 주어와 동사가 도치된 구문으로 should의 사용은 어법상 적절하다.
② 가정법 과거시제 패턴을 묻고 있다. 따라서 if절의 과거시제 had는 어법상 옳다.
③ if 없는 가정법 구문을 묻고 있다. 'if many copies of the cow were made ~'에서 if를 지우고 주어와 동사가 도치된 구문으로 가정법 과거시제 패턴은 어법상 적절하다.

정답 ④

05

• p.87

밑줄 친 부분 중 어법상 적절한 것은?

I would be happy now ① had I stopped watching TV. The basketball game I watched was tedious, dull, dry and ② bored. It ③ would be over thirty minutes ago if one of the members ④ were not falling and breaking his arm. But, it didn't happen.

해석 내가 텔레비전시청을 멈췄더라면 지금 행복할 텐데. 싫증나고 따분하고 지루하고 재미없는 그 농구 경기가 만약 선수 중 하나가 넘어져서 팔이 부러지지 않았더라면 30분 전에 끝났을 텐데. 하지만 그런 일은 일어나지 않았다.

어휘 tedious 싫증나는, 지루한(= boring) dull ① 무딘 ② 따분한

해설 ① if 없는 가정법 구문으로 주절에 now가 있으므로(혼합가정법) 종속절에 had stopped의 사용은 어법상 적절하다.
② 감정표현동사 bore의 주체가 사물(game)이므로 bored는 boring으로 고쳐 써야 한다.
③ 과거표시부사 ago가 있으므로 과거시점이고 따라서 주절에는 가정법 과거 완료시제 패턴인 would have+p.p가 필요하다. 따라서 would be는 would have been으로 고쳐 써야 한다.
④ 과거표시부사 ago가 있으므로 과거시점이고 따라서 가정법과거완료시제 패턴이 필요하므로 if절에 과거 동사 were는 어법상 적절하지 않다. 따라서 were not falling을 had not been falling으로 고쳐 써야 한다.

정답 ①

06

• p.87

밑줄 친 부분 중 어법상 틀린 것은?

① But for Einstein, the theory of relativity would not have shown up.
② If the weather had been nice, I would still play baseball.
③ I gripped her arms lest she was trampled by the crowd.
④ Had she been unlucky, she might have been drowned.

해석 ① 아인슈타인이 없었다면 상대성이론은 나오지 않았을 텐데.
② 날씨가 좋았다면 나는 여전히 야구를 할 텐데.
③ 나는 그녀가 군중들에게 밟히지 않도록 그녀의 팔을 잡아주었다.
④ 만약 그녀가 불운했다면 그녀는 익사할 수 있었을 텐데.

어휘 but for ① ~이 없다면 ② ~이 없었다면
theory of relativity 상대성이론 show up 등장하다, 나타나다
grip 잡다, 쥐다 trample (짓)밟다 crowd 군중
drown ① 익사하다 ② 익사시키다

해설 ③ 'lest(that)S +(should) + 동사원형' 구문을 묻고 있다. 따라서 was는 be로 고쳐 써야 한다.

① But for 가정법을 묻고 있고 문맥상 시점이 과거사실이므로 주절에 가정법 과거완료시제(would not have shown)의 사용은 어법상 적절하다.
② 주절에 still이 있으므로 혼합가정법 시제가 필요하다. 따라서 would still play의 사용은 어법상 옳다.
④ Had she been은 if 없는 가정법 과거완료시제로 주절에도 역시 가정법 과거완료시제가 필요하다. 따라서 might have been의 사용은 어법상 적절하다.

정답 ③

🔍 기출 문제

01

• p.88

우리말을 영어로 잘못 옮긴 것은?

2024. 지방직 9급

① 그는 이곳에서 일하는 것이 흥미롭다는 것을 알았다.
→ He found it exciting to work here.
② 그녀는 나에게 일찍 떠날 것이라고 언급했다.
→ She mentioned me that she would be leaving early.
③ 나는 그가 오는 것을 원하지 않았다.
→ I didn't want him to come.
④ 좀 더 능숙하고 경험 많은 선생님이었다면 그를 달리 대했을 것이다.
→ A more skillful and experienced teacher would have treated him otherwise.

어휘 mention 언급하다 skillful 능숙한 experienced 경험 많은
treat 다루다, 취급하다 otherwise 그렇지 않으면, 그 반대로

해설 ② mention은 4형식 동사로 착각하기 쉬운 3형식 동사이므로 4형식 구조로 사용될 수 없다. 따라서 me 앞에 전치사 to가 필요하다.
① 'find + 가목적어 it + 목적격 보어(exciting) + to부정사'의 구문의 사용은 어법상 적절하고 또한 감정표현동사 excite의 주체가 사물(it)이므로 현재분사 exciting의 사용 역시 어법상 옳다.
③ '소망/기대동사 + 목적어 + to부정사' 구문을 묻고 있다. 따라서 want him to come의 사용은 어법상 옳다.
④ '사람주어 + 가정법 과거완료' 구문을 묻고 있다. 사람주어 다음 가정법 시제가 나오면 if가 없다하더라도 가정법시제를 사용할 수 있고 문맥상 과거사실에 반대되는 가정법이 필요하므로 가정법 과거완료시제인 would have treated의 사용은 어법상 적절하다. 또한 명사를 수식하는 형용사 skillful과 과거분사 experienced가 접속사 and와 병렬을 이루어 뒤에 있는 명사 teacher를 수식하는 구조 역시 어법상 옳다.

정답 ②

02

• p.88

우리말을 영어로 가장 잘 옮긴 것은?

2020. 국가직 9급

① 몇 가지 문제가 새로운 회원들 때문에 생겼다.
→ Several problems have raised due to the new members.
② 그 위원회는 그 건물의 건설을 중단하라고 명했다.
→ The committee commanded that construction of the building cease.
③ 그들은 한 시간에 40마일이 넘는 바람과 싸워야 했다.
→ They had to fight against winds that will blow over 40 miles an hour.
④ 거의 모든 식물의 씨앗은 혹독한 날씨에도 살아남는다.
→ The seeds of most plants are survived by harsh weather.

어휘 arise 일어나다, 생기다　due to ~ 때문에　committee 위원회
command 명령하다　construction 건설　cease 중단하다, 중단되다
harsh 거친, 혹독한

해설 ② '주요명제'동사 다음 that절에는 should(생략가능)가 있어야 하므로 동사원형 cease의 사용은 어법상 적절하다. 또한 cease는 자동사/타동사 둘 다 사용가능하고 본문에서는 자동사로 사용되었기 때문에 능동의 형태(cease) 역시 어법상 옳다.
① '말장난' 문제이다. '어떤 일이 일어나다, 생기다' 의 뜻을 나타내는 영어표현은 raise가 아니라 arise여야 하므로 raised는 arisen로 고쳐 써야 한다. 참고로 이 문제는 have raised가 능동의 형태이고 뒤에 목적어가 없으므로 어법상 적절하지 않다고 판단해도 무방하다.
③ 주절의 시제가 과거인데 관계대명사 that절의 시제가 미래이므로 시제일치가 어법상 맞지 않다. 따라서 미래시제 will blow는 문맥상 과거시제 blew로 고쳐 써야 한다.
④ 주어동사의 수일치는 어법상 옳지만 survive는 자동사이므로 수동의 형태를 취할 수 없다. 따라서 are survived는 survive로 고쳐 써야 한다. 또한 이 문제는 '말장난' 문제이다. 우리말의 '거의' 는 most가 아니라 almost 여야 하므로 주어진 우리말을 영어로 사용하기 위해서는 most를 almost all로 고쳐 써야 한다.

정답 ②

03 : • p.88

다음 우리말을 영어로 잘못 옮긴 것을 고르시오 2018. 지방직 9급

① 오늘 밤 나는 영화 보러 가기보다는 집에서 쉬고 싶다.
→I'd rather relax at home than going to the movies tonight.
② 경찰은 집안 문제에 대해서는 개입하기를 무척 꺼린다.
→The police are very unwilling to interfere in family problems.
③ 네가 통제하지 못하는 과거의 일을 걱정해봐야 소용없다.
→It's no use worrying about past events over which you have no control.
④ 내가 자주 열쇠를 엉뚱한 곳에 두어서 내 비서가 나를 위해 여분의 열쇠를 갖고 다닌다.
→I misplace my keys so often that my secretary carries spare ones for me.

해설 ① would rather A than B 병렬 구조를 묻고 있다. would rather는 조동사로 사용되기 때문에 A와 B는 모두 동사원형이 필요하다. 따라서 than 다음 going을 go로 바꿔야 한다.
② police형 집합명사(cattle, poultry, peasantry)는 항상 복수 취급을 하는 명사이므로 복수동사 are는 적절하고 be willing to ⓥ 구문도 적절하다. 또한 interfere는 구동사로 전치사 in이나 with가 필요하다. 따라서 어법상 적절하다.
③ It is no use ⓥ-ing(동명사 관용적 용법)을 묻고 있다. 따라서 It's no use 다음 동명사 worrying은 적절하다. 또한 over which(전치사+관계대명사) 다음 문장 구조도 완전하므로 어법상 적절하다.
④ so ~ that 구문을 묻고 있다. 또한 spare ones에서 ones는 부정 대명사로서 keys를 대신하므로 복수 형태가 적절하다. 따라서 어법상 옳다.

정답 ①

04 : • p.89

다음 어법상 ㉠과 ㉡에 들어가기 가장 적절한 표현을 순서대로 나열한 것은?
2018. 서울시 9급 응용

I understood it and I knew where I stood there. If I (㉠) to draw a picture of my future then, it (㉡) a large gray patch surrounded by black, blacker, blackest.

① would have, was
② would have, were
③ have had, would be
④ had had, would have been

해석 나는 그것을 이해했고 그곳에 있다는 것을 알았다. 만약 그 당시에 나의 미래를 그려보았더라면 그건 아마도 어둡고 더 캄캄하고, 새까만 색으로 둘러싸인 거대한 암울한 상황이었을 것이다.

어휘 gray(＝grey) ① 회색(의) ② 우울한, 암울한
patch ① 시기, 상황 ② 조각 ③ 땅, 지역

해설 if절 안에 과거표시부사 then이 있으므로 과거 사실에 대한 반대를 나타내는 가정법 과거완료시제가 필요하다. 따라서 ㉠에는 had had가 있어야 하고 ㉡에는 would have been이 필요하다. 따라서 정답은 ④이다.

정답 ④

05 : • p.89

우리말을 영어로 옳게 옮긴 것은? 2017. 지방직 9급

① 내 컴퓨터가 작동을 멈췄을 때, 나는 그것을 고치기 위해 컴퓨터 가게로 가져갔어.
→ When my computer stopped working, I took it to the computer store to get it fixed.
② 내가 산책에 같이 갈 수 있는지 네게 알려줄게.
→ I will let you know if I can accompany with you on your walk.
③ 그 영화가 너무 지루해서 나는 삼십 분 후에 잠이 들었어.
→ The movie was so bored that I fell asleep after half an hour.
④ 내가 열쇠를 잃어버리지 않았더라면 모든 것이 괜찮았을 텐데.
→ Everything would have been OK if I haven't lost my keys

어휘 accompany ① ~와 동행하다 ② ~을 동반하다　fall asleep 잠들다

해설 ① stop ⓥ-ing 구문과 'get＋O＋O.C(과거분사)' 구문 모두 어법상 적절하다.
② accompany는 타동사로서 바로 뒤에 목적어가 와야 한다. 따라서 with를 없애야 한다.
③ bore는 감정표현동사이고 주체가 사물(movie)이므로 bored는 boring으로 고쳐 써야 한다.
④ '가정법 과거완료시제(S＋would have p.p ~ , if＋S＋had p.p ~) 구문'을 묻고 있다. 따라서 haven't는 hadn't로 고쳐 써야 한다.

정답 ①

준동사

PART 02 준동사

CHAPTER **01** 준동사의 기본 개념

확인학습 문제

01 :   • p.94

다음 문장을 읽고 옳으면 C(correct), 옳지 않으면 I(incorrect)로 표기하시오.

1.	Rick liked playing with his friends. _____
2.	The doctor tried give him the prescription. _____
3.	The women walk down the street wear black jackets. _____
4.	She finished doing her homework. _____
5.	The lady wanted to kiss him a good-bye. _____
6.	I remembered that I sending the letter. _____
7.	Give up old habit is very difficult. _____
8.	He went to the bookstore buy books I wanted. _____
9.	He said he was surprised hear the news. _____
10.	The stove that is in the kitchen is effective to use. _____

1. 〔해석〕 Rick은 친구들과 노는 것을 좋아했다.
   〔해설〕 동사 liked가 있으므로 준동사 playing의 사용은 옳다. **C**

2. 〔해석〕 그 의사는 그에게 그 처방을 시도해 봤다.
   〔어휘〕 prescription 처방(전)
   〔해설〕 동사 tried가 있으므로 give는 준동사로 변형되어야 한다. 따라서 이 문장은 옳지 않다. 원문은 'The doctor tried to give him the prescription.'이다. **I**

3. 〔해석〕 길을 따라 걷는 여성들은 검은 재킷을 입고 있다.
   〔해설〕 동사 wear가 있으므로 walk는 준동사로 변형되어야 한다. 따라서 이 문장은 옳지 않다. 원문은 'The women walking down the street wear black jacket.'이다. **I**

4. 〔해석〕 그녀는 숙제하는 것을 끝냈다.
   〔해설〕 동사 finish가 있으므로 준동사 doing의 사용은 옳다. **C**

5. 〔해석〕 그 숙녀는 그에게 작별의 키스를 하고 싶었다.
   〔어휘〕 kiss sb a good-bye 작별의 키스를 하다
   〔해설〕 동사 want가 있으므로 준동사 to kiss의 사용은 옳다. **C**

6. 〔해석〕 나는 편지를 보냈던 것을 기억했다.
   〔해설〕 접속사 that을 기준으로 동사가 2개 필요하므로 준동사 sending은 동사로 변형되어야 한다. 따라서 이 문장은 옳지 않다. 원문은 'I remembered that I had sent the letter.'이다. **I**

7. 〔해석〕 오랜 습관을 버리기란 매우 어렵다.
   〔어휘〕 give up ~을 포기하다, 버리다
   〔해설〕 동사 is가 있으므로 give는 준동사로 변형되어야 한다. 따라서 이 문장은 옳지 않다. 원문은 'Giving up old habit is very difficult.'이다. **I**

8. 〔해석〕 그는 내가 원했던 책을 사기 위해 서점에 갔다.
   〔해설〕 동사 went가 있으므로 buy는 준동사로 변형되어야 한다. 따라서 이 문장은 옳지 않다. 원문은 'He went to the bookstore to buy books (that) I wanted.'이다. **I**

9. 〔해석〕 그는 그 소식을 듣고서 매우 놀랐다고 말했다.
   〔해설〕 생략된 접속사 that을 기준으로 동사 두 개(said, was)가 있으므로 동사 hear는 준동사로 변형되어야 한다. 따라서 이 문장은 옳지 않다. 원문은 ' He said(that)he was surprised to hear the news.'이다. **I**

10. 〔해석〕 부엌에 있는 스토브는 사용하기에 효율적이다.
    〔어휘〕 stove 가스레인지 effective 효율적인, 효과적인
    〔해설〕 관계대명사 that을 기준으로 두 개의 동사(is, is)가 있으므로 준동사 to use의 사용은 옳다. **C**

CHAPTER **02** to부정사, 동명사, 분사

확인학습 문제

01 :   • p.98

어법상 밑줄 친 부분에 가장 적절한 것은?

Most of the art _____ in the museum is from Italy in the 19th century.

① is displayed   ② displaying
③ displayed   ④ are displayed

〔해석〕 그 미술관에 전시되는 대부분의 미술품은 19세기 이탈리아에서 유래되었다.

〔어휘〕 art 미술, 예술; (불가산 명사) 미술품 display 전시하다

〔해설〕 주어 art의 본동사 is가 뒤에 있으므로, 빈칸에는 준동사 자리임을 알 수 있다. 뒤에 의미상의 목적어가 없고 전치사가 있으므로 과거분사(p.p)가 필요하다. 따라서 ③ displayed가 정답이다.

〔정답〕 ③

02 :   • p.98

다음 빈칸에 들어갈 내용으로 가장 적절한 것은?

As I was compelled ____(A)____ the newspaper, I began to think if I escaped ____(B)____ the terrible accident in the paper.

	(A)	(B)
①	to read	to report
②	reading	reporting
③	to read	reporting
④	reading	to report

〔해석〕 내가 신문 읽기를 강요받았을 때 나는 그 신문에서 제시한 끔찍한 사고를 내가 피할 수 있을지에 대해 생각하기 시작했다.

〔어휘〕 compel 강요하다 terrible 끔찍한

〔해설〕 (A)는 자릿값에 의해 준동사 자리이고 앞에 동사가 compel(강요동사)이므로 (A)에는 to read가 있어야 하고 (B) 역시 자릿값에 의해 준동사 자리이고 앞에 동사가 escape(목적어를 동명사를 취하는 동사)이므로 reporting이 필요하다. 따라서 정답은 ③이 된다.

〔정답〕 ③

03 ː • p.99

다음 밑줄 친 부분 중 어법상 적절하지 않은 것은?

Many a student in these districts assumes that textbook writers ① confining themselves to the fact that they are superior and avoid ② presenting their fallacies. The authors ③ damaged by many errors pretend not ④ to know the fact.

해석 이 지역에 많은 학생들은 교과서 저자들이 자신들이 우월하다는 사실로 그들 스스로를 제한하고 그들의 오류를 드러내는 것을 피한다고 생각한다. 많은 실수에 의해 피해를 입은 작가들은 그 사실을 모른 체한다.

어휘 district 지역 assume 추정하다, 생각하다 confine 제한하다
superior 우월한, 뛰어난 present 보여주다; 나타내다 fallacy 오류
pretend ~인 체하다

해설 ① 준동사의 자릿값을 묻고 있다. 접속사 that을 기준으로 동사 두 개가 있어야 하므로 준동사 confining은 동사 confine으로 고쳐 써야 한다.
② 자릿값에 의해 준동사 자리이고 avoid 다음에는 동명사를 목적어로 취해야 하므로 presenting의 사용은 어법상 적절하다.
③ 자릿값에 의해 준동사 자리이고 뒤에 목적어가 없으므로 과거분사 damaged의 사용은 어법상 적절하다.
④ 자릿값에 의해 준동사 자리이고 pretend 다음에는 to부정사를 목적어로 취해야 하므로 to know의 사용은 어법상 적절하다.

정답 ①

04 ː • p.99

밑줄 친 부분 중 어법상 틀린 것은?

① The teacher induced his students to turn the music the down.
② We appreciate you to let us know your problem and difficulty.
③ The country is a small one with the three quarters of the land surrounded by the sea.
④ A number of students are studying very hard to get a job after their graduation.

해석 ① 그 선생님은 그의 학생들이 음악 소리를 줄이도록 유도했다.
② 당신의 문제나 어려움을 우리에게 알려주셔서 감사합니다.
③ 그 나라는 국토의 3/4이 바다로 둘러싸여 있는 작은 나라이다.
④ 많은 학생들이 졸업 후 취직을 위해 열심히 공부고 있다.

어휘 induce 설득하다, 유도하다 surround 둘러싸다, 에워싸다
a number of 많은 get a job 일자리를 얻다 graduation 졸업

해설 ② appreciate는 동명사를 목적어로 취해야 하므로 to let은 letting으로 고쳐 써야 한다.
① induced는 목적격 보어 자리에 to ⓥ를 사용해야 하므로 어법상 적절하다.
③ 자릿값에 의해 surrounded는 준동사 자리이고 뒤에 목적어가 없으므로 수동의 형태는 어법상 적절하다.
④ 자릿값에 의해 to get은 준동사 자리이고 완성된 문장 다음 to부정사가 이어지므로 to get의 사용은 어법상 옳다.

정답 ②

05 ː • p.103

다음 우리말을 영어로 옮긴 것 중 밑줄 친 부분이 어법상 틀린 것은?

① 모든 학생들은 그 질문에 대해 대답해야만 한다.
→ All students are bound to answer the question.
② 그 노인들은 너무 나이가 들어서 운전면허 시험을 볼 수 없다.
→ The elderly are so old to take a driving test.
③ 어떤 회사도 주식이 떨어지는 것이 걱정될 것이다.
→ Any company will be afraid to see its stocks go down.
④ 그 젊은 여자는 우연히 이웃과 대화에 빠졌다.
→ The young lady happened to fall into conversation with her neighbor.

어휘 be bound to ⓥ ⓥ해야 한다 elderly 나이든
too ~ to ⓥ 너무 ~해서 ⓥ할 수 없다
be afraid to ⓥ ⓥ하기를 걱정하다, 두려워하다 stock 주식
happen to ⓥ 우연히 ⓥ하다

해설 ② 'too ~ to ⓥ' 구문을 묻고 있다. 따라서 so는 too로 고쳐 써야 한다.
① 'be bound to ⓥ' 구문을 묻고 있다. 따라서 어법상 적절하다.
③ 'be afraid to ⓥ' 구문을 묻고 있다. 따라서 어법상 옳다.
④ 'happen to ⓥ' 구문을 묻고 있다. 따라서 어법상 적절하다.

정답 ②

06 ː • p.103

다음 우리말을 영어로 옮긴 것 중 가장 적절한 것은?

① 당신이 만날 필요가 있는 마지막 사람이 그 사기꾼이다.
→ The last one you need to meet is the swindler.
② 벤자민은 간절히 나를 설득해서 파티에 오게 하고 싶었다.
→ Benjamin was eager to talking me into coming to the party.
③ 꾸준함이 경기에서 승리한다는 것은 말할 필요도 없다.
→ It's needless to saying that slow and steady wins the race.
④ 나는 회의에 일찍 도착했지만 회의가 취소된 것을 알게 되었다.
→ I arrived early for the meeting, only to find out it was canceled.

어휘 swindler 사기꾼 talk A into B A를 설득해서 B하게 하다
needless to say ~은 말할 것도 없이 slow and steady 꾸준함

해설 ④ only to ⓥ는 결과를 나타내는 부사구로서 '그러나 ~ ⓥ하다'의 의미를 갖는다. 따라서 적절한 영작이다.
① the last ~ to ⓥ는 '결코 ⓥ하지 않는'의 뜻으로 이 문장은 적절한 영작이 될 수 없다. 이 문장의 적절한 영작은 '당신이 결코 만날 필요가 없는 사람이 그 사기꾼이다'이다.
② 'be eager to ⓥ'는 '간절히 ⓥ하기를 바라다'의 뜻으로 to 다음 동사원형이 필요하다. 따라서 talking은 talk로 고쳐 써야 한다.
③ 'needless to say' 구문을 묻고 있다. 따라서 saying은 say로 고쳐 써야 한다.

정답 ④

07 ː • p.109

밑줄 친 부분 중 어법상 가장 적절한 것을 고르시오.

① This system of transportation letters is out of date.
② The students had trouble to make out the consequence.
③ Some people made a decision to take a variety of adventures.
④ She wanted to dedicate her full attention to run her own business.

해석 ① 편지를 수송하는 그 시스템은 구식이다.
② 학생들이 그 결과를 이해하는 데 어려움을 겪었다.

③ 몇몇 사람들이 다양한 모험을 하기로 결정했다.
④ 그녀는 사업에 자신의 주의를 모두 기울이고 싶어 했다.

어휘 out of date 구식의 have trouble ⓥ-ing ⓥ하는 데 어려움을 겪다
consequence 결과
dedicate A to ⓥ-ing A를 ⓥ하는 데 헌신[몰두]하다

해설 ③ make a decision(=decide)은 '결정하다'의 뜻으로 뒤에 to ⓥ를 목적어로 취해야 하므로 to make의 사용은 어법상 적절하다.
① 전치사 of 다음 명사 transportation 뒤에 명사 letters가 있으므로 transportation은 transporting으로 고쳐 써야 한다.
② 'have trouble ⓥ-ing' 구문을 묻고 있다. 따라서 to make는 making으로 고쳐 써야 한다.
④ 'dedicate + 목적어 + to ⓥ-ing' 구문을 묻고 있다. 따라서 run은 running으로 고쳐 써야 한다.

정답 ③

08 :
• p.109

다음 우리말을 영어로 옮긴 것 중 밑줄 친 부분이 어법상 옳은 것은?
① 우리는 당신과 일하는 것을 간절히 바랍니다.
→ We look forward to work with you.
② 그는 내가 새 자전거를 사는 것을 반대했다.
→ He objected to my buying a new bike.
③ 그는 집을 팔기 위해 집을 페인트칠을 하고 있다.
→ He is painting the house with a view to sell it.
④ 우리는 모든 전문가들이 그 유적지를 복원하는데 기여하기를 바란다.
→ We want all experts to contribute to restore the heritage.

어휘 look forward to ⓥ-ing ⓥ하기를 고대하다
object to -ing ⓥ하기를 반대하다
with a view to ⓥ-ing ⓥ하기 위하여 expert 전문가
contribute to ⓥ-ing ⓥ하는 데 기여하다 restore 복원하다
heritage (문화)유산, 유적지

해설 ② 'object to ⓥ-ing' 구문을 묻고 있다. 따라서 buying은 어법상 적절하고 buying의 의미상 주어 my의 사용 역시 어법상 옳다.
① 'look forward to ⓥ-ing' 구문을 묻고 있다. 따라서 work는 working으로 고쳐 써야 한다.
③ 'with a view to ⓥ-ing' 구문을 묻고 있다. 따라서 sell은 selling으로 고쳐 써야 한다.
④ 'contribute to ⓥ-ing' 구문을 묻고 있다. 따라서 restore는 restoring으로 고쳐 써야 한다.

정답 ②

09 :
• p.111

어법상 밑줄 친 부분에 가장 적절한 것은?

_____ rainy, the ground in the front yard is wet.

① It is ② To be
③ Being ④ It being

해석 비가 와서 앞마당의 땅이 젖었다.

어휘 front yard 앞마당, 앞 뜰

해설 문맥상 준동사 자리이고 분사구문이 필요하다. 주절의 주어와 분사구문의 의미상 주어가 다르기 때문에 빈칸에 들어가기에 가장 적절한 것은 ④ Being이다. 참고로 ②의 To be가 빈칸에 들어가면 '비가 오기 위해'의 의미이므로 글의 흐름상 어색하다.

정답 ④

10 :
• p.111

어법상 밑줄 친 부분에 가장 적절한 것은?

_____ from what I have heard, he is very nice.

① Judge ② Judged
③ Judging ④ Being judged

해석 내가 들은 것으로 판단해 보면 그는 아주 멋지다.

해설 분사구문의 관용적 용법 'judging from(~로 판단해 보면, ~로 판단하건대)'을 묻고 있다. 따라서 빈칸에 들어가기에 가장 적절한 것은 ③ Judging이다.

정답 ③

CHAPTER 03 준동사의 동사적 성질

확인학습 문제

01 :
• p.117

다음 밑줄 친 부분 중 어법상 적절하지 않은 것은?

It is very usual ① for services such as gas and electricity ② to not be paid by the host in each case, but any extra expenses ③ employed by the tenant should be ④ solved before the end of the holiday.

해석 가스나 전기 서비스는 각 경우에 주인이 지불하지만 세입자가 사용한 추가 비용은 휴일 전에 해결[지불]되어야만 한다.

어휘 extra 추가의, 여분의 employ ① 고용하다 ② 사용[이용]하다
expense 비용

해설 ② to부정사의 부정은 to부정사 바로 앞에 not을 사용해야 하므로 to not be paid를 not to be paid로 고쳐 써야 한다.
① 'It ~ for … to ⓥ' 구문을 묻고 있다. 따라서 to be paid의 의미상주어 for services의 사용은 어법상 적절하다.
③ 자릿값에 의해 준동사 자리이고 뒤에 목적어가 없으므로 수동의 형태 employed는 어법상 옳다.
④ 자릿값에 의해 준동사 자리이고 뒤에 목적어가 없으므로 수동의 형태 solved는 어법상 적절하다.

정답 ②

02 :
• p.117

밑줄 친 부분 중 어법상 틀린 것은?
① Having been deceived by him before, she hates him.
② It was cruel of his father to have exerted all his authority.
③ I am ashamed of having punished in front of my best friends.
④ The yellow sedan parked on the crowded street corner belongs to her own.

해석 ① 전에 그에게 속아봤기 때문에 그녀는 그를 증오한다.
② 그의 아버지가 그의 모든 권한을 행사했던 것은 잔인했다.
③ 나는 내 친한 친구들 앞에서 벌 받았던 것이 부끄럽다.
④ 붐비는 도로 모퉁이에 주차된 노란색 승용차는 그녀의 것이다.

어휘 deceive 속이다 hate 증오하다 cruel 잔인한
exert 가하다, 행사하다 authority ① 권위, 권한 ② 당국

ashamed 부끄러운 punish 처벌하다 sedan 승용차
crowded 붐비는, 혼잡한
belong to ⓥ ① ~에 속하다 ② ~의 소유이다

해설 ③ having punished는 능동의 형태로 뒤에 목적어가 없으므로 어법상 적절하지 않다. 따라서 having punished는 having been punished로 고쳐 써야 한다.
① 분사구문 Having been deceived 뒤에 목적어가 없으므로 수동의 형태는 어법상 옳다.
② 인성 형용사는 to ⓥ의 의미상 주어를 취할 때 전치사 of를 사용해야 하므로 his father 앞에 전치사 of의 사용은 어법상 적절하다.
④ parked는 자릿값에 의해 준동사 자리이고 뒤에 목적어가 없으므로 과거분사 parked의 사용은 어법상 옳다.

정답 ③

💡 실전 문제

01 ⋮   • p.118

밑줄 친 부분에 들어갈 말로 가장 적절한 것을 고르시오.

_____ hard in her schooldays then, she has lots of problems.

① Studying not   ② Not studying
③ Having not studied   ④ Not having studied

해석 그 당시 학창시절 열심히 공부하지 않았기 때문에, 그녀는 많은 문제점을 가지고 있다.

어휘 schooldays 학창시절 then 그 당시, 그때에는

해설 준동사의 부정은 준동사 바로 앞에 not을 사용해야 하고 과거표시부사 then이 있으므로 학창시절에 공부한 것이 지금 현재보다 한 시제 앞서야 한다. 따라서 빈칸에 들어가기에 가장 적절한 것은 ④ Not having studied이다.

정답 ④

02 ⋮   • p.118

밑줄 친 부분에 들어갈 말로 가장 적절한 것을 고르시오.

Any manager of a group that desires employees to achieve a meaningful level of acceptance and commitment to a planned change _____ the rationale for the contemplated change as clearly as possible.

① presenting   ② must present
③ was presented   ④ having presented

해석 계획된 변화에 피고용인들이 가능한 한 명료하게 의미 있는 수준의 지지와 헌신을 획득하기 갈망하는 한 그룹의 모든 관리자들은 그 계획된 변화에 대한 근거를 제시해야 한다.

어휘 desires 갈망하다 employee 피고용인 acceptance 지지
commitment ① 헌신 ② 몰두 ③ 약속, 다짐
rationale ① 근거 ② 합리 contemplated ① 심사숙고된 ② 계획된
clarify 분명히[확실히]하다

해설 주어 Any manager에 대한 동사가 없으므로 자릿값에 의해 빈칸은 동사 자리가 되어야 하므로 빈칸에는 문맥상 ② must present가 들어가는 것이 가장 적절하다. 참고로 ③은 동사지만 뒤에 목적어(rationale)가 있으므로 수동의 형태는 어법상 적절하지 않다.

정답 ②

03 ⋮   • p.118

밑줄 친 부분에 들어갈 말로 가장 적절한 것을 고르시오.

The man must have witnessed the terrible scene in the spot but, he denies _____ the criminal there.

① to see   ② seeing
③ having seen   ④ to have seen

해석 그 남자는 그 장소에서 끔찍한 장면을 목격했음에 틀림없지만 그는 그곳에서 범인을 봤던 것을 부인한다.

어휘 witness 목격하다 terrible 끔찍한, 공포스러운 scene 장면
spot 지점, 장소 deny 부인하다, 거부하다 criminal 범인, 범죄자

해설 deny 다음에는 동명사를 목적어로 취해야 하고 문맥상 과거에 목격했던 것을 부인하는 것이므로 빈칸에는 완료시제가 필요하다. 따라서 빈칸에 들어갈 말로 가장 적절한 것은 ③ having seen이다.

정답 ③

04 ⋮   • p.119

다음 밑줄 친 부분 중 어법상 적절하지 않은 것은?

Since I ① finished reading the newspaper, I have continued to ponder what happen in our environment. In that respect, it was proper that everyone ② make a choice ③ to postpone ④ to construct the new hospital.

해석 내가 그 신문을 읽은 후 계속해서 우리 환경에 무슨 일이 일어났는지 생각하기 시작했다. 그런 관점에서 새로운 병원을 짓는 것을 연기하는 것은 적절한 선택이었다.

어휘 ponder 곰곰이 생각하다, 심사숙고하다 proper 적절한, 적당한
make a choice 선택하다 respect ① 존경(하다) ② 관점, 측면
postpone 연기하다, 미루다 construct 건설하다, 짓다

해설 ④ postpone은 동명사를 목적어로 취해야하기 때문에 to construct는 constructing으로 고쳐 써야 한다.
① since 다음 과거시제 finished는 어법상 적절하고, finish 다음 동명사 reading의 사용 역시 어법상 옳다.
② 'it is 판단형용사 that + S + (should) + 동사원형' 구조를 묻고 있다. 따라서 make는 어법상 적절하다.
③ make a determination(determine)은 뒤에 to부정사를 목적어로 취해야 하므로 to put은 어법상 적절하다.

정답 ④

05 ⋮   • p.119

다음 밑줄 친 부분 중 어법상 옳지 않은 것은?

Most countries failed ① to welcome the refugees after the war, which drove the refugees ② to migrate and considered ③ to scatter elsewhere. They should have helped exiles ④ emigrate.

해석 대부분의 나라들은 전쟁 후에 그 난민들을 받아들이지 않았고 그로 인해 그 난민들은 이주하게 됐고 도처에 흩어지게 되었다. 그들은 난민들이 이민을 가도록 도와주어야만 했다.

어휘 refugee 망명자 migrate 이주하다 scatter 흩어지다
exile ① 망명 ② 망명자(= refugee)
emigrate 이민가다(↔immigrate 이민 오다)

[해설] ③ 자릿값에 의해 준동사 자리이지만 consider는 동명사를 목적어로 취해야 하므로 to scatter는 scattering으로 고쳐 써야 한다.
① 자릿값에 의해 준동사 자리이고 fail은 뒤에 to부정사를 목적어로 취해야 하므로 어법상 적절하다.
② 자릿값에 의해 준동사 자리이고 drive는 to부정사를 목적격 보어 자리에 취해야 하므로 to migrate는 어법상 적절하다.
④ 자릿값에 의해 준동사 자리이고 help는 목적격 보어 자리에 원형부정사를 사용할 수 있으므로 emigrate는 어법상 적절하다.

[정답] ③

06 · p.119

다음 밑줄 친 부분 중 어법상 적절하지 않은 것은?

In 2001, the postal system in the united States became a route for ① bio-terrorism. Anthrax spores ② sent in letters resulted in the deaths of numerous innocent people. Such attacks are just one reason why Americans should seriously involve permanently ③ shutting down the U.S. Postal Service. There is another reason for dispensing with our old fashioned system of ④ delivery person-to-person letters.

[해석] 2001년에 미국의 우편 체계는 생물학 무기를 이용한 테러의 경로였다. 편지로 보내진 탄저균 포자는 무수한 무고한 사람들의 죽음을 초래했다. 그러한 공격이 미국인들이 왜 우편 서비스의 폐쇄를 포함해야 하는지 이유가 되고 있다. 사람과 사람 사이에 오가는 편지 배달의 구식 체계를 없애야 하는 또 다른 이유도 있다.

[어휘] postal system 우편 체계 route 경로, 길
bio-terrorism 생물학 무기를 이용한 테러 행위 anthrax 탄저균
spore 포자, 홀씨 result in 초래하다, 야기하다
innocent 무죄의; 순진한 permanently 영원히
shut down 폐쇄(하다), 문을 닫다 dispense with 없애다, 제거하다
old-fashioned 구식의

[해설] ④ 전치사 of 다음 명사 delivery는 적절하지만 뒤에 의미상 목적어 (letters)가 있으므로 delivery는 delivering으로 고쳐 써야 한다.
① '전치사 + 명사' 다음 명사가 없으므로 bio-terrorism의 사용은 어법상 옳다.
② 자릿값에 의해 준동사 자리이고 뒤에 목적어가 없으므로 과거 분사 sent의 사용은 어법상 적절하다.
③ 자릿값에 의해 준동사 자리이고 involve 다음에는 동명사를 목적어로 취해야 하므로 shutting의 사용은 어법상 옳다.

[정답] ④

07 · p.120

밑줄 친 부분 중, 어법상 적절하지 않은 것은?

The administration introduced the new formula this year at the earliest, which applies first it to replies to opinions ① posted on some portal sites. In fact, the reason why government makes it ② to be like following that. As the number of Internet surfers increased, cyber terrors ③ occurred in a serious social evil with the number of cyber crime victims ④ rising rapidly to 2 million in 2004 from 1.65 million in 2003 and 1.19 million 2002.

[해석] 행정당국은 금년 초에 가장 처음으로 새로운 공식을 도입했는데, 처음으로 포털 사이트에 게시된 의견에 응답을 해주는 데 적용시키는 것이다. 사실상, 정부가 그것을 만든 이유는 다음과 같다. 인터넷 탐색자들의 수가 늘어나면서, 사이버 범죄가 2002년 119만에서 2003년 165만 그리고 2004년 2백만으로 빠르게 증가하면서 사이버 테러가 심각한 사회악으로 발생했기 때문이다.

[어휘] administration 행정부, 행정당국 formula 공식
post ①(우편물을)발송하다[부치다] ② 게시[공고]하다
occur 일어나다, 발생하다 serious 심각한 social evil 사회악
victim 희생자, 희생물 rapidly 빠르게, 신속하게

[해설] ② 자릿값에 의해 동사 자리이이므로 to be는 동사 is로 고쳐 써야 한다.
① 자릿값에 의해 준동사 자리이고 뒤에 목적어가 없으므로 수동의 형태인 posted의 사용은 어법상 옳다.
③ 자릿값에 의해 동사 자리이고 occur은 1형식 동사이므로 능동의 형태는 어법상 적절하다.
④ 자릿값에 의해 준동사 자리이고 rise는 1형식 동사이므로 현재분사 rising의 사용은 어법상 옳다.

[정답] ②

08 · p.120

밑줄 친 부분 중 어법상 적절하지 않은 것은?

Researchers studied two companies trying to solve a technological problem. According to the consequences ① studied by the experts, one company developed the technological notion, ② created by a small group of engineers, where possible technical solutions that other teams might use in the future ③ placed. The company also ④ generated an open-ended conversation among its engineers where salespeople and designers were often included.

[해석] 연구원들이 두 개의 기술적 문제를 해결하려 노력하는 회사를 연구했다. 전문가들의 연구 결과에 따르면 한 회사는 소규모 집단의 공학자에 의해 만들어진 다른 팀이 미래에 이용할 법한 기술적 해결책에 기반 한 기술적 개념을 개발했다. 그 회사는 또한 공학자들 간의 조정 가능한 대화를 만들어 냈는데 거기에는 종종 판매자와 설계자도 포함되어 있다.

[어휘] researcher 연구가, 연구원 consequence 결과 expert 전문가
place 두다, 놓다 generate 만들어 내다 open-ended 조정 가능한

[해설] ③ 자릿값에 의해 동사 자리이고 뒤에 목적어가 없으므로 능동의 형태 placed는 수동의 형태 were placed로 고쳐 써야 한다.
① 자릿값에 의해 준동사 자리이고 뒤에 목적어가 없으므로 수동의 형태인 과거분사 studied의 사용은 어법상 적절하다.
② 자릿값에 의해 준동사 자리이고 뒤에 목적어가 없으므로 수동의 형태인 과거분사 created의 사용은 어법상 옳다.
④ 자릿값에 의해 동사 자리이고 뒤에 목적어가 있으므로 능동의 형태 generated(과거동사)는 적절하다.

[정답] ③

09 :
• p.120

다음 밑줄 친 부분 중, 어법상 적절하지 않은 것은?

> The bridge, built to replace one that ① underline collapsed in 2007, killing 13 people, ② underline constructed almost entirely of concrete inserted with steel ③ underline reinforcing bars. However, this bridge is a simple structure: it is made from each different concrete mix, with the components ④ underline tweaked.

해석 2007년에 붕괴되어 13명을 사망케 한 교량을 대체하기 위해 건설된 그 다리는 거의 전적으로 강철로 된 철근을 대어 깊숙이 삽입된 콘크리트로 건설되었다. 하지만 이 다리는 단순한 구조물이 아니다. 즉, 그 구성요소들이 변형된 각기 다른 콘크리트 혼합물로 만들어 지은 것이다.

어휘 replace 대체하다, 대신하다 collapse 붕괴하다, 무너지다
construct 건설하다, 짓다   entirely ① 완전하게 ② 전적으로
insert 삽입하다, 끼워 넣다 steel 강철 reinforce 강화하다, 강화시키다
bar 기둥, 막대기 component 구성 요소
tweak ① 비틀다 ② 수정[변경]하다

해설 ② 자릿값에 의해 동사 자리이고 construct는 타동사이므로 뒤에 목적어가 있어야 하는데 뒤에 목적어가 없으므로 construct는 수동의 형태를 취해야 한다. 따라서 constructed는 was constructed로 고쳐 써야 한다.
① 자릿값에 의해 동사 자리이고 collapse는 자동사이므로 항상 능동의 형태를 취해야 하고 또한 뒤에 과거표시부사구(in 2007)가 있으므로 과거시제 역시 어법상 적절하다.
③ 자릿값에 의해 준동사 자리이고 뒤에 목적어가 있으므로 능동의 형태 reinforcing은 어법상 옳다.
④ with A B 구문을 묻고 있다. tweaked 뒤에 목적어가 없으므로 과거 분사의 사용은 어법상 적절하다.

정답 ②

10 :
• p.121

밑줄 친 부분 중 어법상 옳은 것은?

① underline Having lost my money, I have to buy the valuable book.
② As underline being no class, he went to a movie with his best friend.
③ After underline having assured I had the idea, I called her again and again.
④ When underline turning on the computer, a new mail was found in the mailbox.

해석 ① 비록 내가 돈을 잃어버렸지만 나는 그 소중한 책을 사야 한다.
② 수업이 없었기 때문에 그는 그의 가장 좋은 친구와 함께 영화를 보러 갔다.
③ 내가 아이디어를 갖고 있다고 확신한 후 나는 그녀에게 계속 전화를 했다.
④ 컴퓨터를 켜 보니 편지함에 새로운 메일이 와 있었다.

어휘 valuable 소중한, 가치 있는   assure 확신시키다
again and again 계속   turn on 켜다

해설 ① Having lost my money를 절로 바꾸면 Though I lost my money가 되고 따라서 분사구문의 의미상 주어와 문맥상의 주어가 서로 일치하므로 주어가 생략된 분사구문의 사용은 어법상 적절하고 또한 돈을 잃어버린 것이 책을 사는 것보다 이전 일이기 때문에 완료시제의 사용 역시 어법상 옳다.
② 문맥상 being의 의미상 주어와 주절의 주어 he가 서로 일치하지 않기 때문에 어법상 적절하지 않다. 따라서 As being은 As there was로 고쳐 써야 한다.

③ assure는 that절을 목적어로 취할 때 4형식 구조(동사 + 간접목적어 +(that) S + V ~)여야 하고 뒤에 간접목적어가 없으므로 having assured는 수동의 형태 having been assured로 고쳐 써야 한다.
④ 문맥상 turning on의 의미상 주어와 주절의 주어 a new mail이 서로 일치하지 않기 때문에 어법상 옳지 않다. 따라서 When turning on은 When he turned on으로 고쳐 써야 한다.

정답 ①

11 :
• p.121

밑줄 친 부분 중 어법상 틀린 것은?

① I'm underline exhausted but I don't find a chair to sit on.
② Those who lay in the office are underline pleased to hear the news.
③ They are very underline interesting in learning a new language, not to mention math.
④ To be sure, everyone must be underline shocked to find out that she killed herself.

해석 ① 나는 피곤했지만 앉을 의자를 찾을 수 없었다.
② 그 사무실에 있는 사람들은 그 소식을 듣고 나서 기뻤다.
③ 그들은 수학은 말할 것도 없고 새로운 언어를 배운다는 것에 매우 큰 관심이 있다.
④ 확실히, 모든 사람들이 그녀가 자살했다는 사실을 알고서 충격에 빠졌음에 틀림없다.

어휘 exhausted 피곤한, 지친   please 기쁘게 하다
not to mention ~은 말할 것도 없이   to be sure 확실히

해설 ③ interest는 감정표현동사이고 They가 사람을 지칭하므로 interesting은 interested로 고쳐 써야 한다. 참고로 not to mention은 '말할 것도 없이'라는 뜻으로 독립부정사이다.
① exhaust는 감정표현동사이고 주체가 사람이므로 과거분사의 사용은 어법상 적절하고 또한 '앉을 의자'는 a chair to sit on이므로 to sit on의 사용 역시 어법상 옳다.
② please는 감정표현동사이고 주체가 사람이므로 과거분사의 사용은 어법상 적절하고 또한 완성된 문장 다음 부사 역할을 하는 to부정사(to hear)의 사용 역시 어법상 옳다.
④ shock은 감정표현동사이고 주체가 사람이므로 과거분사의 사용은 어법상 적절하고 또한 완성된 문장 다음 부사 역할을 하는 to부정사(to find)의 사용 역시 어법상 옳다. 참고로 to be sure는 '확실히'라는 뜻으로 독립부정사이다.

정답 ③

12 :
• p.121

밑줄 친 부분 중 어법상 틀린 것은?

① He is against the decision underline approved unanimously.
② His scheme for underline raising more money sounds frustrating.
③ The article underline reported in the journals was writing in haste.
④ It was very considerate underline for you to give a speech to the delegates.

해석 ① 그는 만장일치로 승인된 그 결정에 반대한다.
② 더 많은 돈을 올려야 한다는 그의 계획은 좌절스럽다.
③ 그 정기간행물에 보고된 그 기사는 급히 쓰였다.
④ 당신이 대표들에게 연설을 하는 것은 정말 사려 깊었다.

어휘 approve 승인하다   unanimously 만장일치로   scheme 계획
raise 올리다   frustrate 좌절시키다   article 기사
journal 정기 간행물   in haste 성급히   considerate 사려 깊은
give a speech 연설하다   delegate 대표, 대표자

해설 ④ 인성형용사 considerate가 앞에 있으므로 전치사 for는 of로 고쳐 써야 한다.
① 과거분사 approved가 후치수식(뒤에 목적어 없이 부사 unanimously가 있다)하는 구조이므로 어법상 적절하다.
② '전치사 + ⓥ-ing + 의미상 목적어' 구문을 묻고 있다. 따라서 raising의 사용은 어법상 옳다.
③ 과거분사 reported가 후치수식(뒤에 목적어 없이 전치사구 in the journals가 있다)하는 구조이므로 과거분사 reported의 사용은 어법상 적절하다.

정답 ④

13 : • p.122

다음 중 어법상 적절한 것은?
① She finally succeeded in <u>learn</u> how to read Latin.
② <u>Being</u> punctual definitely helped him practice to do it.
③ We are not capable of <u>definition</u> what was wrong with him.
④ We would appreciate your <u>letting</u> us know of any problems.

해석 ① 그녀는 마침내 라틴어를 읽는 방법을 배우는 데 성공했다.
② 시간을 정확하게 지키는 것이 분명히 그가 그것을 실행할 수 있도록 하는 데 도움이 되었다.
③ 우리는 그가 잘못한 것이 무엇인지 규정할 수 없다.
④ 어떤 문제라도 저희에게 알려주시면 고맙겠습니다.

어휘 succeed ① 성공하다 ② 계승하다 punctual 시간을 지키는[엄수하는] definitely 분명히, 틀림없이 practice ① 실천(실행)하다 ② 연습하다 be capable of ~할 수 있다 define ① 정의를 내리다 ② 규정하다 wrong 잘못된 appreciate ① 고마워하다 ② 인정하다 ③ 감상하다

해설 ④ appreciate 다음 동명사 letting은 어법상 적절하다.
① 전치사 in 다음 동사원형을 사용할 수 없고 뒤에 명사구 how to read가 있으므로 learn은 learning으로 고쳐 써야 한다.
② 동명사 주어 Being의 사용은 어법상 옳다.
③ 전치사 of 다음 명사 definition은 적절하지만 definition 뒤에 명사절(What was wrong with him)이 있으므로 definition은 defining으로 고쳐 써야 한다.

정답 ④

14 : • p.122

다음 우리말을 영어로 옮긴 것 중 밑줄 친 부분이 어법상 옳은 것은?
① 배달이 지연됨을 알리게 되어서 유감입니다.
→ I regret <u>informing</u> you that the delivery will be delayed.
② 내 기억에는 그가 나에게 그런 뻔뻔스러운 거짓말을 한 적이 없다.
→ I don't remember him <u>to tell</u> me such a direct lie.
③ 그는 선생님들에게 혼났던 것이 창피했다.
→ He was humiliated of his teachers' <u>having scolded</u> him.
④ 그녀는 나를 너무 화나게 해서 나는 그녀에게 소리치고 싶었다.
→ She made me so annoyed that I felt like <u>to shout</u> at her.

어휘 acquaintance 지인(知人) accompany ① 동행하다 ② 동반하다 direct ① 직접적인 ② 뻔뻔한 humiliate 창피하게 하다, 굴욕감을 주다 scold 꾸짖다, 혼내다 feel like ~ing ~하고 싶다

해설 ③ 전치사 of 다음 동명사 having scolded는 어법상 적절하고 뒤에 목적어 him이 있으므로 능동의 형태 역시 어법상 적절하다. 또한 동명사의 의미상 주어 his teachers'의 격 역시 소유격으로 어법상 옳다.
① 'regret + 동명사'는 과거사실에 대한 후회이므로 문맥상 적절하지 않다. 주어진 문장은 앞으로 일에 대한 유감이므로 regret 다음 informing은 to inform으로 고쳐 써야 한다.

② 'remember + to부정사'는 앞으로 해야 할 일에 대한 기억이므로 문맥상 적절하지 않다. 주어진 문장은 과거 사실에 대한 기억이므로 remember 다음 to tell은 telling으로 고쳐 써야 한다.
④ 'feel like ~ing' 구문을 묻고 있다. 따라서 to shout는 shouting으로 고쳐 써야 한다.

정답 ③

🔍 기출 문제

01 : • p.123

밑줄 친 부분 중 어법상 옳지 않은 것은?   2025. 2차 출제기조 전환 예시

Overpopulation may have played a key role: too much exploitation of the rain-forest ecosystem, on which the Maya depended for food, as well as water shortages, seems to _____ the collapse.

① contribute to
② be contributed to
③ have contributed to
④ have been contributed to

해석 과잉 인구가 핵심적인 역할을 했고 그로 인해 물 부족뿐만 아니라 음식을 위해 마야인들이 의존했던 열대 우림 생태계를 착취한 것이 그 붕괴에 기여했던 것으로 보인다.

어휘 overpopulation 과잉 인구 play a role 역할을 하다 key 핵심적인, 중요한 exploitation 착취 rain forest 열대우림 B as well as A A뿐만 아니라 B도 역시 shortage 부족 collapse 붕괴하다 contribute to ~에 기여하다

해설 빈칸 뒤에 목적어(collapse)가 있으므로 빈칸에는 능동의 표현이 있어야 하고 또한 과거사실에 대한 추측(may have played 〜)이 있으므로 문맥상 과거사실에 대한 내용이 빈칸에 와야 한다. 따라서 빈칸에 들어갈 말로 가장 적절한 것은 ③ have contributed to이다.

정답 ③

02 : • p.123

어법상 옳지 않은 것은?   2023. 국가직 9급

① All assignments are expected to be turned in on time.
② Hardly had I closed my eyes when I began to think of her.
③ The broker recommended that she buy the stocks immediately.
④ A woman with the tip of a pencil stuck in her head has finally had it remove.

해석 ① 모든 과제는 정시에 제출될 것으로 예상된다.
② 나는 눈을 감자마자 그녀에 대해 생각하기 시작했다.
③ 그 중개인은 그녀에게 즉시 주식을 살 것을 권했다.
④ 머리에 연필 끝이 박힌 여자가 마침내 그것을 제거했다.

어휘 assignment 과제 turn in 제출하다 broker 중개인 stock 주식 immediately 즉시 stick-stuck-stuck 찌르다, ~을 박다 remove 없애다 제거하다

해설 ④ 사역동사 have 다음 목적격 보어 자리에 원형부정사(to없는 부정사)의 사용은 능동의 형태로 뒤에 목적어(명사)가 위치해야 하는데 목적어가 없으므로 원형부정사 remove는 과거분사 removed로 고쳐 써야 한다.

① be expected 다음 to부정사의 사용은 어법상 적절하고 또한 과제가 '제출되는' 것이므로 수동부정사 to be turned in의 사용 모두 어법상 옳다.
② '~하자마자 ~했다'라는 의미인 'Hardly + had + S + p.p. ~ when + S + 과거동사' 구문의 사용은 어법상 적절하다.
③ 주요명제동사 recommend다음 that절에는 '(should) + 동사원형'이 있어야 하므로 주어 she 다음 조동사 should가 생략되어 동사원형 buy를 사용한 것은 어법상 옳다.

정답 ④

03 :
• p.123

우리말을 영어로 잘못 옮긴 것은?   2023. 지방직 9급

① 우리는 그의 연설에 감동하게 되었다.
　→ We were made touching with his speech.
② 비용은 차치하고 그 계획은 훌륭한 것이었다.
　→ Apart from its cost, the plan was a good one.
③ 그들은 뜨거운 차를 마시는 동안에 일몰을 보았다.
　→ They watched the sunset while drinking hot tea.
④ 과거 경력 덕분에 그는 그 프로젝트에 적합하였다.
　→ His past experience made him suited for the project.

어휘 touch 감동시키다 suit 적합하게하다, 알맞게 하다

해설 ① touch는 감정표현동사이고 주체가 사람이므로 touching은 touched로 고쳐 써야 한다.
② apart from은 '~은 차치하고'의 뜻으로 그 쓰임은 문맥상 적절하고 plan을 대신하는 부정대명사 one의 사용 역시 어법상 적절하다.
③ while 다음 they were가 생략된 구조로 drinking 다음 목적어 hot tea가 있으므로 drinking의 사용은 어법상 옳다.
④ 사역동사 make 다음 목적격 보어 자리에 과거분사 suited의 사용 (suited 뒤에 의미상 목적어가 없다)은 어법상 적절하다.

정답 ①

04 :
• p.124

어법상 옳은 것은?   2022. 국가직 9급

① A horse should be fed according to its individual needs and the nature of its work.
② My hat was blown off by the wind while walking down a narrow street.
③ She has known primarily as a political cartoonist throughout her career.
④ Even young children like to be complimented for a job done good.

해석 ① 말은 개별적 욕구와 말이 하는 일의 특성에 따라 먹이를 줘야 한다.
② 좁은 길을 따라 걷고 있는 동안 내 모자가 바람에 날아갔다.
③ 그녀는 일하는 동안 주로 정치 풍자만화가로 알려져 왔다.
④ 심지어 어린 아이들조차도 잘한 일에 대해 칭찬받기를 좋아한다.

어휘 feed ① 먹다 ② 먹이다 according to ~ 에 따라서, ~ 에 따르면 need 욕구 nature ① 본성, 특성 ② 자연 blow off ~ 을 날려버리다 narrow 좁은 primarily 주로 political 정치적인 cartoonist 만화가 throughout 도처에, ~ 동안, 쭉 내내 career ① 직업, 경력 ② 생활 compliment 칭찬하다

해설 ① feed의 수동형 be fed 뒤에 목적어가 없으므로 수동의 형태는 어법상 적절하고 전치사 according to 다음 명사의 사용과 horse를 대신하는 대명사 its 모두 어법상 적절하다.

② 접속사 while 다음 '주어 + be동사'가 생략될 때에는 문법상의 주어와 일치하거나 또는 접속사의 주어가 막연한 일반인일 때 생략가능한데 문법상의 주어(my hat)와 while 다음 주어가 문맥상 일치하지 않으므로 while walking의 사용은 어법상 적절하지 않다. 따라서 while walking은 while I was walking으로 고쳐 써야 한다.
③ 동사 has known의 목적어가 없으므로 수동의 형태가 필요하다. 따라서 has known은 has been known으로 고쳐 써야 한다.
④ 과거분사 done을 수식할 수 있는 것은 부사여야 하므로 형용사 good은 부사 well로 고쳐 써야 한다.

정답 ①

05 :
• p.124

우리말을 영어로 잘못 옮긴 것을 고르시오.   2021. 국가직 9급

① 커피 세 잔을 마셨기 때문에, 그녀는 잠을 이룰 수 없다.
　→ Having drunk three cups of coffee, she can't fall asleep.
② 친절한 사람이어서, 그녀는 모든 이에게 사랑받는다.
　→ Being a kind person, she is loved by everyone.
③ 모든 점이 고려된다면, 그녀가 그 직위에 가장 적임인 사람이다.
　→ All things considered, she is the best-qualified person for the position.
④ 다리를 꼰 채로 오랫동안 앉아 있는 것은 혈압을 상승시킬 수 있다.
　→ Sitting with the legs crossing for a long period can raise blood pressure.

어휘 raise 올리다 blood pressure 혈압

해설 ④ 'with A B' 구문을 묻고 있다. B 자리에 현재분사 crossing 다음 목적어가 없으므로 crossing은 crossed로 고쳐 써야 한다.
① 분사구문 Having drunk 다음 목적어가 있으므로 능동의 형태는 어법상 적절하고 커피를 마신 시점이 지금 현재 잠을 잘 수 없다는 시점보다 한 시제 앞서기 때문에 having p.p.(having drunk)의 사용 역시 어법상 적절하다.
② 분사구문의 의미상 주어와 문법상의 주어가 서로 같으므로 Being의 사용은 어법상 적절하고 is loved 다음 목적어가 없으므로 수동의 형태 역시 어법상 적절하다.
③ 분사구문 considered 다음 목적어가 없으므로 과거분사 considered의 사용은 어법상 적절하고 분사구문의 의미상 주어와 문법상의 주어가 서로 다르기 때문에 All things의 사용 역시 어법상 적절하다.

정답 ④

06 :
• p.124

우리말을 영어로 잘못 옮긴 것은?   2020. 국가직 9급

① 인간은 환경에 자신을 빨리 적응시킨다.
　→ Human beings quickly adapt themselves to the environment.
② 그녀는 그 사고 때문에 그녀의 목표를 포기할 수밖에 없었다.
　→ She had no choice but to give up her goal because of the accident.
③ 그 회사는 그가 부회장으로 승진하는 것을 금했다.
　→ The company prohibited him from promoting to vice-president.
④ 그 장난감 자동차를 조립하고 분리하는 것은 쉽다.
　→ It is easy to assemble and take apart the toy car.

어휘 human being 인간, 인류 adapt 적응시키다 have no choice but to ⓥ ⓥ할 수밖에 없다 prohibit A from B A가 B하는 것을 막다, 못하게 하다 promote 승진시키다 vice-president 부통령, 부회장 assemble 조립하다 take apart 분해하다, 분리하다

해설 ③ 'prohibit A from B(동명사/명사)' 구문은 어법상 적절하지만 promote는 타동사이므로 뒤에 의미상 목적어가 있어야 하는데 의미상 목적어가 없다. 따라서 promoting은 수동의 형태 being promoted로 고쳐 써야 한다.
① 주어와 동사의 수 일치 그리고 재귀대명사의 사용(주어와 목적어가 같다) 모두 어법상 옳다.
② 'have no choice but to ⓥ' 구문과 전치사 because of 다음 명사의 사용 모두 어법상 적절하다.
④ 가주어/진주어 구문의 사용과 병렬구조 그리고 to부정사의 의미상 목적어의 사용 모두 어법상 옳다.

정답 ③

07 :
• p.125

우리말을 영어로 잘못 옮긴 것은?   2020. 지방직 9급

① 나는 네 열쇠를 잃어버렸다고 네게 말한 것을 후회한다.
→ I regret to tell you that I lost your key.
② 그 병원에서의 그의 경험은 그녀의 경험보다 더 나빴다.
→ His experience at the hospital was worse than hers.
③ 그것은 내게 지난 24년의 기억을 상기 시켜준다.
→ It reminds me of the memories of the past 24 years.
④ 나는 대화할 때 내 눈을 보는 사람들을 좋아한다.
→ I like people who look me in the eye when I have a conversation.

해설 ① regret 다음 to부정사는 '앞으로 할 일에 대한 유감'을 나타내므로 '과거사실에 대한 후회'를 나타내는 우리말은 적절한 영작이 될 수 없다. 따라서 주어진 우리말을 영어로 적절하게 옮기려면 to tell을 telling으로 고쳐 써야 한다.
② 비교대상의 명사(experience)를 반복해서 사용하지 않으므로 소유대명사 hers의 사용은 어법상 적절하다.
③ 'remind A of B' 구문을 묻고 있다. 따라서 reminds me of의 사용은 어법상 적절하고 지난 24년간의 기억을 지금 현재 상기시켜 주는 것이기 때문에 현재시제의 사용 역시 어법상 옳다.
④ '보다/접촉동사 + 목적어 + 전치사 + the + 신체 일부' 구문을 묻고 있다. 따라서 look me in the eye의 사용은 어법상 적절하다.

정답 ①

08 :
• p.125

밑줄 친 부분 중 어법상 옳지 않은 것을 고르시오.   2019. 국가직 9급

Domesticated animals are the earliest and most effective 'machines' ① available to humans. They take the strain off the human back and arms. ② Utilizing with other techniques, animals can raise human living standards very considerably, both as supplementary foodstuffs (protein in meat and milk) and as machines ③ to carry burdens, life water, and grind grain. Since they are so obviously ④ of great benefit, we might expect to find that over the centuries humans would increase the number and quality of the animals they kept. Surprisingly, this has not usually been the case.

해석 길들여진 동물은 인간이 이용할 수 있는 가장 오래되고 효율적인 '기계'이다. 그들은 인간의 등과 팔의 긴장을 없애준다. 다른 기술들을 이용해서 고기와 우유에 있는 단백질을 제공하는 보조 식품으로서 그리고 짐과 물을 나르고, 곡식을 가는 기계로서도 가축들은 인간의 생활수준을 매우 크게 높일 수 있다. 가축들은 분명히 매우 이익이 되기 때문에, 우리는 수세기에 걸쳐 인간이 기르고 있는 동물의 수와 품질을 증가시켰을 것이라 기대할 것이다. 놀랍게도, 이것은 보통 그렇지 않았다.

어휘 domesticated 길들여진 available 이용 가능한 strain 긴장 utilize 이용하다, 활용하다 raise 올리다 living standard 생활수준 considerably 상당히, 아주, 매우 supplementary 보조의 foodstuff 식품 protein 단백질 burden 짐, 부담 grind 갈다 grain 곡식, 곡물 obviously 분명히, 명백하게

해설 ② 자릿값에 의해 준동사 자리이고 뒤에 목적어가 없으므로 utilizing은 utilized로 고쳐 써야 한다.
① 명사를 후치수식하는 형용사 available은 어법상 적절하다.
③ 명사를 후치수식하는 형용사 역할을 하는 to부정사(to carry)의 사용은 어법상 옳다.
④ 'of + 추상명사'는 형용사(of benefit→beneficial)의 역할을 하므로 be동사의 보어 역할은 어법상 적절하고 이 형용사를 수식하는 부사 obviously의 사용 역시 어법상 옳다.

정답 ②

09 :
• p.125

우리말을 영어로 옳게 옮긴 것은?   2018. 지방직 9급

① 그는 며칠 전에 친구를 배웅하기 위해 역으로 갔다.
→ He went to the station a few days ago to see off his friend.
② 버릇없는 그 소년은 아버지가 부르는 것을 못 들은 체했다.
→ The spoiled boy made it believe he didn't hear his father calling.
③ 나는 버팔로에 가본 적이 없어서 그곳에 가기를 고대하고 있다.
→ I have never been to Buffalo, so I am looking forward to go there.
④ 나는 아직 오늘 신문을 못 읽었어. 뭐 재미있는 것 있니?
→ I have not read today's newspaper yet. Is there anything interested in it?

어휘 see off 배웅하다 spoiled ① 버릇없는 ② 망친 make believe (that) ~인 체하다 look forward to ⓥ-ing/ⓝ ~를 학수고대하다

해설 ① 과거표시 부사 ago가 있으므로 과거시제 went는 어법상 적절하고 완성된 문장 다음 부사 역할을 하는 to ⓥ인 to see off(배웅하다) 역시 어법상 옳다.
② 지각동사 hear 다음 calling 뒤에 목적어가 없으므로 목적격 보어 역할을 하는 calling은 수동의 형태 called로 고쳐 써야 한다.
③ look forward to 다음에는 동명사나 명사가 위치해야 하므로 go는 going으로 고쳐 써야 한다.
④ interest는 감정표현동사이므로 사물이 주체일 때에는 ⓥ-ing가 필요하다. interest의 주체가 anything(사물)이므로 interested는 interesting으로 고쳐 써야 한다.

정답 ①

PART 03 연결사

CHAPTER 01 관계사

확인학습 문제

01 :
• p.130

밑줄 친 부분에 들어갈 말로 가장 적절한 것은?

Korea has many rivers _____ advantages are various.

① which   ② who
③ whose   ④ whom

[해석] 한국에는 다양한 이점을 가진 많은 강들이 있다.

[해설] 빈칸 다음 무관사 명사가 있고 명사 다음 주어가 없는 불완전한 문장이 이어지므로 빈칸에 들어가기에 가장 적절한 것은 ③ whose이다.

[정답] ③

02 :
• p.130

밑줄 친 부분 중 어법상 옳은 것은?

① He has a few relatives <u>who are</u> famous.
② I have the watch <u>whose the</u> band is made of leather.
③ He loves three women <u>which don't</u> love him any more.
④ He removed the old wallpaper <u>who</u> design was terrible.

[해석] ① 그는 유명한 친척들이 조금 있다.
② 나는 가죽 끈이 달린 손목시계가 있다.
③ 그는 그를 더 이상 사랑하지 않는 세 여인을 사랑한다.
④ 그는 형편 없는 디자인의 벽지를 제거했다.

[어휘] relative 친척   leather 가죽   remove 없애다, 제거하다   floral 꽃무늬의, 꽃으로 만든

[해설] ① 선행사가 사람(relatives)이므로 관계대명사 who의 사용은 어법상 적절하고 또한 선행사가 복수명사 이므로 who 다음 복수동사 are의 사용도 역시 어법상 옳다.
② 소유격 관계대명사 whose 다음에 나오는 명사는 앞에 한정사가 없어야 하는데 명사 band 앞에 정관사 the가 있으므로 정관사 the를 없애야 한다.
③ 선행사가 사람(three women)이므로 관계대명사 which의 사용은 어법상 적절하지 않다. 따라서 which를 who로 고쳐 써야 한다.
④ 선행사가 사물이므로 관계대명사 who는 사용할 수 없다. 따라서 문맥상 who는 whose로 고쳐 써야 한다.

[정답] ①

03 :
• p.130

밑줄 친 부분 중 어법상 옳은 것은?

① I met a friend <u>who I liked him</u> too much.
② This is the man <u>whose son</u> stands on the hill.
③ I don't want to marry the woman <u>which</u> is not pretty.
④ The student <u>whom</u> is handsome is really smart and nice.

[해석] ① 나는 내가 매우 좋아하는 친구를 만났다.
② 이 사람이 저 언덕 위에 서 있는 아들을 둔 남자이다.
③ 나는 예쁘지 않은 그 여자와 결혼하고 싶지 않다.
④ 잘생긴 그 학생은 정말로 똑똑하고 친절하다.

[어휘] hill 언덕

[해설] ② 소유격 관계대명사 whose의 선행사가 사람이고 whose 다음 무관사명사 son이 이어지므로 whose son의 사용은 어법상 적절하다.
① 선행사가 사람이므로 관계대명사 who의 사용은 어법상 옳지만 who 다음 문장 구조가 완전하므로 어법상 적절하지 않다. 문맥상 him을 없애야 한다.
③ 선행사가 사람이므로 관계대명사 which의 사용은 불가하다. 따라서 which는 관계대명사 who로 고쳐 써야 한다.
④ 선행사가 사람이므로 관계대명사 목적격 whom은 사용 가능하지만 whom 뒤에 바로 동사가 이어지므로 관계대명사 주격이 필요한 자리이다. 따라서 whom은 주격 관계대명사 who로 고쳐 써야 한다.

[정답] ②

04 :
• p.130

밑줄 친 부분에 들어갈 말로 가장 적절한 것은?

The owner decided to fire some employees in his company _____ unable to do their best.

① who is   ② who are
③ which is   ④ which are

[해석] 그 오너는 최선을 다할 수 없는 회사의 몇몇 근로자들을 해고하기로 결심했다.

[어휘] decide 결심하다   employee 근로자   unable 할 수 없는   do one's bset 최선을 다하다

[해설] 문맥상 선행사가 employees이므로 관계대명사는 who가 필요하고 또한 선행사가 복수명사이므로 관계사절에도 복수동사가 필요하다. 따라서 빈칸에 들어가기에 가장 적절한 것은 ② who are이다.

[정답] ②

05 :
• p.133

다음 빈칸에 들어갈 말로 가장 적절한 것은?

Baseball is the only sport _____ I'm interested in.

① that   ② which
③ whose   ④ whom

[해석] 야구는 내가 관심이 있는 유일한 스포츠이다.

[어휘] only ① 유일한 ② 단지, 다만, 오직

[해설] 빈칸 앞에 사물명사가 있고 빈칸 다음 문장 구조가 불완전(전치사 in 다음 목적어가 없다)하므로 관계대명사 which나 that이 필요한데 선행사에 the only가 있으므로 관계대명사 which 대신 that이 필요하다. 따라서 정답은 ①이 된다.

[정답] ①

PART 03 연결사   265

06
• p.133

다음 빈칸에 들어갈 말로 가장 적절한 것은?

> Silences make the real conversations between friends. Not the saying but the never needing to say is _____ counts.

① that
② which
③ who
④ what

[해석] 침묵은 친구 사이에 진정한 대화를 가능하게 한다. 말을 하는 것이 아니라 결코 말할 필요가 없다는 것이 중요한 것이다.

[어휘] not A but B A가 아니라 B다 count 세다; 중요하다

[해설] 빈칸 다음에는 불완전한 문장(주어가 없다)이 이어지고 빈칸 앞에 선행사가 없으므로 관계대명사 what이 필요하다. 따라서 정답은 ④가 된다.

[정답] ④

07
• p.134

밑줄 친 부분에 들어갈 말로 가장 적절한 것은?

> It is very difficult to find clothes in Indonesia that _____ me. What is a medium size in Korea is a large size here.

① fit
② fits
③ to fit
④ fitting

[해석] 인도네시아에서는 내게 맞는 옷을 찾는 것이 어렵다. 한국에서 미디엄 사이즈는 여기에서는 라지 사이즈이다.

[어휘] clothes 옷 fit ① 맞다 ② 맞추다

[해설] 자릿값에 의해 동사 자리이고 주격 관계대명사 다음 동사는 선행사와 수 일치시켜야 하는데 문맥상 선행사는 Chicago가 아니라 clothes(복수명사)이므로 빈칸에 들어가기에 가장 적절한 것은 ① fit이다.

[정답] ①

08
• p.134

밑줄 친 부분 중 어법상 가장 적절한 것은?

① She spent all the money <u>which</u> she had then.
② This is the oldest building <u>that</u> I have ever seen.
③ This is the house for <u>that</u> I am looking all the way.
④ The professor gave us the solution we want to know <u>it</u>.

[해석] ① 그녀는 그 당시에 그녀가 가지고 있던 모든 돈을 써버렸다.
② 이것은 내가 봤던 것 중 가장 오래된 건물이다.
③ 이 집이 (바로) 내가 늘 찾고 있는 집이다.
④ 그 교수님이 우리가 알고 싶은 해결책을 주었다.

[어휘] then 그 당시에(는), 그때에는 look for 찾다, 구하다 take a walk 산책하다

[해설] ② 선행사가 최상급(the oldest)의 수식을 받고 있으므로 관계대명사 that의 사용은 어법상 적절하다.
① 선행사 자리에 all이 있으므로 관계대명사 that이 필요하다. 따라서 which는 that으로 고쳐 써야 한다.
③ 관계대명사 that은 전치사와 함께 사용할 수 없으므로 관계대명사 that은 which로 고쳐 써야 한다.
④ solution 다음 목적격 관계대명사 that이 생략된 구조로 solution 다음 문장 구조가 완전하므로 어법상 적절하지 않다. 따라서 it을 없애야 한다.

[정답] ②

09
• p.137

다음 빈칸에 들어갈 말로 가장 적절한 것은?

> In the aircraft I saw a man _____ I thought was a criminal.

① whom
② where
③ which
④ who

[해석] 비행기에서 나는 내 생각에 범인 같은 사람을 보았다.

[어휘] aircraft 비행기, 항공기 criminal 범죄자

[해설] 삽입절 I thought 다음에 이어지는 문장에서 주어 자리가 비어 있으므로 빈칸은 주격 관계대명사 who의 사용이 적절하다. 따라서 정답은 ④가 된다.

[정답] ④

10
• p.137

다음 빈칸에 들어갈 말로 가장 적절한 것은?

> The subject _____ I am interested is English.

① in that
② in which
③ at what
④ at whom

[해석] 내가 관심을 가지고 있는 과목은 영어이다.

[어휘] subject ① 과목 ② 주제 ③ 피험자, 피실험자

[해설] 빈칸 앞에 선행사가 있고 뒤에 문장 구조가 완전하므로 '전치사 + 관계대명사'가 필요하다. 관계대명사 that은 전치사와 함께 사용할 수 없으므로 정답이 될 수 없고 또한 선행사가 사물이므로 what이나 whom 역시 정답이 될 수 없다. 따라서 빈칸에 들어가기에 가장 적절한 것은 ② in which이다.

[정답] ②

11
• p.137

밑줄 친 부분 중 어법상 틀린 것을 고르시오.

① This is the bike of <u>which</u> I spoke in the class.
② She chose the man <u>whom</u> people guessed she liked.
③ My mentor about <u>whom</u> I mentioned you before is over there.
④ Let me think about <u>which</u> you proposed the position to me.

[해석] ① 이것이 내가 수업시간에 말했던 그 자전거이다.
② 사람들이 추측하건대 그녀는 자신이 좋아했던 사람을 선택했다.
③ 내가 전에 언급했던 나의 멘토가 저기 저쪽에 있다.
④ 당신이 제안한 것에 대해 생각해 보겠다.

[어휘] choose-chose-chosen 선택하다 propose 제안하다 position ① 위치 ② 직위, 직책

[해설] ④ 관계대명사 which의 선행사가 없으므로 이 문장은 어법상 틀린 문장이다. 문맥상 이 문장은 which 대신 what을 사용해야 하고 뒤에 position도 없어야 한다.
① 선행사가 사물명사 bike이므로 관계대명사 which의 사용은 어법상 적절하고 of which 다음 문장 구조가 완전(주어 I가 있고 spoke는 자동사이다)하므로 이 문장은 어법상 옳다.
② 선행사가 사람(the man)이고 liked의 목적어가 없으므로 목적격 관계대명사 whom의 사용은 어법상 적절하다. 참고로 people guessed는 삽입절이다.
③ 선행사가 사람(mentor)이므로 관계대명사 whom의 사용은 어법상 적절하고 about whom 다음 문장 구조가 완전(주어 I가 있고 mentioned의 목적어 you가 있다)하므로 이 문장은 어법상 옳다.

[정답] ④

12 ⋮
• p.140

다음 빈칸에 들어갈 말로 가장 적절한 것은?

> Let's compare two slogans, _____ try to get us to think of chocolate products as healthy foods rather than as indulgences.

① both of which
② of which both
③ either of which
④ of which either

해석 두 슬로건들을 비교해 보면, 이 둘은 모두 우리로 하여금 초콜릿 제품을 탐닉의 대상이라기보다는 오히려 건강식품으로 생각하게 하려 하고 있다.

어휘 compare 비교하다 slogan 슬로건 product 제품, 상품 indulgence 탐닉(의 대상)

해설 ,(comma) 다음 '부정대명사 + of + 관계대명사' 구문을 묻고 있다. both와 either의 위치가 of which 앞에 있으므로 ①과 ③이 가능하지만 수 일치시킬 동사가 try이므로 복수명사를 나타내는 ① both of which가 정답이 된다.

정답 ①

13 ⋮
• p.140

밑줄 친 부분 중 어법상 옳은 것은?

① I ought to have introduced <u>what</u> I did then to you.
② <u>That</u> happens in a particular period has significant effects.
③ There are several prisoners, half of <u>which</u> are not aware of it.
④ Thank you for <u>which</u> you have always done for my wife and children.

해석 ① 나는 그 당시에 내가 했던 것을 소개했어야만 했다.
② 특정 기간에 발생하는 것은 상당한 영향력을 갖는다.
③ 몇몇 죄수들이 있는데 그들 중 절반은 그것을 깨닫지 못한다.
④ 당신이 늘 나의 아내와 아이들에게 해준 것에 대해 감사드립니다.

어휘 ought to(should) have + p.p ~ 했어야 했는데 particular 특별한 period 기간 significant ① 상당한, 꽤 많은 ② 중요한 수감자 several 몇몇 prisoner 죄수, 수감자 be aware of ~을 알다[깨닫다, 인식하다]

해설 ① what 앞에 선행사가 없고 뒤에 문장 구조가 불완전(did의 목적어가 없다)하므로 관계대명사 what의 사용은 어법상 적절하다.
② That 앞에 선행사가 없으므로 That은 접속사인데 That 다음 문장 구조가 불완전(주어가 없다) 하므로 어법상 적절하지 않다. 따라서 접속사 That을 관계대명사 What으로 고쳐 써야 한다.
③ '명사, 부정대명사 of which(whom)' 구조를 묻고 있다. 선행사가 prisoners(수감자), 즉 사람이므로 관계대명사 which는 whom으로 고쳐 써야 한다.
④ which 앞에 선행사가 없고 뒤에 문장 구조가 불완전 (have done의 목적어가 없다)하므로 관계대명사 which는 관계대명사 what으로 고쳐 써야 한다.

정답 ①

14 ⋮
• p.142

[ ] 안에 어법상 알맞은 것을 고르시오.

> 1. I remember the way [in which / how] you solve the problem.
> 2. They spotted a shark in the sea [which / where] they were invited.
> 3. I remembered the day [which / when] we first met him.
> 4. This is the reason [why / which] keeps him form attending the class.
> 5. I would like to live in a community [which / where] there are parks.

1. **해석** 나는 당신이 그 문제를 해결한 방법을 기억한다.
   해설 선행사 the way는 관계부사 how와 같이 사용할 수 없다. 따라서 in which가 정답이 된다.

2. **해석** 그들은 그들이 초대된 바다에서 상어 한 마리를 발견했다.
   어휘 spot 발견하다
   해설 관계사 뒤의 문장 구조가 완전하므로 관계부사(where)가 정답이 된다.

3. **해석** 나는 우리가 그를 처음 만났던 날을 기억했다.
   해설 관계사 뒤의 문장 구조가 완전하므로 관계부사(when)가 정답이 된다.

4. **해석** 이게 바로 그가 수업에 참석하지 못한 이유다.
   어휘 keep A from B A가 B하는 것을 막다, 못하게 하다
   해설 관계사 뒤의 문장 구조가 불완전(주어가 없다)하므로 관계대명사 (which)가 정답이 된다.

5. **해석** 나는 공원이 있는 지역[이웃]에 살기를 바란다.
   해설 관계사 뒤 문장 구조가 완전하므로 관계부사(where)가 정답이 된다.

15 ⋮
• p.142

다음 빈칸에 들어갈 말로 가장 적절한 것은?

> The conditions _____ these fine works were created were very bad.

① whose
② which
③ where
④ that

해석 이 걸작들이 만들어진 환경은 매우 열악했다.

어휘 condition 상태; 환경 fine works 우수한 작품, 걸작 create 창조하다, 만들어내다

해설 빈칸 다음 완전한 문장 구조(주어가 있고 동사가 be+p.p이다)가 이어지므로 관계부사 where가 필요하다. 따라서 ③이 정답이 된다.

정답 ③

16 :   • p.146

[ ] 안에서 알맞은 것을 고르시오.

> 1. I'll take [whoever / whenever] wants to go with me.
> 2. [Whatever / Whenever] you may visit him, you'll find him reading something.
> 3. [Whichever / Wherever] road you may take, you'll come to the same place.
> 4. She leaves the window open, [however / whoever] cold it is outside.
> 5. I'll give the ticket to [whoever / whomever] you recommend.
> 6. However [rich he may be / he may be rich], he is never happy.

1. **해석** 나와 가고 싶은 사람은 누구든지 내가 데려갈 것이다.
   해설 복합관계사 다음의 문장 구조가 불완전므로 복합관계대명사 whoever가 적절하다.

2. **해석** 당신이 그를 방문할 때마다, 당신은 그가 뭔가 읽고 있는 것을 보게 될 것이다.
   해설 복합관계사 다음에 뒤따르는 문장이 완전므로 복합관계부사 Whenever가 적절하다.

3. **해석** 어떤 길을 당신이 선택하더라도, 당신은 같은 곳으로 가게 될 것이다.
   해설 복합관계대명사 whichever는 명사를 수식할 수 있다. 따라서 road를 수식하는 whichever가 정답이 된다.

4. **해석** 그녀는 창문을 열어 두었는데, 바깥이 얼마나 춥든지 상관없었다.
   해설 복합관계부사 however는 형용사를 수식할 수 있다. 따라서 cold를 수식하는 however가 정답이 된다.

5. **해석** 나는 당신이 추천한 누구에게나 그 티켓을 주겠다.
   해설 복합관계대명사의 격을 묻고 있다. 뒤의 문장에서 recommend의 목적어가 없으므로 목적격이 필요하다. 따라서 whomever가 정답이 된다.

06. **해석** 그가 아무리 부자일지라도 그는 절대로 행복하지 않다.
   해설 복합관계부사 However는 be동사의 보어가 바로 뒤에 위치해야 하므로 rich he may be가 정답이 된다.

17 :   • p.146

밑줄 친 부분 중 어법상 옳은 것은?

① <u>Whomever</u> this dog belongs to needs to use a leash.
② <u>Whomever</u> wants the last two pieces are able to have them.
③ Harry should give the award to <u>whomever</u> he thinks deserves it.
④ <u>Whomever</u> gets to the restaurant first should put our name on the list.

해석 ① 이 개를 소유하는 사람은 누구든지 목줄 사용을 필요로 한다.
② 나머지 두 조각을 원하는 사람은 누구든지 그것을 먹을 수 있다.
③ 해리는 그가 생각하기에 그 상을 받을만한 사람에게 그 상을 주어야 한다.
④ 식당에 먼저 도착하는 사람이 목록에 우리 이름을 올려놔야한다.

어휘 belong to ① ~ 에 속하다 ② ~ 의 소유이다 leash (개의)목줄 award 상 deserve ~ 받아 마땅하다

해설 ① belongs to의 목적어가 없으므로 Whomever의 사용은 어법상 적절하고 Whomever절이 명사절 역할(주어 역할)을 하므로 단수동사 needs의 사용 모두 어법상 옳다.
② wants의 주어가 없으므로 Whomever는 Whoever로 고쳐 써야 한다.

③ deserve의 주어가 없으므로 whomever는 whoever로 고쳐 써야 한다. 참고로, he thinks는 삽입절로 사용되었다.
④ gets의 주어가 없으므로 Whomever는 Whoever로 고쳐 써야 한다.

정답 ①

18 :   • p.146

다음 밑줄 친 (A)와 (B)에 들어가기에 가장 적절한 것은?

> Many people thought ___(A)___ hard she may work, she could not finish it. However, she always made it ___(B)___ she chose. Due to her ability, she shined everywhere.

	(A)	(B)
①	whenever	whatever
②	whenever	wherever
③	however	whatever
④	however	wherever

해석 많은 사람들은 그녀가 아무리 열심히 일한다하더라도 그 일을 끝낼 수 없다고 생각했다. 하지만 그녀는 자신이 선택한 것은 무엇이든지 그것을 늘 해냈다. 그녀의 능력 때문에 그녀는 어디든지 빛이 났다.

어휘 hard ① 딱딱한 ② 힘든, 어려운 ③ 열심히
however ① (,없을 때) 비록 ~ 일지라도 ② (,있을 때) 그러나
due to ~ 때문에 ability 능력 shine 빛나다

해설 (A) 다음 부사 hard가 바로 이어지므로 however가 필요하다.
(B) 다음 문장 구조가 불완전하므로(동사 chose의 목적어가 없다) 복합관계대명사 whatever가 필요하다.

정답 ③

CHAPTER 02 **관계사**

💡 **실전 문제**

01 :   • p.147

다음 밑줄 친 부분에 들어갈 말로 가장 적절한 것은?

> Let me explain the themes, some _____ important.

① of whom is   ② of which is
③ of whom are   ④ of which are

해석 그 주제를 설명하겠는데, 그중 몇몇은 중요하다.

어휘 theme 주제

해설 themes가 사물명사이므로 관계대명사 which가 필요하고 부분주어 some of 다음 which가 대신하는 명사가 복수명사(themes)이므로 복수동사가 필요하다. 따라서 밑줄 친 부분에 들어갈 말로 가장 적절한 것은 ④ of which are이다.

정답 ④

02 :　　　　　　　　　　　　　　　　　• p.147

밑줄 친 부분 중 어법상 옳지 않은 것을 고르시오.

> ① That Freud ② who was an originator of psychoanalysis discovered ③ was the scientific method by ④ which the unconscious can be studied since the poets and philosophers discovered the unconscious before him.

[해석] 그보다 전에 시인들과 철학자들이 무의식을 발견했으므로, 심리분석의 창시자인 프로이드가 발견한 것은 무의식이 연구 가능할 수 있는 과학적인 방법이었다.

[어휘] philosopher 철학자　unconscious 무의식적인　originator 창시자
psychanalysis 심리분석　method 방법

[해설] ① 접속사 that 다음 문장 구조가 불완전(discovered 다음 목적어가 없다)하므로 that을 what으로 고쳐 써야 한다.
② 선행사가 사람(Freud)이고 뒤에 주어가 없으므로 관계대명사 who의 사용은 어법상 적절하다.
③ 명사절(What Freud ~ discovered)이 주어 자리에 있으므로 단수 동사 was의 사용은 어법상 옳다.
④ 관계대명사 which 앞에 전치사 by가 있고 which 다음 문장 구조가 완전(주어가 있고 동사가 수동태이다)하므로 which의 사용은 어법상 옳다.

[정답] ①

03 :　　　　　　　　　　　　　　　　　• p.147

밑줄 친 부분 중 가장 적절한 것을 고르시오.

> Among the few things certain about the next century ① which it will be wired, networked and global ② is our problem. Because national borders will be able to block the flow of information and innovation, the societies ③ what thrive will become those which ④ is uncomfortable with openness and with the free flow of services, goods and ideas.

[해석] 선이 갈리고, 망처럼 연결되고, 세계화될 것이라는 다음 세기에 관한 확실한 몇 가지 중에 우리의 문제점이 있다. 국경선이 정보와 혁신의 흐름을 봉쇄할 수 있기 때문에, 번창하는 사회란 개방성 그리고 서비스, 상품 그리고 아이디어의 자유로운 흐름이 불편해지는 사회가 될 것이다.

[어휘] wire ① 철사, 선 ② 연결하다　border 국경　block 차단하다
thrive 번성[번창]하다　flow 흐름, 흐르다　goods 상품

[해설] ② 문두에 장소를 나타내는 전치사구(Among ~)가 위치하고 1형식 동사 is가 있으므로 주어와 동사가 도치된 구조로, 주어가 단수명사 problem이므로 단수동사 is의 사용은 어법상 적절하다.
① 관계대명사 which 다음 문장 구조가 완전하므로 which의 사용은 어법상 적절하지 않다. 따라서 문맥상 which는 관계부사 when으로 고쳐 써야 한다.
③ 관계대명사 what 앞에 선행사 societies가 있으므로 어법상 적절하지 않다. 따라서 what은 which나 that으로 고쳐 써야 한다.
④ which의 선행사가 those(복수대명사)이므로 주격 관계대명사의 동사는 복수동사여야 한다. 따라서 is는 are로 고쳐 써야 한다.

[정답] ②

04 :　　　　　　　　　　　　　　　　　• p.148

밑줄 친 부분 중 어법상 옳지 않은 것을 고르시오.

> Ms. Sheila is an English teacher and her voice is very husky, but she is one of the very few teachers ① who I know ② are able to control their classes without raising voice. That is an ability ③ which children appreciate highly. In fact, psychological control of students is the best field ④ that she is interested in.

[해석] Sheila 선생님은 목소리가 매우 허스키한 영어 선생님이지만, 내가 알기론 목소리를 높이지 않고도 학급을 통제할 수 있는 아주 드문 선생님 중 한 분이며, 그것은 아이들이 (선생님의) 진가를 높이 인정하는 능력이다. 사실상 학생들의 심리적 통제가 그녀가 관심 있는 최고의 분야야.

[어휘] control 통제하다　raise 높이다, 올리다　ability 능력
appreciate ① (진가를)인정하다 ② 고마워하다 ③ 감상하다
psychological 심리적인　field 분야

[해설] ① 삽입절 I know 뒤에 불완전한 문장 구조(주어가 없다)가 이어지고, 선행사 자리에 the very가 있으므로 주격 관계대명사 who는 that으로 고쳐 써야 한다.
② I know는 삽입절이고 주격 관계 대명사의 선행사가 복수명사 teachers이므로 복수동사 are의 사용은 어법상 적절하다.
③ 관계대명사 which 앞에 사물명사가 있고 뒤에 문장 구조가 불완전(동사 appreciate의 목적어가 없다)하므로 관계대명사 which의 사용은 어법상 적절하다.
④ that 다음 문장 구조가 불완전(전치사 in의 목적어가 없다)하고 선행사 자리에 최상급 the best가 있으므로 관계대명사 that의 사용은 어법상 적절하다.

[정답] ①

05 :　　　　　　　　　　　　　　　　　• p.148

밑줄 친 부분 중 어법상 옳지 않은 것을 고르시오.

> Mr. Becket employs ten graphic illustrators, all of ① whom consist of women. One of them ② has a lot of professional books, some of ③ which are really useful to Mr. Becket. So, he also hires a few private security detectives, half of ④ whom has an eye out for the valuables.

[해석] Mr. Becket는 10명의 그래픽 삽화가들을 고용하고 그들 모두 여성이다. 그들 중 한 명은 많은 전문서적을 가지고 있는데 그 책들 중 일부는 Mr. Becket에게 아주 소중하다. 그래서 그는 또한 몇몇 사설 경호원들을 고용하는데 그들 중 절반이 그 소중한 책들을 감시한다.

[어휘] illustrator 삽화가　consist of ~로 구성되다　hire 고용하다
private-security detective 사설 경호원
have an eye out for ~을 감시하다

[해설] ④ whom 앞에 선행사가 사람(detective)이므로 관계대명사 whom은 어법상 적절하지만 half가 부분주어이고 전치사 of 다음 whom이 지칭하는 명사가 detectives(복수명사)이므로 has는 복수동사 have로 고쳐 써야 한다.
① whom 앞에 선행사가 사람(illustrator)이므로 관계대명사 whom의 사용은 어법상 적절하고 all이 사람을 지칭하므로 복수동사 consist의 사용 역시 어법상 옳다.
② 주어가 단수명사(one)이므로 단수동사 has의 사용은 어법상 적절하다.

③ which 앞에 선행사가 사물(book)이므로 관계대명사 which는 어법 상 적절하고 some이 부분주어이고 전치사 of 다음 which가 지칭하는 명사가 books(복수명사)이므로 복수동사 are의 사용도 어법상 옳다.

정답 ④

06 :
· p.148

밑줄 친 부분 중 어법상 옳지 않은 것을 고르시오.

Books ① which are gateways into other minds and other people are valuable to us. Through them we can escape from the narrow little world ② which we reside and from fruitless brooding over our own selves. An evening spent reading great books for our mind is like ③ what a holiday in the mountains does for our bodies. We come down from the mountains stronger, we need our lungs and our mind which are cleansed of all impurities, and we prepare the courage ④ that we have to face on the plains of daily life.

해석 책은 다른 사람의 마음으로 통하는 우리의 통로이다. 책들을 통해 우 리는 우리만이 사는 좁은 세상과 혼자서는 아무리 노력해도 풀리지 않 는 마음앓이에서 벗어날 수 있다. 우리의 마음을 위해 저녁에 좋은 책 을 읽는 것은 휴일에 산에 올라가는 것이 몸에 좋은 작용을 하는 것과 마찬가지이다. 우리는 산에서 내려오면서 더 튼튼해지고 우리의 폐나 마음은 더러운 것에서 씻겨지며 평범한 일상생활의 대처할 수 있는 용 기를 준비한다.

어휘 gateway 통로 escape from ~로부터 벗어나다 narrow 좁은
fruitless 결실 없는 brood over 되씹다, 곱씹다 lung 폐
cleanse 깨끗이 하다 impurity 불순함 battle 전쟁, 전투
on the plains of 평범한

해설 ② 선행사가 사물(world)이므로 관계대명사 which는 어법상 적절하 지만 뒤에 문장 구조가 완전(주어가 있고 동사가 자동사이다)하므로 which는 관계부사 where로 고쳐 써야 한다.
① 선행사가 사물(books)이므로 관계대명사 which는 어법상 적절하 고 또한 뒤에 문장 구조가 불완전(주어가 없다)하므로 관계대명사 which는 어법상 적절하다.
③ 선행사가 없고 뒤에 문장 구조가 불완전(동사 does의 목적어가 없 다)하므로 '전치사 + 관계대명사(like what)'의 사용은 어법상 옳다.
④ 선행사가 사물(courage)이고 또한 뒤에 문장 구조가 불완전(동사 face의 목적어가 없다)하므로 관계대명사 that의 사용은 어법상 적절 하다.

정답 ②

07 :
· p.149

밑줄 친 부분 중 어법상 옳지 않은 것을 고르시오.

Euthanasia is generally referred to mercy killing, the voluntary ending of the life of someone ① that is terminally or hopelessly ill. Euthanasia has become a legal, medical and ethical issue over which opinion is divided. Euthanasia can be either active or passive. Active euthanasia means a physician or other medical personnel take a deliberate action ② which will induce death. Passive euthanasia means letting a patient die for lack of treatment or suspending treatment ③ which has begun. A good deal of controversy about mercy killing stems from the decision-making process. Who decides if a patient is to die? This issue had not been established legally in the united States. The matter is left to state law, ④ that usually allows the physician to be in charge of suggesting the option of death to a patient's relatives, especially if the patient is brain-dead.

해석 안락사는 일반적으로 말기의 질병 혹은 희망이 없는 질병에 걸린 사람 의 목숨을 자발적으로 끝내는 것, 즉 자비로운 죽음으로 일컬어진다. 안락사는 의견이 분분한 법률적, 의학적, 윤리적인 문제가 되었다. 안 락사는 능동적인 안락사 혹은 수동적인 안락사로 나뉘어진다. 능동적 인 안락사는 의사 또는 기타 의료진이 죽음을 유도하는 의도적인 조치 를 취하는 것을 의미한다. 수동적인 안락사는 치료를 제대로 하지 않 거나 시작된 치료를 중단함으로써 환자가 사망에 이르게 하는 것을 의 미한다. 안락사에 대한 많은 논쟁은 의사결정 과정에서 비롯된다. 만 약 환자가 죽게 된다면 누가 결정한단 말인가? 이 논쟁은 미국에서 법 적으로 해결되지 않은 상태에 있었다. 그 문제는 이제 주법의 판단에 넘겨졌는데, 주법은 대개 담당 의사가 환자의 가족이나 친지들에게 죽 음에 대한 선택을 제안할 것을 허락한다. 특히 환자가 뇌사상태에 빠 진 경우에는 더더욱 그렇다.

어휘 euthanasia 안락사 refer to ~을 언급하다, 말하다, 일컫다
mercy 자비 voluntary 자발적인 terminally 말기에
legal 합법적인 ethical 윤리적인 personnel 직원들
deliberate 의도적인, 고의의 induce 유도하다, 설득하다
suspend ① 걸다, 매달다 ② 유예하다, 중단하다
be in charge of ~에 대해 책임지다 relative 친척

해설 ④ 관계대명사 that은 계속적 용법(, 와 함께)으로 사용할 수 없으므로 that은 관계대명사 which로 고쳐 써야 한다.
① 선행사가 사람명사이고 뒤에 문장 구조가 불완전(주어가 없다)하므 로 관계대명사 that의 사용은 어법상 적절하다.
② 선행사가 사물명사(action)이고 뒤에 문장 구조가 불완전(주어가 없다)하므로 관계대명사 which의 사용은 어법상 옳다.
③ 선행사가 사물명사(treatment)이고 뒤에 문장 구조가 불완전(주어 가 없다)하므로 관계대명사 which의 사용은 어법상 적절하다.

정답 ④

08 :

• p.149

밑줄 친 부분 중 어법상 옳지 않은 것을 고르시오.

As ① <u>what</u> the unconsciousness means was discovered by poets and philosophers before Milton, ② <u>that</u> Milton spotted it ③ <u>was</u> not the innovated notion ④ <u>which</u> all the psychiatrists were fully stunned.

[해석] 무의식이 의미하는 것이 밀튼보다 먼저 시인들과 철학자들에 의해 발견되었기 때문에 밀튼이 그 무의식을 발견했던 것은 정신과 의사들이 모두 깜짝 놀랄 만한 혁신적인 개념은 아니었다.

[어휘] unconscious 무의식적인   philosopher 철학자   spot 발견하다   innovated 혁신적인   psychiatrist 정신과 의사   stun 놀라게 하다

[해설] ④ which 다음 문장 구조가 완전하므로 관계대명사 which는 동격의 접속사 that으로 고쳐 써야한다.
① what 다음 문장 구조가 불완전(동사 means의 목적어가 없다)하므로 관계대명사 what의 사용은 어법상 적절하다.
② that 앞에 선행사가 없고 that 다음 문장 구조가 완전하므로 접속사 that의 사용은 어법 옳다.
③ 명사절을 유도하는 that절은 단수동사로 받아야 하므로 단수동사 was의 사용은 어법상 적절하다.

[정답] ④

09 :

• p.149

밑줄 친 부분 중 어법상 옳지 않은 것을 고르시오.

The surrounding area can be a region for the individual ① <u>where</u> each person insists on his or her own space. Acute discomfort or displeasure can occur ② <u>whenever</u> another person stands or sits within our own space. However, Middle Easterners who prefer to be no more than 2 feet from ③ <u>whomever</u> they are communicating with so that they can observe their eyes feel intimate. Latinos ④ <u>which</u> dwell in Southern Italy enjoy closeness with acquaintances.

[해석] 주변 지역은 각각의 사람이 자기 자신의 공간이라 주장하는 곳이 개인을 위한 지역이 될 수 있다. 다른 누군가가 우리 자신의 공간 안에 서거나 앉을 때마다 극심한 불편함이나 불쾌함이 생길 수 있다. 하지만, 상대방 눈을 관찰하기 위해 자신들과 의사소통하는 사람들이면 누구든지 2피트(약 60cm) 이상은 떨어지지 않는 중동부지역 사람들은 서로서로에게 친밀감을 느낀다. 남부 이태리에 있는 라틴계 남성들은 지인들과 가까움을 즐긴다.

[어휘] surrounding 주위의, 둘레의   region 지역   insist on 주장하다   acute ① 극심한 ② 예리한 ③ 급성의   plight 골칫거리   displeasure 불쾌함, 불쾌감   identify 확인하다; 동일시하다   inviolate 존경받는, 존중되는   no more than 단지, 다만, 오직   observe 관찰하다   intimate 친밀한, 가까운   Latino 라틴계 남자   acquaintance 지인, 아는 사람

[해설] ④ which 다음 문장 구조가 불완전(주어가 없다)하므로 관계대명사 which의 사용은 어법상 적절하지만 선행사가 사람(Latinos)이므로 관계대명사 which는 who로 고쳐 써야 한다.
① 관계부사 where 다음 문장 구조가 완전(주어 each person이 있고 목적어 space가 있다)하므로 어법상 적절하다.
② 복합관계부사 whenever 다음 문장 구조가 완전(주어 they가 있고 동사가 자동사이다)하므로 어법상 적절하다.
③ 복합관계대명사 whomever 다음 문장 구조가 불완전(전치사 with 다음 목적어가 없다)하므로 어법상 적절하다.

[정답] ④

01 :

• p.150

밑줄 친 부분 중 어법상 옳지 않은 것을 고르시오.   2025. 2차 출제기조 전환 예시

It seems to me that any international organization ① <u>designed</u> to keep the peace must have the power not merely to talk but also ② <u>to act</u>. Indeed, I see this ③ <u>as</u> the central theme of any progress towards an international community ④ <u>which</u> war is avoided not by chance but by design.

[해석] 평화를 유지하기 위해 만들어진 어느 국제기구든 말하는 것뿐만 아니라 행동하는 힘을 가져야 한다고 나는 생각한다. 실제로 나는 이를 전쟁이 우연이 아닌 고의로 회피되는 국제 사회를 향한 모든 발전의 중심 주제로 여긴다.

[어휘] organization 조직   not merely A but also B A뿐만 아니라 B도 역시   indeed 실제로, 실로   theme 주제, 테마   progress 진보, 발전   by chance 우연히   by design 고의로

[해설] ④ 관계대명사 which 다음 문장 구조가 완전하므로 관계대명사 which는 관계부사 where로 고쳐 써야한다.
① 자릿값에 의해 준동사 자리이고 뒤에 목적어가 없으므로 수동의 형태인 과거분사 designed의 사용은 어법상 적절하다.
② 상관접속사 'not merely A but also B' 구문을 묻고 있다. A자리에 to talk와 병렬을 이루는 to act의 사용은 어법상 옳다.
③ 'see A as B(A를 B로 여기다, 간주하다)' 구문을 묻고 있다. 따라서 as의 사용은 어법상 적절하다.

[정답] ④

02 :

• p.150

밑줄 친 부분 중 어법상 옳지 않은 것을 고르시오.   2025. 1차 출제기조 전환 예시

Beyond the cars and traffic jams, she said it took a while to ① <u>get used to have</u> so many people in one place, ② <u>all of whom</u> were moving so fast. "There are only 18 million people in Australia ③ <u>spread out</u> over an entire country," she said, "compared to more than six million people in ④ <u>the state of Massachusetts alone.</u>"

[해석] 자동차와 교통 체증을 뛰어넘어 그녀는 한 장소에서 모두 아주 빠르게 움직이는 많은 사람들이 있는 것에 적응하는 데 얼마간 시간이 걸렸다고 말했다. 그녀는 "매사추세츠 주 한곳에만 600만 명이 넘는 사람들이 있는 것과 비교해볼 때 호주에는 전 국가에 퍼져있는 사람들이 오직 1,800명에 불과하다."라고 말한다.

[어휘] beyond ~을 뛰어넘어   traffic jam 교통체증   a while 얼마간, 잠시 동안   get used to ⓥ~ing ⓥ하는 데 익숙하다   spread ① 퍼지다 ② 퍼뜨리다   entire 전체의

[해설] ① get(be) used to ⓥ는 'ⓥ하는 데 사용되다'의 의미로 문맥상 그 의미가 적절하지 않다. 뒤의 내용에 사람이 많음을 표현하고 있으므로 많은 사람들에 익숙했다는 내용이 글의 흐름상 더 적절하다. 따라서 have는 having으로 고쳐 써야 한다.
② '명사, 부정대명사 of whom /which' 구문을 묻고 있다. 문맥상 선행사가 many people이므로 whom의 사용은 어법상 적절하다.
③ 자릿값에 의해 준동사 자리이고 뒤에 목적어가 없으므로 수동의 형태 spread의 사용은 어법상 옳다. 참고로 spread는 과거나 과거분사가 모두 spread이다.

④ alone은 '오직, 다만'의 뜻으로 명사 뒤에 사용되어 명사를 강조하는 형용사로 사용되므로 명사 뒤에 alone의 사용은 어법상 적절하다.

정답 ①

03

• p.150

밑줄 친 부분이 어법상 옳지 않은 것은?   2024. 지방직 9급

① You must plan <u>not to spend</u> too much on the project.
② My dog <u>disappeared</u> last month and hasn't been seen since.
③ I'm sad that the people <u>who</u> daughter I look after are moving away.
④ I bought a book on my trip, and it was <u>twice as expensive as</u> it was at home.

해석 ① 당신은 그 프로젝트에 너무 많은 돈을 쓰지 않도록 계획해야 한다.
② 나의 개가 지난달에 사라졌고 그 이후로 보이지 않았다.
③ 내가 돌보는 딸을 가진 부모들이 이사를 가게 되어 난 슬프다.
④ 나는 여행 중에 책 한 권을 샀는데, 그것은 고향에서보다 두 배 더 비쌌다.

어휘 plan 계획하다   since 그 후, 그 이래로   look after 돌보다
move away 이사하다   twice 두 배, 두 번   expensive 비싼

해설 ③ 'whose + 무관사명사 + 주어 + 동사' 구조를 묻고 있다. 따라서 who는 소유격 관계대명사 whose로 고쳐 써야 한다.
① 계획 동사 plan 다음 목적어 자리에는 to부정사가 위치해야 하고 to부정사의 부정은 to부정사 바로 앞에 not을 사용해야 하므로 not to spend의 사용은 어법상 옳다.
② disappear는 1형식 자동사이므로 수동의 형태로 사용될 수 없고 또한 과거표시부사구(last month)가 있으므로 과거시제 disappeared의 사용은 어법상 적절하다.
④ '배수사 as ~ as' 구문을 묻고 있다. 따라서 twice(배수사) as expensive as의 사용은 어법상 적절하고 또한 was의 보어 역할을 하는 형용사 expensive의 사용은 어법상 옳다.

정답 ③

04

• p.151

밑줄 친 부분 중 어법상 옳지 않은 것은?   2023. 지방직 9급

One reason for upsets in sports — ① <u>in which</u> the team ② <u>predicted</u> to win and supposedly superior to their opponents surprisingly loses the contest — is ③ <u>what</u> the superior team may not have perceived their opponents as ④ <u>threatening</u> to their continued success.

해석 스포츠에서 이길 거라고 예상되고 아마도 상대 팀보다 우세한 팀이 의외로 경기에서 지는 일들이 발생하는데 그 예상 밖의 승리의 한 가지 이유는 그 우세한 팀이 상대 팀을 자신의 지속적인 성공에 위협적이라고 여기지 않았기 때문이다.

어휘 upset 예상 밖의 승리[우승]   predict 예상하다
supposedly 아마도, 추정상   superior ~보다 뛰어난, 우월한
opponent 상대(방)   surprisingly 의외로, 뜻밖에
perceive A as B A를 B로 여기다, A를 B로 간주하다
threaten 위협하다   continued 지속적인

해설 ③ 관계대명사 what 다음 완전한 문장 구조가 뒤에 이어지므로 관계대명사 what은 접속사 that으로 고쳐 써야 한다.
① in which 다음 완전한 문장 구조가 뒤에 이어지므로 전치사(in) + 관계대명사 which의 사용은 어법상 적절하다.

② 자릿값에 의해 준동사 자리이고 뒤에 목적어가 없으므로 수동의 형태는 어법상 옳다.
④ threaten은 감정표현동사이고 주체가 상대 팀이므로 능동의 형태 threatening의 사용은 어법상 적절하다.

정답 ③

05

• p.151

밑줄 친 부분 중 어법상 옳지 않은 것은?   2021. 국가직 9급

Urban agriculture (UA) has long been dismissed as a fringe activity that has no place in cities; however, its potential is beginning to ① <u>be realized</u>. In fact, UA is about food self-reliance: it involves ② <u>creating</u> work and is a reaction to food insecurity, particularly for the poor. Contrary to ③ <u>which</u> many believe, UA is found in every city, where it is sometimes hidden, sometimes obvious. If one looks carefully, few spaces in a major city are unused. Valuable vacant land rarely sits idle and is often taken over—either formally, or informally—and made ④ <u>productive</u>.

해석 도시농업(UA)은 오랫동안 도시와 어울리지 않는 주변 활동으로 무시되어왔지만 그것의 잠재력을 깨닫기 시작하고 있다. 사실, UA는 식량의 자급자족에 관한 것인데, 그것은 일자리를 만들어내는 것을 포함하며, 특히 가난한 사람들을 위한 식량 불안정에 대한 반응이다. 많은 사람들이 믿는 것과는 반대로, UA는 모든 도시에서 발견되는데, 그곳에서 때로는 눈에 띄지 않고 때로는 분명하다. 만약 우리가 주의 깊게 살펴보면, 대도시에는 사용되지 않는 공간은 거의 없다. 가치 있는 빈 땅은 거의 방치되지 않으며 종종 공식적으로나 비공식적으로 양도되어 생산적이기도 하다.

어휘 urban 도시의   dismiss ① 해고하다 ② 무시하다
fringe ①(실을 꼬아 장식으로 만든)술 ② 주변부, 변두리 ③ 비주류
potential ① 잠재력 ② 잠재적인   self-reliance 자기의존, 자급자족
involve 포함하다   insecurity 불안정   contrary to ~ 와는 반대로
obvious 분명한   vacant 텅 빈   rarely 거의 ~ 않는
idle ① 게으른, 나태한 ② 방치된, 놀고 있는
take over 인수하다, 양도하다
formally 공식적으로 ↔informally 비공식적으로
productive 생산적인

해설 ③ which 다음 문장 구조는 불완전(believe 뒤에 목적어가 없다)하지만 which 앞에 선행사가 없으므로 관계대명사 which는 what으로 고쳐 써야 한다.
① be realized 뒤에 목적어가 없으므로 수동의 형태는 어법상 적절하다.
② 자릿값에 의해 준동사 자리이고 involve는 동명사를 목적어로 취하는 동사이므로 creating의 사용은 어법상 옳다.
④ 접속사 and를 기준으로 taken과 made가 병렬을 이루고 있고 make는 5형식 동사이므로 목적격 보어 자리에 형용사가 위치해야 하므로 is made 다음에도 형용사가 필요하다. 따라서 productive의 사용은 어법상 적절하다.

정답 ③

06

우리말을 영어로 잘못 옮긴 것은? · p.151 · 2020 지방직 9급

① 보증이 만료되어서 수리는 무료가 아니었다.
→ Since the warranty had expired, the repairs were not free of charge.

② 설문지를 완성하는 누구에게나 선물카드가 주어질 예정이다.
→ A gift card will be given to whomever completes the questionnaire.

③ 지난달 내가 휴가를 요청했더라면 지금 하와이에 있을 텐데.
→ If I had asked for a vacation last month, I would be in Hawaii now.

④ 그의 아버지가 갑자기 작년에 돌아가셨고, 설상가상으로 그의 어머니도 병에 걸리셨다.
→ His father suddenly passed away last year and what was worse, his mother became sick.

어휘 expire 만료되다 free of charge 무료로 complete 완성하다 questionnaire 설문지 ask for 요청하다 pass away 죽다 what was worse 설상가상으로

해설 ② 복합관계대명사는 뒤의 문장 구조가 불완전해야 하는데 whomever 다음 문장 구조는 주어가 없는(동사가 바로 위치해 있다) 불완전한 문장이다. 따라서 목적격 whomever는 주격 whoever로 고쳐 써야 한다. 참고로 whoever절은 전치사 to의 목적어 역할을 하는 명사절로 사용되었다.
① expire는 자동사이므로 능동의 형태는 어법상 적절하고 보증이 만료된 것(had expired)이 수리 되는 것(were)보다 먼저 일어난 일이므로 시제관계 역시 어법상 적절하다. 또한 '무료로'라는 영어표현인 free of charge의 사용도 어법상 옳다.
③ 혼합가정법(if절에 had + p.p ~ / 주절에 과거시제 + now)의 사용은 어법상 적절하다.
④ 과거표시부사구 last month가 있으므로 과거시제 passed의 사용은 어법상 적절하고 '돌아가셨다'의 영어표현인 pass away와 '설상가상으로'의 영어표현인 what was worse의 사용 모두 어법상 옳다.

정답 ②

07

밑줄 친 부분 중 어법상 옳지 않은 것은? · p.152 · 2018. 지방직 9급

I am writing in response to your request for a reference for Mrs. Ferrer. She has worked as my secretary ① for the last three years and has been an excellent employee. I believe that she meets all the requirements ② mentioned in your job description and indeed exceeds them in many ways. I have never had reason ③ to doubt her complete integrity. I would, therefore, recommend Mrs. Ferrer for the post ④ what you advertise.

해석 저는 당신의 요청에 따라 Mrs. Ferrer에 대한 추천서를 쓰고 있습니다. 그녀는 지난 3년 동안 저의 비서로서 일해오고 있으며 뛰어난 근로자입니다. 저는 그녀가 당신의 직무분석표에 언급된 모든 요구사항들을 충족시키고 실제로 여러 면에서 그것들을 초월한다고 믿습니다. 저는 결코 그녀의 완전한 진실성을 의심해 본 적이 없습니다. 그러므로 저는 Mrs. Ferrer를 당신이 광고한 자리에 추천합니다.

어휘 in response to ~에 대한 응답으로 *response ① 응답, 대답 ② 반응 request 요구, 요청 secretary 비서 employee 근로자, 피고용인 mention 언급하다 job description 직무분석표 indeed 실제로 exceed 능가하다, 초월하다 doubt 의심(하다) integrity 진실성 recommend 추천하다, 권하다

해설 ④ 관계대명사 what 앞에 선행사 post가 있으므로 what은 어법상 적절하지 않다. 따라서 관계대명사 what은 which나 that으로 고쳐 써야 한다.
① '현재완료시제+for the last(past) +시간' 구조를 묻고 있다. 따라서 has worked 다음 for the last three years는 어법상 적절하다.
② mentioned는 자릿값에 의해 준동사 자리(앞에 동사 meets가 있다)이고 뒤에 목적어가 없으므로 과거분사(수동)의 형태는 어법상 옳다.
③ to doubt은 자릿값에 의해 준동사 자리(앞에 동사 had가 있다)이고 이때 have 동사는 '가지다'의 의미로 사역동사가 아니므로 뒤에 to ⓥ(to doubt)는 어법상 적절하다.

정답 ④

08

다음 중 어법상 가장 적절한 것은? · p.152 · 2018. 국가직 9급

① I forgot the name of the attraction in which they visited.
② Tom moved to Chicago, which he worked for Louis Sullivan.
③ The students are interested in what their professor expounded the formula then.
④ Mary Simson dwelled in that three-story building from whose rooftop she could look at the whole town.

해석 ① 나는 그들이 방문했던 그 관광명소의 이름을 잊어버렸다.
② Tom은 시카고로 이사를 했다, 거기에서 그는 Louis Sullivan을 위해 일했다.
③ 학생들은 그 당시 교수님이 자세히 설명했던 그 공식에 관심이 있다.
④ Mary Simson은 3층 건물에서 살았는데 그 건물의 옥상에서 마을 전체를 볼 수 있었다.

어휘 attraction ① 매력, 매혹 ②(관광)명소 expound 자세히 설명하다 formula 공식 dwell in ~에서 살다 story ① 이야기, 소설 ②(건물의)층 rooftop 옥상

해설 ④ 전치사 + 소유격 관계대명사(whose) + 무관사명사(roof) 다음 문장 구조는 완전(주어 she가 있고 구동사 look at다음 목적어가 있다)해야 하므로 어법상 적절하다.
① 전치사 + 관계대명사 which 다음 문장 구조는 완전해야 한다. 하지만 in which 다음 불완전한 문장(visited의 목적어가 없다)이 이어지고 있으므로 어법상 적절하지 않다. 따라서 in을 없애야 한다.
② 관계대명사 which 다음 문장 구조는 불완전해야 하는데 뒤의 문장 구조가 완전(주어 he와 자동사 worked가 있다)하므로 어법상 적절하지 않다. 따라서 which를 관계부사 where나 in which로 고쳐 써야 한다.
③ 전치사 + 관계대명사 what 다음 문장 구조는 불완전(in what 다음 explained의 목적어가 없다)해야 하는데 뒤의 문장 구조가 완전하므로 어법상 적절하지 않다. 원문은 다음과 같다. "The students are interested in the formula which their professor expounded then."

정답 ④

09 :
• p.152

다음 중 어법상 옳지 않은 것은?
2017. 지방직 9급

① You might think that just eating a lot of vegetables will keep you perfectly healthy.
② Academic knowledge isn't always that leads you to make right decisions.
③ The fear of getting hurt didn't prevent him from engaging in reckless behaviors.
④ Julie's doctor told her to stop eating so many processed foods.

[해석] ① 당신은 많은 채소를 먹는 것이 당신을 완벽히 건강하게 할 거라고 생각할 수 있다.
② 학문적 지식이 항상 당신으로 하여금 옳은 결정을 할 수 있게 해주는 것은 아니다.
③ 상처 받는 것에 대한 두려움이 그로 하여금 무모한 행동을 하는 것을 막지는 못했다.
④ Julie의 의사선생님은 그녀에게 많은 가공 식품을 먹지 말 것을 지시했다.

[어휘] decision 결정, 결심 engage in ~에 참여하다 reckless 무모한 processed foods 가공 식품

[해설] ② 주격 관계대명사 that(뒤에 주어가 없는 불완전한 문장)은 선행사가 있어야 하는데 선행사가 없으므로 that을 관계대명사 what으로 고쳐 써야 한다.
① 동명사 주어 eating과 5형식 동사 keep 다음 목적격 보어 자리에 형용사 healthy는 모두 어법상 적절하다.
③ prevent A from ⓥ-ing 구문과 구동사 engage in의 사용 모두 어법상 옳다.
④ 'tell(지시하다) +목적어+to ⓥ' 구문과 문맥상 'stop ⓥ-ing(ⓥ하는 것을 그만두다)' 구문의 사용 역시 모두 어법상 적절하다.

[정답] ②

CHAPTER 03 접속사

01 :
• p.155

밑줄 친 부분 중 어법상 적절한 것은?

① Jane is still young, devoted and talent.
② The work was complete and skillful done well.
③ My English teacher is handsome, thorough and decent.
④ We learned what to do, when to do and how we should do.

[해석] ① Jane은 여전히 젊고 헌신적이며 재능이 있다.
② 그 일은 완벽하고 능숙하게 잘 처리되었다.
③ 내 영어 선생님은 잘생기고, 철저하고, 품위가 있다.
④ 우리는 무엇을 해야 할지, 언제 해야 할지 그리고 어떻게 해야 할지를 알았다.

[어휘] devoted 헌신적인 talent 재능 *talented 재능 있는 complete 완벽한, 철저한 *completely 완벽하게, 철저하게 skillfully 능숙하게, 교묘하게 thorough 철저한, 완전한 decent 품위 있는, 예의 바른 learn ① 배우다 ② 알다

[해설] ③ 대등접속사 and를 기준으로 형용사 handsome과 병렬을 이루는 형용사 thorough와 decent의 사용은 어법상 적절하다.
① 대등접속사 and를 기준으로 앞에 병렬의 짝을 이루는 young과 devoted가 형용사이므로 명사 talent를 형용사(과거분사) talented로 고쳐 써야 한다.

② 대등접속사 and를 기준으로 형용사(complete, skillful)병렬은 어법상 적절하지만 과거분사 done을 수식하는 것은 부사여야 하므로 complete와 skillful은 각각 completely와 skillfully로 고쳐 써야 한다.
③ 대등접속사 and를 기준으로 what to do, when to do와 병렬을 이루어야 하므로 how we should do는 how to do로 고쳐 써야 한다.

[정답] ③

02 :
• p.155

밑줄 친 부분에 들어갈 말로 가장 적절한 것을 고르시오.

Medical students can watch doctors operating on a patient and _____ from the process.

① learn
② learned
③ to learn
④ learning

[해석] 의과생들은 의사들이 환자를 수술하는 것을 볼 수 있고 그 과정으로부터 배울 수 있다.

[어휘] operate on ~을 수술하다 patient 환자 process 과정, 절차

[해설] 병렬의 의미론적 동일성을 이용해야 한다. 의사들이 수술을 하고 학생들이 그것을 보고 배우는 것이므로 동사원형 watch와 병렬을 이루는 동사원형 learn이 빈칸에 들어가기에 가장 적절하다.

[정답] ①

03 :
• p.155

밑줄 친 부분 중 어법상 틀린 것은?

① You eat ice-cream to feel comfortable, happy and leisurely.
② Aliens are considered as mysterious, unpredictable, scary creatures.
③ My students possess not only strength but warm in playing football.
④ We have mood such as despair, highly resentful mind, low self-esteem, pessimism, lack of initiative.

[해석] ① 당신은 편안하고 행복하고 느긋해지려고 아이스크림을 먹는다.
② 외계인들은 신비롭고 예측불가능하며 무서운 생명체로 여겨진다.
③ 나의 학생들은 축구를 하는데 있어서 힘뿐만 아니라 따뜻함도 가지고 있다.
④ 우리는 절망, 매우 분개한 마음, 낮은 자존감, 비관주의 그리고 주도권의 결여와 같은 기분을 갖는다.

[어휘] leisurely 느긋한, 여유 있는 scary 무서운, 공포스러운 possess 소유하다, 가지다 warm 따뜻한 *warmth 따뜻함 despair 절망 highly 매우, 아주 resentful 분개한 self-esteem 자존감 pessimistic 비관적인 initiative 주도권, 자주성

[해설] ③ 상관 접속사 not only A but also B의 병렬을 묻고 있다. A자리에 명사 strength가 있으므로 B에도 명사가 필요하다. 따라서 warm은 warmth로 고쳐 써야 한다.
① 형용사 comfortable, happy와 병렬을 이루는 형용사 leisurely의 사용은 어법상 적절하다.
② 동사(represent)A as B구문에서 B자리에 명사 creatures를 수식하는 형용사 mysterious, unpredictable 그리고 scary가 병렬을 이루는 구조이므로 scary의 사용은 어법상 옳다.
④ 병렬의 시작점이 명사 despair이고 뒤에 마지막 병렬을 이끄는 명사 lack이 있으므로 명사 pessimism의 사용은 어법상 적절하다.

[정답] ③

04
• p.163

밑줄 친 부분에 들어갈 말로 가장 적절한 것을 고르시오.

> Mary turned her head away _____ John see her tears.

① so that
② since
③ lest
④ unless

[해석] Mary는 John이 자신이 우는 것을 보지 못하게 하려고 고개를 돌렸다.

[어휘] turn A away A를 돌리다   lest ~ should ~하지 않도록

[해설] 문맥상 빈칸에는 '~하지 않도록'의 의미가 필요하므로 'lest ~ (should)' 구문이 필요하다. 따라서 정답은 ③이 된다.

[정답] ③

05
• p.163

밑줄 친 부분에 들어갈 말로 가장 적절한 것을 고르시오.

> You cannot imagine how _____ in order to avoid feeling overwhelmed and ensure that you can devote sufficient time and energy to your organization.

① we should have many goals
② should we have many goals
③ many goals we should have
④ many goals should we have

[해석] 당신은 당황스러움을 피하고 당신의 조직에 충분한 시간과 열정을 쏟아 붓기 위해 얼마나 많은 목표를 가져야 하는지 상상할 수 있다.

[어휘] in order to ~하기 위하여   overwhelm ① 당황하게 하다 ② 압도하다   devote A to B B하는 데 A를 쏟아 붓다, 몰두하다, 헌신하다   sufficient 충분한   goal 목표

[해설] how는 형용사나 부사가 먼저 위치한 다음 뒤에 주어 + 동사 어순을 취해야 하므로 빈칸에 들어가기에 가장 적절한 것은 ③이다.

[정답] ③

06
• p.164

밑줄 친 부분 중 어법상 틀린 것은?

> For ① what is called "enveloped" viruses, the capsid is surrounded by one or more protein envelopes. Biologists all know ② that this simplified structure makes them different than bacteria, but no less alive. And like seeds ③ though in a suspended state, they constantly monitor the exterior world around them, they really don't know ④ where is it.

[해석] '봉해 넣은' 바이러스라 불리는 것에 어울리게 캡시드는 하나 이상의 단백질 외피에 둘러싸여 있다. 생물학자들은 이런 단순화된 구조로 그것(바이러스)은 박테리아와 다르게 되지만, (박테리아) 못지않게 활기차게 된다는 것을 안다. 그리고 씨앗처럼 정지된 상태에서 그들이 자기 주변의 외부 세상을 끊임없이 관찰한다하더라도, 그들은 정말로 어디에 그것이 있는지는 모른다.

[어휘] envelop ① 봉해 넣다, 감싸다 ② 봉투, 외피   surround 에워싸다, 둘러싸다   protein 단백질   simplified 단순화된   seed 씨앗   suspended 정지된   state 상태   constantly 끊임없이, 계속해서   monitor 관찰하다, 감시하다   exterior 외부(의)

[해설] ④ 간접의문문의 어순을 묻고 있다. 따라서 의문사 where 다음 '주어 + 동사' 어순이어야 하므로 is it은 it is로 고쳐 써야 한다.
① what 다음 불완전한 문장 구조(주어가 없다)가 이어지므로 관계대명사 what의 사용은 어법상 적절하고 수동의 형태 is called다음 보어 역할을 하는 명사 enveloped viruses의 사용 역시 어법상 옳다.
② 앞에 선행사가 없고 뒤에 문장 구조가 완전하므로 접속사 that의 사용은 어법상 적절하다.
③ 접속사 though 다음 '주어 + 동사'가 이어지므로 접속사 though의 사용은 어법상 옳다.

[정답] ④

07
• p.164

다음 중 어법상 적절하지 않은 것은?

① So heavy is the burdens that we need more people.
② This was such a big house that we decided to sell it.
③ It is so dangerous a machine that people can't handled it.
④ We started early so that we could arrive before the evening.

[해석] ① 짐이 너무 무거워서 우리는 더 많은 사람을 필요로 한다.
② 이 집이 너무 커서 우리는 그것을 팔기로 결정했다.
③ 그 기계는 너무 위험해서 사람들이 그것을 다룰 수 없다.
④ 우리는 저녁 전에 도착하기 위해 일찍 출발했다.

[어휘] burden 짐, 부담   decide 결정하다   handle 다루다

[해설] ① 'so + 형용사'를 강조를 목적으로 문두에 위치시켜 주어와 동사가 도치된 구문으로, 주어가 복수명사이므로 복수동사가 필요하다. 따라서 is는 are로 고쳐 써야 한다.
② 'such + (a)형용사 + 명사 + that' 구문을 묻고 있다. 따라서 어법상 적절하다.
③ 'so + 형용사 +(a)명사 + that' 구문을 묻고 있다. 따라서 어법상 옳다.
④ 'so that + S + [may(can)] + 동사원형' 구문을 묻고 있다. 따라서 어법상 옳다.

[정답] ①

08
• p.168

다음 문장을 읽고 [　] 안에서 어법상 적절한 것을 고르시오.

1. I go to work [until / by] 9 o'clock and work [until / by] 6 o'clock.
2. We have to wait [during / for] 2 hours for the concert.
3. I have to make sauce [while / during] the pasta is cooking.
4. A : How long will the delivery take?
   B : They usually take about a week.
   A : Well, I'm moving in a few weeks and I'll only be at this address [until / by] the 15th.
   B : Don't worry. The delivery will be made [until / by] then.

1. [해석] 나는 9시까지 출근해서 6시까지 일한다.
   [해설] 첫 번째 괄호에는 문맥상 9시까지 직장에 출근을 해야 하므로 완료나 완성의 의미를 나타내는 전치사 by가 있어야 하고 두 번째 괄호에는 문맥상 6시까지 일을 계속해야 하므로 전치사 until이 필요하다.

2. [해석] 우리는 콘서트를 위해 2시간 동안 기다려야 한다.
   [해설] 문맥상 콘서트를 위해서 2시간 동안 계속 기다려야 한다는 내용이므로 빈칸에는 전치사 for가 필요하다.

3. **[해석]** 나는 파스타를 요리하는 동안 소스를 만들어야 한다.

[해설] 빈칸 뒤에 절이 이어지므로 빈칸에는 접속사 while이 필요하다.

4. **[해석]** A: 배송이 얼마나 걸릴까요?
B: 보통 1주일 정도 걸려요.
A: 음, 제가 몇 주 뒤에 이사를 해요. 그래서 이 주소에는 15일까지 있을 거예요.
B: 걱정 마세요. 그때까지는 배송될 거예요..

[어휘] How long will A take? A가 얼마나 걸릴까요? delivery 배달, 배송

[해설] 첫 번째 괄호에는 문맥상 15일까지 그 주소에 계속 있을 것이므로 전치사 until이 있어야 하고 두 번째 괄호에는 그 때까지 배송이 완료되어야 하는 것이므로 전치사 by가 필요하다.

09 :
·p.168

밑줄 친 부분에 들어갈 말로 가장 적절한 것을 고르시오.

> Pure naphtha is highly explosive if _____ to an open flame.

① it revealed　　　② is it revealed
③ revealed it　　　④ revealed

[해석] 순수 나프타는 불길에 노출되면 폭발할 가능성이 크다.

[어휘] pure 순수한, 불순물이 없는　naphtha (화학) 나프타
explosive 폭발(성)의　open flame 불길

[해설] 접속사 if 다음 '주어 + be 동사'가 생략된 구조로 빈칸 뒤에 목적어가 없으므로 빈칸에는 과거분사가 있어야 한다. 따라서 빈칸에 들어가기에 가장 적절한 것은 ④이다.

[정답] ④

10 :
·p.168

다음 밑줄 친 부분 중 어법상 적절하지 않은 것은?

> Many bus users have defected to other means of transport, particularly cars, ① while using the buses. ② Despite the high running costs of cars, the congested roads, and the difficulty of parking them in cities, customers were fed up with waiting at bus stops for buses that never arrived, or arrived so overdue that two came together. ③ In case they met the unfriendly drivers and the noise, smells, and vibration from vehicles, they would have planned to move to other ways. Huge numbers of ex-bus-users never believed that development of the bus happened ④ though the investment bus companies have made in new vehicles which are cleaner, faster, quieter, and more comfortable.

[해석] 많은 버스 이용자들은 지난 10년에서 15년 동안 다른 운송 수단, 특히 자동차로 옮겨갔다. 자동차의 비싼 유지비용, 혼잡한 도로, 그리고 도시에서 그것들을 주차시키는 것의 어려움에도 불구하고, 고객들은 결코 도착하지 않거나 너무 연착하여 두 대가 함께 오는 버스들을 버스 정류장에서 기다리는 것에 진저리가 났다. 그들은 불친절한 운전기사와 차량에서 나오는 소음, 냄새, 그리고 진동을 만날 경우에 대비하여 다른 방식으로 이동할 것을 계획하고 있을 것이다. 버스 회사들이 더 깨끗하고, 더 빠르고, 더 조용하고, 더 편안한 새로운 차량에 해온 투자에도 불구하고, 엄청나게 많은 수의 이전의 버스 이용자들은 결코 개선은 일어나지 않을 것이라고 믿는다.

[어휘] defect to ~로 전향하다[이탈하다, 망명하다]　means 수단, 방법
transport 운송, 수송　particularly 특히　running cost 유지비용

congested 혼잡한, 복잡한　be fed up with ~에 진저리가 나다
overdue 연착한, 기한이 지난　vibration 진동　vehicle 차량
huge 거대한, 어마어마한　investment 투자　comfortable 편안한

[해설] ④ though 다음 명사(investment)가 있으므로 though는 despite로 고쳐 써야 한다. 참고로 bus companies have made는 관계사절 (investment 다음 목적격 관계대명사 that이 생략되었다)로서 앞에 명사 investment를 수식하고 있다.
① while 다음 '주어 + be동사'가 생략된 구조로 접속사 while의 사용은 어법상 옳다.
② 전치사 Despite 다음 명사가 병렬되고 있으므로(costs, roads, difficulty)Despite의 사용은 어법상 적절하다.
③ In case 다음 '주어(they) + 동사(were)'가 있으므로 어법상 적절하다.

[정답] ④

11 :
·p.170

다음 우리말을 영어로 옮긴 것 중 가장 어색한 것은?

> 그는 대학을 졸업하고 나서야 미래의 직업에 대해 생각했다.

① He didn't think of his future profession until he graduated from college.
② Not until did he graduate from college he thought of his future profession.
③ Only after he graduated from college did he think of his future profession.
④ It was not until he graduated from college that he thought of his future profession.

[어휘] not A until B B하고 나서야 비로소 A하다　profession 직업

[해설] 'not ~ until' 구문을 묻고 있다. Not until이 문두에 위치해서 주어와 동사가 도치 될 때에는 until 다음 주어 동사가 도치되는 것이 아니라 주절의 주어와 동사가 도치되어야 하므로 ②가 정답이 된다.

[정답] ②

12 :
·p.170

다음 우리말을 영어로 옮긴 것 중 가장 어색한 것은?

> 나는 시력을 잃고 나서야 비로소 눈의 중요성을 알았다.

① I didn't know the importance of eyes until I lost my sight.
② Not until I lost my sight did I knew the importance of eyes.
③ Only after did I lose my sight I knew the importance of eyes.
④ It was not until I lost my sight that I knew the importance of eyes.

[어휘] not A until B B하고 나서야 비로소 A하다　sight ① 시각 ② 시력

[해설] only after가 문두에 위치하면 after 다음에 이어지는 주어와 동사가 도치되는 것이 아니라 주절의 주어와 동사가 도치되어야 하므로 after 다음 did I lose는 I lost로, 주절의 I knew는 did I know로 각각 고쳐 써야 한다.

[정답] ③

💡 **실전 문제**

01

• p.171

다음 빈칸에 들어갈 말로 가장 적절한 것은?

Children who live in another country must learn their mother language in order not to forget it and _____ proud of it.

① to be　　　　　② being
③ be　　　　　　④ to being

【해석】 외국에 사는 아이들은 모국어를 잊지 않기 위해서 모국어를 배워야 하고 모국어에 자부심을 가져야 한다.

【어휘】 in order to ⓥ ⓥ하기 위해서

【해설】 and 뒤에 빈칸과 병렬을 이룰 수 있는 내용은 learn과 to forget 뿐이므로 정답의 가능성은 ①과 ③이 될 수 있다. 문맥상 '모국어에 대해 자부심을 가져야 한다'이므로 앞에 must와 연결되는 동사원형 be가 필요하다. 따라서 정답은 ③이 된다.

【정답】③

02

• p.171

밑줄 친 부분 중 어법상 옳지 않은 것은?

People who don't get sleep enough to rest or ① relax may lack energy, feel depressed or ② irritable, have trouble remembering everyday things and ③ getting sick more often than those ④ who do.

【해석】 휴식과 긴장을 풀기 위해 충분한 잠을 자지 못한 사람들은 아마도 에너지가 부족할 수도 있고, 우울하거나 짜증이 날 수도 있고, 일상을 기억하는 데 어려움을 겪을 수도 있고, 충분히 잠을 이룬 사람들에 비하여 더 자주 아플 수도 있다.

【어휘】 rest 휴식(하다) lack ~이 부족하다 depressed 우울한 irritable 짜증나는 have trouble ⓥ-ing ⓥ하는 데 어려움을 겪다

【해설】 ③ 접속사 and를 기준으로 병렬 구조를 묻고 있다. 병렬의 시작점이 rest이고 그 다음 각각 feel과 have와 병렬을 이루므로 getting은 동사원형 get으로 고쳐 써야 한다.
① 접속사 or를 기준으로 병렬 구조를 묻고 있다. rest와 병렬을 이루는 relax는 어법상 적절하다.
② 접속사 or를 기준으로 병렬 구조를 묻고 있다. 과거분사 depressed와 병렬을 이루는 형용사 irritable의 사용은 어법상 옳다.
④ 선행사 those가 문맥상 사람(people)을 지칭하므로 관계대명사 do의 사용은 어법상 적절하다.

【정답】③

03

• p.171

밑줄 친 부분 중 어법상 옳지 않은 것은?

Water particles carried to a greater and ① longer height ② frozen into ice particles and are swept upward and ③ refrozen in repeated and ④ continuous condition until they are heavy enough to fall as hail.

【해석】 더 높고 긴 고도에 이르는 물 입자는 얼음 결정으로 얼게 되고 반복적이고 지속적인 상태에서 그들이 우박으로 떨어질 정도로 충분히 무겁기 전까지는 위로 휩쓸려서 다시 얼게 된다.

【어휘】 particle 입자 height 높이 freeze-froze-frozen 얼다 sweep-swept-swept 휩쓸다, 청소하다 upward 위쪽으로, 위로 repeated 반복적인 continuous 지속적인 hail 우박

【해설】 ② and를 기준으로 뒤에 있는 동사 are와 병렬을 이루어야 하므로 과거분사 frozen은 동사 freeze로 고쳐 써야 한다.
① and를 기준으로 greater와 병렬을 이루는 longer의 사용은 어법상 옳다.
③ and를 기준으로 과거분사 refrozen은 과거분사 swept와 병렬을 이루고 있으므로 어법상 적절하다.
④ and를 기준으로 과거분사 repeated와 병렬을 이루는 형용사 continuous의 사용은 어법상 옳다.

【정답】②

04

• p.172

밑줄 친 부분 중 어법상 가장 적절한 것은?

No doubt man wishes to feel younger than his age, but the wiser of men generally prefer ① that their age alludes. Their wisdom lies in realization of the fact ② which every age has its own charms and handicaps. ③ While the youth, it is nice to enjoy development of mind and body. Old age is the stage for consolidation of mental achievements. A wise man does not despair over the end of youth. ④ Though his body that may have lost the physical vigour of youth is getting more and more senile, his mind becomes a vast ocean of knowledge and experience.

【해석】 의심할 여지없이 사람은 자신의 나이보다 젊다고 느끼기를 원한다. 그러나 현명한 사람들은 일반적으로 그들의 나이가 암시하는 것을 선호한다. 그들의 지혜는 각각의 나이는 그 나름의 매력과 단점이 있다는 사실에 대한 깨달음에 있다. 젊을 때는, 정신과 육체의 개발을 즐기는 것이 좋다. 나이 듦은 정신적 성취의 결합 단계이다. 현명한 사람은 젊음이 끝난 것에 절망하지 않는다. 비록 그의 몸은 점점 더 노쇠해지지만, 그의 마음은 지식과 방대한 바다가 된다.

【어휘】 allude 넌지시, 말하다, 암시하다 realization 깨달음, 자각, 인식 charm 매력 handicap 장애, 단점 consolidation 합동, 합병, 통합 despair 절망하다, 단점 vigour 활기, 활력, 열의

【해설】 ④ Tough 뒤에 주어와 동사(his body is getting~)가 있으므로 접속사 Though의 사용은 어법상 적절하다.
① 뒤에 문장 구조가 불완전(allude의 목적어가 없다)하므로 접속사 that의 사용은 어법상 적절하지 않다. 따라서 접속사 that은 관계대명사 what으로 고쳐 써야 한다.
② 관계대명사 which 다음 문장 구조가 불완전하므로 관계대명사 which는 어법상 적절하지 않다. 따라서 관계대명사 which를 동격의 접속사 that으로 고쳐 써야 한다.
③ 명사 앞에 접속사 while은 적절하지 않다. 따라서 접속사 while은 전치사 during으로 고쳐 써야 한다.

【정답】④

05

• p.172

밑줄 친 부분 중 어법상 옳은 것은?

① Only after <u>did</u> she leave I could realize her existence.
② The result that was awful proved somewhat <u>surprising</u>.
③ Most of the people don't know how the scientist is <u>brilliant</u>.
④ This phenomenon was described <u>too</u> often that we didn't need details.

해석 ① 그녀가 떠난 후에 나는 그녀의 존재를 깨달을 수 있었다.
② 끔찍한 그 결과가 다소 놀라웠다.
③ 대부분의 사람들은 그 과학자가 얼마나 명석한지 모른다.
④ 이 현상은 너무 자주 묘사되어 우리는 세부사항이 필요 없었다.

어휘 realize 깨닫다; 실현하다 existence 존재 awful 끔찍한
somewhat 다소, 약간 brilliant ① 빛나는 ② 명석한
phenomenon 현상 describe 묘사하다 detail 세부사항

해설 ② 2형식 동사 prove 뒤에 감정표현동사 surprise의 주체가 사물(the result)이므로 surprising의 사용은 어법상 옳다.
① Only after 다음 주어와 동사가 도치되는 것이 아니라 주절의 주어와 동사가 도치되어야 하므로 주어진 제시문은 did를 없애고 only after she left could I realize her existence로 고쳐 써야 한다.
③ 의문사 how가 명사절로 사용될 때에는 'how + 형용사/부사 +S + V' 구조를 취해야 하므로 brilliant를 how 다음에 위치시켜야 한다.
④ 'so ~ that' 구문의 호응관계를 묻고 있다. 따라서 too는 so로 고쳐 써야 한다.

정답 ②

06

• p.172

다음 우리말을 영어로 옮긴 것 중 밑줄 친 부분이 어법상 옳은 것은?

① 나는 그녀가 너무 많은 욕설을 하는 것에 충격을 받았다.
→I was shocked at how she used <u>many F-words</u>.
② 그녀는 너무 정직한 사람이라서 결코 거짓말을 하지 않는다.
→ She is such <u>an honest man as</u> she never tells a lie.
③ 심리학자는 창의적이지도 도덕적이지도 않고 제멋대로이다.
→The psychologist is neither creative nor moral <u>and arbitrary</u>.
④ 그 임무는 능력 있고, 그 일을 수행할 수 있는 의지를 가진 사람들에게 제공된다.
→The mission is offered to those who are able and <u>have will to carry</u> out the task.

어휘 psychologist 심리학자 neither A nor B but C A도 B도 아닌 C이다
moral 도덕적인 arbitrary 제멋대로인, 임의의
carry out 수행[실행]하다

해설 ④ 문맥상 and를 기준으로 are와 have의 병렬은 어법상 적절하고 또한 have가 '가지다'의 의미일 때에는 뒤에 to부정사를 사용해야 하므로 to carry의 사용 역시 어법상 옳다.
① how 다음 형용사나 부사가 와야 하므로 many F-words를 how 다음에 위치시켜야 한다. 즉, how she used many F-words를 how many F-words she used로 고쳐 써야 한다.
② 'such +(a) + 형용사 + 명사 ~ that' 구문을 묻고 있다. 따라서 as를 접속사 that으로 고쳐 써야한다.
③ 'neither A nor B but C' 구문을 묻고 있다. 따라서 and를 but으로 고쳐 써야 한다.

정답 ④

기출 문제

01

• p.173
2024. 지방직 9급

밑줄 친 부분 중 어법상 옳지 않은 것은?

One of the many ① <u>virtues</u> of the book you are reading ② <u>is</u> that it provides an entry point into *Maps of Meaning*, ③ <u>which</u> is a highly complex work ④ <u>because of</u> the author was working out his approach to psychology as he wrote it.

해석 당신이 읽고 있는 그 책의 많은 덕목 중 하나는 아주 복잡한 작품인 <Maps of Meaning>으로의 진입점을 제공한다는 것인데 그 이유는 그가 그 작품을 쓸 때 심리학에 대한 자신의 접근 방식을 생각해냈기 때문이다.

어휘 virtue ① 덕목 ② 장점 provide 제공하다 entry point 진입점
highly 아주, 매우 complex 복잡한 work 작품
work out ① 운동하다 ② 해결하다 ③ 생각해내다
approach 접근 psychology 심리학

해설 ④ 전치사 because of 다음 '주어(author) + 동사(was working)' 구조가 이어지므로 전치사 because of는 접속사 because로 고쳐 써야 한다.
① one of 뒤에는 복수 명사가 위치해야 하므로 복수명사 virtues의 사용은 어법상 적절하다.
② 주어가 One(단수명사)이므로 단수 동사 is의 사용은 어법상 옳다.
③ 관계대명사 which 앞에 사물명사(*Maps of Meaning*)가 있고 which 다음 문장 구조가 불완전(주어가 없다)하므로 관계대명사 which의 사용은 어법상 적절하다.

정답 ④

02

• p.173
2023. 국가직 9급

우리말을 영어로 잘못 옮긴 것은?

① 내 고양이 나이는 그의 고양이 나이의 세 배이다.
→My cat is three times as old as his.
② 우리는 그 일을 이번 달 말까지 끝내야 한다.
→We have to finish the work until the end of this month.
③ 그녀는 이틀에 한 번 머리를 감는다.
→She washes her hair every other day.
④ 너는 비가 올 경우에 대비하여 우산을 갖고 가는 게 낫겠다.
→You had better take an umbrella in case it rains.

어휘 every other day 이틀에 한 번, 하루걸러 한 번
had better ~하는 게 낫다
in case + S + V ~의 경우에 대비해서, 만약 ~라면

해설 ② until과 by의 차이를 묻는 문제이다. 우리말을 둘 다 '~까지'의 뜻이지만 by는 'deadline' 느낌이 있으므로 무언가를 완료해야 하는 경우 사용되고 until은 그렇지 않다. 위의 예문에서는 이번 달까지 끝내야 한다는 'deadline' 느낌이 있으므로 until은 by로 고쳐 써야 한다. 참고로 다음 예문에서 until의 사용을 확인해 보자. I will be at my office until 7. (나는 7시까지 사무실에 있을 거야.) → 이 문장에서는 deadline 느낌이 없으므로 by 대신 until을 사용한다.
① '배수사 + as + 형용사/부사의 원급 + as' 구문을 묻고 있으므로 'three times as old as'의 사용은 어법상 적절하고 비교되는 대상은 반복해서 사용하지 않으므로 '그의 고양이(his cat)'를 대신하는 소유대명사 his의 사용 역시 어법상 옳다.

③ 현재의 습관을 나타내는 현재시제 **washes**의 사용은 어법상 적절하고 또한 '이틀에 한 번'의 영어표현인 'every other day'의 사용 모두 어법상 옳다.

④ 조동사의 관용적 용법인 'had better + 동사원형'은 어법상 옳고 또한 접속사 **in case** 다음 주어와 동사가 이어지므로 이 역시 어법상 적절하다.

[정답] ②

03 :
• p.173

어법상 옳지 않은 것을 고르시오.
2022. 지방직 9급

① You can write on both sides of the paper.
② My home offers me a feeling of security, warm, and love.
③ The number of car accidents is on the rise.
④ Had I realized what you were intending to do, I would have stopped you.

[해석] ① 당신은 종이의 양면에 쓸 수 있다.
② 나의 집은 내게 안정감, 따뜻함 그리고 사랑을 준다.
③ 자동차 사고의 수가 증가하고 있다.
④ 만약 내가 당신의 의도를 알아차렸다면 나는 당신을 멈추게 했을 텐데.

[어휘] offer 제공하다　security 안정　warm 따뜻한　intend 의도하다

[해설] ② 4형식 동사 **offer**의 사용은 어법상 적절하지만 접속사 **and**를 기준으로 security(명사), warm(형용사), love(명사)의 병렬은 어법상 적절하지 않다. 따라서 형용사 warm은 명사 warmth로 고쳐 써야 한다.
① **write**는 자동사와 타동사 둘 다 사용 가능하므로 어법상 적절하고 **both** 다음 복수명사의 사용 역시 어법상 옳다.
③ The number of 다음 복수명사와 단수동사의 사용은 모두 어법상 적절하다.
④ If가 생략되어 주어와 동사가 도치된 가정법 과거완료의 사용은 어법상 적절하다.

[정답] ②

04 :
• p.174

어법상 옳은 것은?
2022. 국가직 9급

① A horse should be fed according to its individual needs and the nature of its work.
② My hat was blown off by the wind while walking down a narrow street.
③ She has known primarily as a political cartoonist throughout her career.
④ Even young children like to be complimented for a job done good.

[해석] ① 말은 개별적 욕구와 말이 하는 일의 특성에 따라 먹이를 줘야 한다.
② 좁은 길을 따라 걷고 있는 동안 내 모자가 바람에 날아갔다.
③ 그녀는 일하는 동안 주로 정치 풍자만화가로 알려져 왔다.
④ 심지어 어린 아이들조차도 잘한 일에 대해 칭찬받기를 좋아한다.

[어휘] feed ① 먹다 ② 먹이다　according to ～에 따라서, ～에 따르면
need 욕구　nature ① 본성, 특성 ② 자연　blow off ～을 날려버리다
narrow 좁은　primarily 주로　political 정치적인　cartoonist 만화가
throughout 도처에, ～ 동안, 쭉 내내
career ① 직업, 경력 ② 생활　compliment 칭찬하다

[해설] ① **feed**의 수동형 **be fed** 뒤에 목적어가 없으므로 수동의 형태는 어법상 적절하고 전치사 **according to** 다음 명사의 사용과 **horse**를 대신하는 대명사 **its** 모두 어법상 적절하다.
② 접속사 **while** 다음(주어 + be동사)가 생략될 때에는 문법상의 주어와 일치하거나 또는 접속사의 주어가 막연한 일반인일 때 생략가능한데 문법상의 주어(my hat)와 **while** 다음 주어가 문맥상 일치하지 않으므로 **while walking**의 사용은 어법상 적절하지 않다. 따라서 **while walking**은 **while I was walking**으로 고쳐 써야 한다.
③ 동사 **has known**의 목적어가 없으므로 수동의 형태가 필요하다. 따라서 **has known**은 **has been known**으로 고쳐 써야 한다.
④ 과거분사 **done**을 수식할 수 있는 것은 부사여야 하므로 형용사 **good**은 부사 **well**로 고쳐 써야 한다.

[정답] ①

05 :
• p.174

우리말을 영어로 가장 잘 옮긴 것을 고르시오.
2021. 국가직 9급

① 당신이 부자일지라도 당신은 진실한 친구들을 살 수는 없다.
→ Rich as if you may be, you can't buy sincere friends.
② 그것은 너무나 아름다운 유성 폭풍이어서 우리는 밤새 그것을 보았다.
→ It was such a beautiful meteor storm that we watched it all night.
③ 학위가 없는 것이 그녀의 성공을 방해했다.
→ Her lack of a degree kept her advancing.
④ 그는 사형이 폐지되어야 하는지 아닌지에 대한 에세이를 써야 한다.
→ He has to write an essay on if or not the death penalty should be abolished.

[어휘] sincere 진실한　meteor 유성　degree ① 온도 ② 정도 ③ 학위
death penalty 사형(제도)　abolish 폐지하다, 없애다

[해설] ② 'such + a + 형용사 + 명사 + that S + V ～' 구문을 묻고 있다. 따라서 'such a beautiful meteor storm that we watched ～'의 사용은 어법상 적절하고 또한 strom을 대신하는 대명사 it의 사용과 시제 일치(과거시제)모두 어법상 옳다.
① 말장난(단어장난 : as if vs. as)문제이다. 우리말의 양보의 의미를 지닌 접속사 '～ 일지라도'는 as를 사용해야 하므로 적절한 영작이 될 수 없다. 참고로 as가 양보절을 이끌 때에는 형용사보어는 as 앞에 위치시켜야 한다. 따라서 적절한 영작이 되려면 Rich <u>as if</u> you may be는 Rich <u>as</u> you may be로 고쳐 써야 한다.
③ 말장난(긍정 / 부정 장난: keep A ～ing vs. keep A from ～ing) 문제이다. keep A ～ing는 'A가 계속해서 ～ 하다'(긍정)이므로 적절한 영작이 될 수 없다. 적절한 영작이 되려면 ～ ing 앞에 from이 필요하다. 따라서 keep her advancing을 keep her from advancing으로 고쳐 써야 한다.
④ '～ 인지 아닌지'의 의미를 지닌 명사절을 이끄는 접속사 if는 전치사의 목적어 역할을 하는 명사절을 유도할 수 없고 주어 자리에도 위치시킬 수 없다. 이때에는 접속사 if대신 whether를 사용해야 한다. 또한 if는 바로 뒤에 or not과 함께 사용 할 수 없다. 따라서 이 문장이 적절한 영작이 되려면 if를 whether로 고쳐 써야 한다.

[정답] ②

06 :
다음 중 어법상 가장 옳지 않은 것은? • p.174

2017. 서울시 7급

① What personality studies have shown is that openness to change declines with age.
② A collaborative space program could build greater understanding, promote world peace, and improving scientific knowledge.
③ More people may start buying reusable tote bags if they become cheaper.
④ Today, more people are using smart phones and tablet computers for business.

해석 ① 인격 연구가 보여 주는 것은 나이가 들면서 변화에 대한 개방이 감소한다는 것이다.
② 공동우주 프로그램은 더 큰 이해를 만들 수 있고 세계 평화를 촉진시킬 수도 있고 또한 과학적 지식을 증가시킬 수 있었다.
③ 재활용이 가능한 토트백 가격이 더 내려간다면 더 많은 사람들이 그 가방을 살 가능성이 있다.
④ 오늘날 더 많은 사람들이 사업상 스마트폰과 태블릿 컴퓨터를 사용하고 있다.

어휘 personality 개성 decline 감소하다 collaborative 공동의
tote bag 토트백(작은 짐들을 넣어가지고 다닐 수 있는 쇼핑백의 일종)

해설 ② 병렬구조를 묻고 있다. and 다음 improving은 build 그리고 promote와 병렬을 이루어야 하므로 improving은 improve로 고쳐 써야 한다.
① 관계대명사 what 다음 불완전한 문장 구조(have shown의 목적어가 없다)이므로 어법상 적절하고 what절이 주어 자리에 있으므로 단수동사 is 역시 어법상 옳다. 또한 접속사 that 다음 문장 구조가 완전하므로 이 문장은 어법상 적절하다.
③ start는 begin과 마찬가지로 ⓥ-ing나 to ⓥ 둘 다를 목적어로 취할 수 있고 become 다음 형용사 보어의 쓰임 역시 어법상 적절하다.
④ People이 복수명사이므로 복수동사 are는 어법상 적절하고 and를 기준으로 명사 병렬 역시 어법상 옳다.

정답 ②

07 :
다음 중 우리말을 영어로 가장 잘 옮긴 것은? • p.175

2017. 사복직 9급

① 나는 이 집으로 이사 온 지 3년이 되었다.
→ It was three years since I moved to this house.
② 우리는 해가 지기 전에 그 도시에 도착해야 한다.
→ We must arrive in the city before the sun will set.
③ 나는 그녀가 오늘 밤까지 그 일을 끝마칠지 궁금하다.
→ I wonder if she finishes the work by tonight.
④ 그는 실수하기는 했지만, 좋은 선생님으로 존경받을 수 있었다.
→ Although making a mistake, he could be respected as a good teacher.

어휘 wonder 궁금해하다 respect 존경하다

해설 ④ Although 다음 '주어+be동사'가 생략된 구조로 making 다음 목적어(mistake)가 있으므로 능동의 형태는 적절하고 또한 be respected 다음 목적어가 없으므로 수동의 형태 또한 어법상 옳다.
① since가 '~이래로'의 의미로 사용될 때에는 since 다음 과거시제가 필요하고 주절에는 현재완료시제가 필요하므로 was는 has been으로 고쳐 써야 한다.
② 시조부는 현미(시간이나 조건의 부사절에서는 현재시제가 미래시제를 대신해야 한다)에 의해서 will set은 sets로 고쳐 써야 한다.

③ wonder 다음 if절은 명사절로서 시조부는 현미(시간이나 조건의 부사절에서는 현재시제가 미래시제를 대신해야 한다)가 아니므로 미래시제를 사용해야 한다. 따라서 finishes를 will finish로 고쳐 써야 한다.

정답 ④

08 :
우리말을 영어로 잘못 옮긴 것을 고르시오. • p.175

2017. 국가직 9급

① 식사가 준비됐을 때, 우리는 식당으로 이동했다.
→ The dinner being ready, we moved to the dining hall.
② 저쪽에 있는 사람이 누구인지 알겠니?
→ Can you tell who that is over there?
③ 이 질병이 목숨을 앗아가는 일은 좀처럼 없다.
→ It rarely happens that this disease proves fatal.
④ 과정을 관리하면서 발전시키는 것이 나의 목표였다.
→ To control the process and making improvement was my objectives.

어휘 fatal 치명적인 process 과정 improvement 발전
objective ① 목표 ② 객관적인

해설 ④ 병렬구조를 묻고 있다. 대등접속사 and를 기준으로 to ⓥ와 ⓥ-ing는 서로 병렬을 이룰 수 없으므로 To control을 동명사(controling)로 바꾸거나 making을 to ⓥ(to make 또는 make)로 고쳐 써야 한다.
① 분사구문으로의 전환 시 종속절의 주어와 주절의 주어가 서로 다른 경우 종속절의 주어를 그대로 써야 한다(독립 분사구문). 원래 이 문장은 'When the dinner was ready~'의 부사절을 분사구문으로 전환한 형태이다. 접속사인 When을 생략하고 주어인 the dinner가 주절의 주어와 일치하지 않으므로 남겨둔 후 being을 사용해서 분사 구문으로 전환했기 때문에 어법상 적절하다.
② 의문사 who가 tell의 목적어이자 관계대명사 that절의 선행사로 사용된 문장이다. 선행사가 who일 경우에는 반드시 관계대명사는 that을 사용해야 하므로 어법상 옳다.
③ 빈도 부사 rarely의 위치는 '조 be뒤 일앞'이므로 일반동사 happen 앞에 위치하는 것은 어법상 적절하고 또한 2형식 동사 prove 뒤에 형용사 보어(fatal)의 사용 역시 어법상 옳다.

정답 ④

PART 04 기타 품사

CHAPTER 01 명사와 대명사

확인학습 문제

01   • p.181

다음 밑줄 친 부분 중 어법상 가장 적절한 것은?

In the excessive ① informations, when we think of physical capital, what comes to mind is tools, machines, ② equipments, and factories. A new generation of management consultants and economists, however, is giving companies some ③ advices to avoid amassing physical capital instead, to develop ④ efforts to compete against others.

[해석] 과도한 정보 속에서 우리가 물적 자본에 대해 생각할 때, 마음속에 떠오르는 것은 도구, 기계, 장비와 공장이다. 하지만 새로운 세대의 관리 상담자들과 경제학자들은 회사들이 물적 자본을 축적하는 것을 피하고 대신에 남과 경쟁할 수 있는 노력을 키우라고 조언하고 있다.

[어휘] excessive 과도한   physical ① 신체적인, 물리적인 ② 물질적인   capital ① 자본 ② 수도 ③ 대문자(= Capital letter)   equipment ① 장비 ② 준비   generation 세대   consultant 상담가   amass 모으다, 축적하다(=accumulate)   effort 노력   compete 경쟁하다

[해설] ④ effort는 절대불가산명사가 아니므로 복수명사 efforts의 사용은 어법상 적절하다.
① information은 절대불가산명사이므로 복수명사 informations는 단수명사 information으로 고쳐 써야 한다.
② equipment는 절대불가산명사이므로 복수명사 equipments는 단수명사 equipment로 고쳐 써야 한다.
③ advice는 절대불가산명사이므로 복수명사 advices는 단수명사 advice로 고쳐 써야 한다.

[정답] ④

02   • p.181

밑줄 친 부분 중 어법상 틀린 것은?

A couple of ① British meteorologists have recently shown that if ② several glaciers started reforming, they should have ③ a great deal of ices and provide plenty of ④ creature.

[해석] 몇몇 영국 기상학자들은 만약 몇 개의 빙하가 다시 형성되기 시작하면 많은 얼음들을 갖게 되고 많은 생명체를 제공할 수 있다는 것을 최근에 보여주었다.

[어휘] a couple of 몇몇의   meteorologist 기상학자   several 몇 개의, 몇 명의   glacier 빙하   a great deal of 많은, 다량의   plenty of 많은   creature 생물, 생명체

[해설] ③ a great deal of 다음에는 단수명사가 와야 하는데 ices가 복수명사이므로 a great deal of는 a great number of 로 고쳐 써야 한다.
① a couple of 다음에는 복수명사가 와야 하므로 British meteorologists의 사용은 어법상 옳다.

② several 다음에는 복수명사가 와야 하고 뒤에 복수명사 glaciers가 있으므로 several의 사용은 어법상 적절하다.
④ plenty of 다음에는 단수명사나 복수명사 둘 다 올 수 있으므로 단수명사 creature의 사용은 어법상 옳다.

[정답] ③

03   • p.181

밑줄 친 부분 중 어법상 옳은 것은?

① This book has a variety of knowledge for a novice.
② He had quite a few talents to achieve the task.
③ The show was called off due to little demands for tickets.
④ A lot of donors donate an amount of books to the poor students.

[해석] ① 초보자를 위한 많은 지식이 이 책에 있다.
② 그는 그 일을 성취하기 위해 아주 많은 노력을 했다.
③ 티켓 수요가 적어서 그 공연은 취소되었다.
④ 많은 기부자들이 가난한 학생들에게 많은 책을 기부했다.

[어휘] a variety of 다양한   novice 초보(자)   quite a few 아주 많은   effort 노력   achieve 성취하다, 이루다   task 일, 임무   recital 연주회   call off 취소하다(=cancel)   due to ~때문에   demand 수요   donor 기부자   donate 기부하다   an amount of 많은

[해설] ② quite a few 다음에는 복수 명사가 와야 하므로 talents의 사용은 어법상 적절하다.
① a variety of 다음에는 항상 복수명사가 와야 하므로 단수 명사 knowledge와 함께 사용할 수 없다. 그리고 knowledge는 절대불가산명사이므로 a variety of는 a lot of로 고쳐 써야 한다.
③ little 다음에는 단수명사가 와야 하므로 demands는 demand로 고쳐 써야 한다.
④ an amount of 다음에는 항상 단수명사가 위치해야 하므로 복수명사 books와는 함께 사용할 수 없다. 따라서 an amount of는 a number of로 고쳐 써야 한다.

[정답] ②

04   • p.181

밑줄 친 부분 중 어법상 틀린 것은?

① He touched me by the shoulders.
② Children of an age huddled in the playground.
③ He plays the guitar but I play baseball.
④ They sent me the information by the text message.

[해석] ① 그가 내 어깨를 쳤다.
② 같은 나이의 아이들이 운동장에 모여 있다.
③ 그는 기타를 치지만 나는 야구를 한다.
④ 그들은 내게 문자로 그 정보를 보냈다.

[어휘] shoulder 어깨   huddle 모이다, 모여 있다   text message 문자 메시지

[해설] ④ 'by + 무관사 명사(통신, 교통수단) 구문'을 묻고 있다. 따라서 정관사 the를 없애야 한다.
① '동사 + 목적어 + 전치사 + the + 신체 일부' 구조를 묻고 있다. 따라서 정관사 the의 사용은 어법상 옳다.

② '같은'의 의미를 갖는 부정관사 a의 용법을 묻고 있다. 따라서 an age의 사용은 어법상 적절하다.

③ play 다음 악기명이 나올 때 정관사 the가 필요하므로 the의 사용은 어법상 옳다.

정답 ④

▶ 확인학습 문제

05 :
• p.186

다음 (A)와 (B)에 들어갈 말로 가장 적절한 것을 고르시오.

According to a traffic expert, Peter Smith, a variety of public transportation ____(A)____ in a large city in the world would ask ____(B)____ what kinds of vehicle to choose.

(A)	(B)
① user	them
② users	them
③ user	themselves
④ users	themselves

해석 교통 전문가 피터 스미스에 따르면 이 세상의 대도시에 사는 다양한 대중교통 이용객들은 스스로에게 어떤 종류의 차량을 선택해야할지 스스로에게 묻곤 했다.

어휘 according to ~에 따르면 traffic expert 교통 전문가 a variety of 다양한 public transportation 대중 교통 vehicle 차량, 탈 것

해설 (A) a variety of 다음에는 복수명사가 필요하므로 (A)에는 users가 필요하다.
(B) 동사 ask의 목적어가 문맥상 주어 users와 동일하므로 (B)에는 재귀대명사 themselves가 있어야 한다.

정답 ④

06 :
• p.186

밑줄 친 부분 중 어법상 적절한 것은?

① We found a 100-dollar bill and decided to give them to the poor.
② It is necessary for all students to submit their reports on time.
③ Many kids are finding them nearly impossible to do their best.
④ She made it easily to wake up early in the morning.

해석 ① 우리는 100달러짜리 지폐를 발견했고 그것을 가난한 사람들에게 주려고 결심했다.
② 모든 학생들이 보고서를 제 시간에 제출하는 것이 필요하다.
③ 많은 아이들이 자신들이 최선을 다하는 것이 불가능 할 거라는 것을 알고 있다.
④ 그녀는 아침 일찍 일어나는 것이 쉽다고 여겼다.

어휘 submit 제출하다 on time 제시간에, 정각에

해설 ② to부정사를 대신하는 가주어 it의 사용은 어법상 적절하다.
① 문맥상 복수대명사 them은 단수명사(100-dollar bill)를 대신하므로 them은 it으로 고쳐 써야 한다.
③ 이 문장은 find가 5형식 동사로 사용되었고 뒤에 목적격 보어 자리에 형용사 impossible이 있고 그 다음 진목적어 to do가 이어지는 구조이므로 find 다음 가목적어 it이 필요하다. 따라서 them은 it으로 고쳐 써야 한다.

④ to부정사를 대신하는 가목적어 it의 사용은 어법상 적절하지만 목적격 보어 자리에는 형용사가 필요하다. 따라서 부사 easily는 형용사 easy로 고쳐 써야 한다.

정답 ②

07 :
• p.186

밑줄 친 부분 중 어법상 틀린 것은?

① It was they who had left before we arrived.
② It was true that my roommate was in danger then.
③ It was my wallet when you found under the table yesterday.
④ It is at my parents' home where I'm looking forward to spending holidays.

해석 ① 우리가 도착하기 전에 떠난 사람은 그들이었다.
② 나의 룸메이트는 그 때 위험에 쳐해 있었던 것이 사실이었다.
③ 어제 테이블 아래에서 찾은 게 내 지갑이었다.
④ 내가 휴가를 간절히 보내고 싶은 곳은 나의 부모님 집이다.

어휘 wallet 지갑 look forward to -ing -하기를 간절히 바라다

해설 ③ 강조하고자 하는 내용이 사물명사이므로 when은 that이나 which로 고쳐 써야 한다.
① 강조하고자 내용이 사람(they)이므로 강조 구문 It was who를 사용했고 따라서 who의 사용은 어법상 적절하다.
② 가주어·진주어 구문을 묻고 있다. 따라서 'It was ~ that' 구문은 어법상 옳다.
④ at my parents' home을 강조하고자 강조 구문 'It is ~ where (장소강조)'를 사용했고 따라서 where의 사용은 어법상 적절하다.

정답 ③

08 :
• p.189

밑줄 친 부분 중 어법상 적절한 것은?

① Shops have been closing down every second day.
② Why does the FIFA World Cup only take place every 4 year.
③ You have to convince us that each packages is safely packed.
④ I saw your pictures you took in the newspaper the other days.

해석 ① 가게들이 이틀에 한 번 문을 닫고 있다.
② 왜 피파 월드컵은 4년에 한 번 개최하나요?
③ 당신은 우리에게 각각의 소포를 안전하게 포장했는지 확인해 주어야 한다.
④ 나는 당신이 찍었던 사진을 요전날 신문에서 봤다.

어휘 take place ① 열다, 개최하다 ② 일어나다, 발생하다 convince 확인하다, 확신시키다 pack 싸다, 포장하다

해설 ① '이틀에 한 번'의 의미를 지닌 every second day의 사용은 어법상 적절하다.
② '4년에 한 번'의 영어 표현은 every 4 years이므로 year에 s를 붙여야 한다.
③ each는 단수명사가 뒤에 위치해야 하므로 packages는 package로 고쳐 써야 한다.
④ '요전날'의 영어 표현은 the other day이므로 days에서 s를 빼야 한다.

정답 ①

09 : • p.189

우리말을 영어로 옮긴 것 중 밑줄 친 부분이 어법상 틀린 것은?

① 우리를 위해 타이핑 좀 해주시겠습니까?
　→Could you do <u>some</u> typing for us?
② 비행기에는 어떤 아이들도 없다.
　→There were not <u>some</u> children on the plane.
③ 약간의 돈이 있다면 좀 빌려주세요.
　→If you have <u>some</u> money, please lend it to me.
④ 우리는 산에서 흥미로운 것을 보지 못했다.
　→We didn't see <u>something</u> interesting in the mountain.

어휘 lend 빌려주다 * borrow 빌리다

해설 ① 권유나 청유 또는 제안을 하는 경우 의문문에서는 any대신 some
을 사용해야 하므로 이 문장은 적절한 영작이 된다.
② '어떤, 약간'의 의미를 지닌 some은 부정문에서 사용할 수 없으므
로 some은 any로 고쳐 써야 한다.
③ '어떤, 약간'의 의미를 지닌 some은 조건문에서 사용할 수 없으므
로 some은 any로 고쳐 써야 한다.
④ something은 부정문에서 사용할 수 없으므로 something은
anything으로 고쳐 써야 한다.

정답 ①

CHAPTER **02**　**형용사와 부사**

확인학습 문제

01 : • p.195

다음 우리말을 영어로 옮긴 것 중 밑줄 친 부분이 어법상 옳은 것은?

① 그녀는 침묵했고 얼굴도 창백해졌고 목소리도 이상해졌다.
　→ She remained silent and turned pale and her voice sounded
<u>strangely</u>.
② 학교에 있는 모든 학생들이 이 규칙들을 잘 지킨다.
　→ These rules hold <u>well</u> to all students in the school.
③ 만약 공급이 부족해지면 국제유가는 빠르게 급등할 것이다.
　→ If supply runs short, international oil prices will proliferate <u>swift</u>.
④ Mike는 부모님이 어떻게 서로 멀어지는지 지켜보았다.
　→ Mike watched how <u>distant</u> his parents grew from each other.

어휘 remain silent 침묵하다　turn pale 창백해지다
sound strange 이상해지다　hold good 유효하다
proliferate 급등하다　swift 빠른, 신속한

해설 ④ grow distant는 '(관계가) 멀어지다'의 뜻으로 2형식 동사 grow
다음 형용사 보어가 위치해야 한다. 다만 how는 형용사의 위치가 도
치되어야 하므로 형용사 distant의 사용은 어법상 적절하다.
① sound는 2형식 감각동사이므로 뒤에 이어지는 strangely(부사)
를 strange(형용사)로 고쳐 써야 한다.
② hold를 2형식 동사로 사용하려면 hold 다음 형용사 보어가 필요하
다. 따라서 부사 well의 사용은 어법상 적절하지 않다. 부사 well은 형
용사 good으로 고쳐 써야 한다.
③ proliferate(급등하다)는 1형식 자동사이므로 뒤에 형용사 swift(빠
른)는 사용할 수 없다. 따라서 swift를 부사 swiftly로 고쳐 써야 한다.

정답 ④

---

02 : • p.195

다음 밑줄 친 부분 중 어법상 적절하지 않은 것은?

> The mass media have ① <u>extraordinary</u> power to shape culture,
> including what people have ② <u>absolutely</u> believed and the information
> ③ <u>available</u> to them. If you doubt this, observe how ④ <u>good</u> the
> mass media affect your everyday life.

해석 대중 매체는 사람들이 절대적으로 믿는 것과 그들이 이용 가능한 정보
를 포함하여, 문화를 형성하는 놀라운 능력을 갖고 있다. 이 말이 의심
스럽다면, 대중 매체가 일상생활에 얼마나 잘 영향을 미치는지 관찰해
보라.

어휘 extraordinary 놀라운, 비범한　shape 모양(을 갖추다), 형성하다
absolutely 절대적으로　available 이용 가능한　observe 관찰하다
affect ~에 영향을 주다

해설 ④ 의문사 how는 형용사나 부사가 바로 뒤에 위치해야 하는데 뒤의
문장 구조가 완전하므로 부사가 필요하다. 따라서 형용사 good은 부
사 well로 고쳐 써야 한다.
① 명사(power)를 전치수식하는 형용사 extraordinary의 사용은 어
법상 적절하다.
② have + p.p 사이에 부사 absolutely의 사용은 어법상 옳다.
③ 명사(information)를 후치수식하는 형용사 available의 사용은 어
법상 적절하다.

정답 ④

---

03 : • p.195

밑줄 친 부분 중 어법상 옳은 것은?

① The doctor began to reveal <u>personal something</u> to the patient
about himself.
② There are some <u>people incapably</u> of making decisions.
③ Flat pillows are not <u>dangerous enough</u> for babies.
④ The forest has about <u>5 inches high</u> plants.

해석 ① 그 의사는 자신에 대하여 환자에게 개인적인 어떤 것을 밝히기 시
작했다.
② 의사결정을 할 수 없는 몇몇 사람들이 있다.
③ 납작한 베개가 아기에게 충분히 위험하지 않다.
④ 그 숲은 5인치 높이의 식물이 있다.

어휘 reveal 드러내다, 밝히다　patient 환자　flat 평평한, 납작한
pillow 베개

해설 ③ enough는 형용사나 부사를 항상 후치수식해야 하므로 dangerous
enough의 사용은 어법상 적절하다.
① something은 형용사가 후치수식해야 하므로 personal something
은 something personal로 고쳐 써야 한다.
② 명사 people을 부사 incapably가 후치수식 할 수 없으므로 부사
incapably는 형용사 incapable로 고쳐 써야 한다.
④ '기수＋수 단위명사(day/month/year/inch/foot/mile) ＋단위형용
사(old/long/tall/deep/wide/high/thick)' 구조를 묻고 있다. 5가 복수
이므로 복수명사 inches의 사용은 어법상 적절하지만 형용사 뒤에 명
사가 있을 때에는 수 단위명사는 단수를 사용해야 하므로 inches는
inch로 고쳐 써야 한다.

정답 ③

04 :
• p.199

다음 밑줄 친 부분 중 어법상 가장 적절한 것은?

It was generous ① <u>for</u> the man who accepted this situation to forgive his student all the time. Irrespective of the wise or not, ② <u>they are</u> hard to make it out. However, even though his age was only ③ <u>24-year old</u>, it was necessary that the man ④ <u>do</u> the right thing.

[해석] 이러한 상황을 받아들인 그 남자가 늘 그의 학생들을 용서한다는 것은 관대했다. 현명한 사람들이든 아니든 간에 그들이 그것(그 상황)을 이해하기는 어렵다. 하지만 비록 그의 나이가 24세이지만 그 남자가 올바른 일을 해야 한다는 것은 필요했다.

[어휘] generous 관대한 forgive 용서하다 irrespective of ~와 관계없이 wise 현명한 make out 이해하다

[해설] ④ 'it is 판단형용사 that S +(should) + 동사원형' 구문을 묻고 있다. 따라서 동사원형 do의 사용은 어법상 적절하다.
① 인성형용사는 전치사 for 대신 of를 사용해야 하므로 for를 of로 고쳐 써야 한다.
② 문맥상 they는 앞에 있는 the wise(현명한 사람들)를 대신하고 뒤에 있는 난이형용사 hard는 사람주어를 사용할 수 없으므로 they are는 it is로 고쳐 써야 한다. 여기에서 it은 뒤에 있는 to make를 대신하는 가주어가 된다.
③ '2이상의 기수 + 단위명사(복수명사) + 단위형용사' 구문을 묻고 있다. 따라서 year는 years로 고쳐 써야한다.

[정답] ④

05 :
• p.199

밑줄 친 부분 중 어법상 틀린 것은?

① <u>The anxious are</u> less likely to play their important role.
② More supports were required to tend <u>injured and damaged</u>.
③ However affluent <u>the notorious are</u>, they are not always happy.
④ <u>The young tend</u> to think all of the world music is right at their fingertips.

[해석] ① 걱정하는 사람들이 중요한 역할을 덜 하는 것 같다.
② 부상자들과 피해자들을 돌보기 위해 더 많은 지원이 요구되었다.
③ 비록 악명 높은 사람들이 부유하다하더라도 그들이 항상 행복한 것은 아니다.
④ 젊은 사람들은 이 세상의 모든 음악이 바로 그들의 손끝에 있다고 생각하는 경향이 있다.

[어휘] anxious 걱정하는 play a role 역할을 하다 tend 돌보다 * tend to ⓥ ⓥ하는 경향이 있다 settle ① 정착하다 ② 해결하다 injured 부상당한, 상처 입은 notorious 악명 높은 affluent 부유한 right 바로 fingertip 손 끝 * tip 끝 부분

[해설] ② 'the + 형용사(분사) → 복수명사(주로 사람들)' 구문을 묻고 있다. 따라서 injured and damaged 앞에 정관사 the가 각각 필요하다.
① 'the + 형용사(분사) → 복수명사(주로 사람들)' 구문을 묻고 있다. 따라서 The anxious와 복수동사 are의 사용은 어법상 적절하다.
③ 'the + 형용사(분사) → 복수명사(주로 사람들)' 구문을 묻고 있다. 따라서 The notorious와 복수동사 are의 사용은 어법상 적절하다.
④ 'the + 형용사(분사) → 복수명사(주로 사람들)' 구문을 묻고 있다. 따라서 The young과 복수동사 tend의 사용은 어법상 적절하다.

[정답] ②

06 :
• p.204

밑줄 친 부분이 어법상 옳은 것은?

① The medicine made him feel <u>asleep</u>.
② You should have confessed the <u>aware</u> fact.
③ There are many <u>absent</u> students nowadays.
④ The lake was full of <u>alive</u> fish at that time.

[해석] ① 그 약이 그를 잠들게 했다.
② 당신은 알고 있는 사실을 털어놔야 했다.
③ 요즘 많은 결석생들이 있다.
④ 그 당시 그 연못은 살아있는 물고기로 가득했다.

[어휘] confess 고백하다, 털어놓다 nowadays 요즘 be full of ~로 가득 차다 at that time 그 당시, 그 때에는

[해설] ① asleep은 보어로만 사용되는 형용사이므로 feel의 보어 역할을 하는 asleep의 사용은 어법상 적절하다.
② aware는 보어로만 사용되는 형용사이므로 명사 fact를 수식할 수 없다. 따라서 어법상 적절하지 않다.
③ absent는 보어로만 사용되는 형용사이므로 명사 students를 수식할 수 없다. 따라서 어법상 적절하지 않다.
④ alive는 보어로만 사용되는 형용사이므로 명사 fish를 수식할 수 없다. 따라서 어법상 적절하지 않다.

[정답] ①

07 :
• p.204

다음 우리말을 영어로 옮긴 것 중 밑줄 친 부분이 어법상 옳은 것은?

① 어떤 일이 있어도 당신은 폴에게 돈을 빌려 주어서는 안 된다.
  → Under no circumstances should you <u>not</u> lend Paul any money.
② 그녀는 그 회사에서 너무 열심히 일해서 마침내 승진이 되었다.
  → She worked so <u>hardly</u> in the company that she was finally promoted.
③ 베트남 공산주의 정권은 부패 때문에 오랫동안 약화되었다.
  → The Vietnamese Communist regime has <u>longly</u> weakened due to corruption.
④ 내가 가져간 한국 음식이 대체로 시간이 조금 지나면 부족해지는 경향이 있었다.
  → The Korean food that I brought usually tended to run <u>short</u> after some time.

[어휘] under no circumstances 어떤[무슨] 일이 있어도 ~ 않는 (= on no account) lend 빌려주다 promote 승진시키다 communist 공산주의(자) regime 정권 corruption 부패, 타락 tend to ⓥ ⓥ하는 경향이 있다 run short 부족해지다

[해설] ④ 형용사 short는 '부족한'의 뜻으로 2형식 동사 run과 결합해 '부족해지다'의 의미를 갖게 되므로 적절한 영작이다.
① Under no circumstances는 부정어로 문두에 위치할 때에는 주어와 동사가 도치되어야 하므로 주어와 동사의 도치(should you)는 어법상 적절하지만 Under no circumstances는 not과 함께 사용할 수 없으므로 not을 없애야 한다.
② '열심히'의 영어표현은 hard이므로 hardly는 hard로 고쳐 써야 한다.
③ '오랫동안'의 영어표현은 long이므로 longly는 long으로 고쳐 써야 한다.

[정답] ④

실전 문제

01 ·p.205

다음 빈칸에 들어갈 말로 가장 적절한 것을 고르시오.

> Since 2015, Joe became to be blind. His blindness was serious then and forced _____ to give up the writing of long text.

① him
② them
③ himself
④ themselves

해석 2015년 이후로 Joe는 앞을 보지 못했다. 그가 앞을 보지 못함은 그 당시 심각했고 그로 인해 그가 긴 글을 쓰는 것을 포기하게 했다.

어휘 blind 눈 먼 serious 심각한 then 그 당시, 그때 give up 포기하다

해설 빈칸 앞에 주어는 His blindness이고 force의 목적어가 주어와 다르기 때문에 빈칸에 들어가기에 가장 적절한 것은 ① him이다.

정답 ①

02 ·p.205

밑줄 친 부분 중 어법상 틀린 것은?

① All of the food <u>has gone bad</u>.
② <u>Each item is</u> worth of 20 dollars.
③ She takes a medicine <u>every second hour</u>.
④ I was informed that the couple married <u>one another</u>.

해석 ① 모든 음식이 상했다.
② 각 각의 품목은 20달러의 가치가 있다.
③ 그녀는 매 두 시간마다 약을 복용한다.
④ 나는 그 연인이 서로 결혼했다고 통보받았다.

해설 ④ each other와 one another를 구분하는 문제이다. '서로서로'라는 뜻은 같지만 each other는 둘 사이에서 사용하며, one another는 셋 이상의 사이에서 사용한다. 이 문장에서는 '연인(couple)'이 있으므로 둘 사이가 된다. 따라서 one another는 each other로 고쳐 써야 한다.
① All이 사물을 지칭하므로 단수동사 has의 사용은 어법상 적절하고 2형식 동사 go 다음 형용사 보어 bad의 사용 역시 어법상 옳다.
② 부정대명사 each 다음 단수명사 item과 단수동사 is의 사용 모두 어법상 적절하다.
③ '매 ~마다'라는 뜻의 표현은 'every + 기수 + 복수명사' 혹은 'every + 서수 + 단수명사'이다. 따라서 every second hour의 사용은 어법상 적절하다.

어휘 go bad 상하다

정답 ④

03 ·p.205

밑줄 친 부분 중 어법상 옳은 것은?

① Because I lost my textbook, I have to buy <u>it</u>.
② <u>They</u> are impossible to settle the real issue.
③ Do you know <u>some</u> of these people?
④ All that I want to meet <u>are</u> rich.

해석 ① 나는 교과서를 잃어버렸기 때문에 교과서 한 권을 사야한다.
② 진정한 쟁점을 해결하는 것은 불가능하다.
③ 이 사람들 중 몇몇을 알고 있나요?
④ 내가 만나고 싶은 모두는 부자이다.

어휘 settle ① 거주하다 ② 해결하다

해설 ④ 주어 자리에 All이 있고 문맥상 All은 사람을 지칭하므로 복수동사 are의 사용은 어법상 적절하다.
① 문맥상 잃어버린 바로 그 교과서를 살 수는 없기 때문에 it은 one으로 고쳐 써야 한다.
② 문맥상 주어 They는 뒤에 있는 to settle을 대신하므로 가주어/진주어 구문이 필요하다. 따라서 They는 It으로 고쳐 써야 한다.
③ some과 any를 구분하는 문제이다. some은 긍정 평서문에 사용되고, any는 부정문, 의문문, 조건문에서 사용된다. 주어진 문장은 의문문이고 청유나 권유가 아니므로 some을 any로 고쳐 써야 한다.

정답 ④

04 ·p.206

밑줄 친 부분 중 어법상 적절하지 않은 것은?

> When choosing ① <u>well qualified</u> potatoes, look for ② <u>those that are</u> firm, ③ <u>good shaped</u> and ④ <u>smooth</u>.

해석 좋은 품질의 감자를 선택할 때에는 단단하고 모양이 좋고 부드러운 것을 골라야 한다.

어휘 firm 단단한 smooth 부드러운, 매끄러운

해설 ③ 형용사 shaped를 꾸며 주는 것은 부사여야 하므로 good을 부사 well로 고쳐 써야 한다.
① 부사 well이 과거분사(형용사) qualified를 수식하는 구조는 어법상 적절하다.
② 지시대명사 those는 potatoes를 대신하고 있고 관계대명사 that 다음(선행사가 potatoes이므로) 복수동사 are도 어법상 적절하다.
④ 형용사 smooth와 형용사 firm 그리고 형용사 shaped는 병렬을 이루어야 하므로 smooth의 사용은 어법상 적절하다.

정답 ③

05 ·p.206

밑줄 친 부분 중 어법상 적절하지 않은 것은?

① You must have spotted the <u>actress glamorous</u> in this drama.
② The large supermarkets <u>selling many cheap</u> items shut down.
③ Some manufacturers insist that the shop <u>sell something different</u>.
④ Understanding this is essential to <u>some employers interesting</u> in running their own business.

해석 ① 당신은 이 드라마에서 그 매력적인 여자 배우를 발견했음에 틀림없다.
② 많은 값싼 품목들을 파는 그 큰 슈퍼마켓이 문을 닫았다.
③ 몇몇 제조업자들은 그 가게가 다른 무언가를 팔아야 한다고 주장한다.
④ 이것을 이해하는 것이 그들 사업을 운영하는 데 있어서 관심을 갖고 있는 많은 고용인들에게 필수적이다.

어휘 spot ① 점, 얼룩 ② 발견하다 glamorous 매혹적인, 글래머러스한 shut down 문을 닫다 manufacturer 제조업자 insist 주장하다 essential 필수적인 employer 고용주
run ① 뛰다, 달리다 ② 운영하다, 경영하다

해설 ④ 긍정문에서 some의 사용은 어법상 적절하지만 감정표현동사 interest가 수식하는 명사가 사람(employers)이므로 interesting은 interested로 고쳐 써야 한다.
① 형용사 glamorous가 명사 actress를 후치수식하는 구조는 어법상 적절하다.

② 현재 분사 selling(능동 : 뒤에 목적어 items가 있다)이 명사 supermarkets를 후치 수식하는 구조는 어법상 적절하고 또한 many 뒤에 복수명사 items가 있으므로 이 역시 어법상 옳다.
③ 주장하다(insist) 동사 다음 should가 생략된 원형동사 have의 사용은 어법상 적절하고 형용사 different가 something을 후치수식하는 구조 역시 어법상 옳다.

정답 ④

06 :
• p.206

다음 밑줄 친 부분 중 어법상 적절하지 않은 것은?

It is interests in automatic data processing ① that ② have grown ③ swift since the first large calculators were introduced about ④ thirty-years ago.

해석 30년 전 처음 대용량 계산기가 도입된 이래로 자동 데이터 처리 과정에 대한 관심이 빠르게 증가하고 있다.

어휘 interest 관심; 이익; 이자 processing 처리 과정
swift 빠른, 신속한 calculator 계산기 introduce 도입하다

해설 ③ grow는 1형식 동사이므로 뒤에 이어지는 형용사 rapid를 부사 rapidly로 고쳐 써야 한다.
① 강조구문을 이끄는 접속사 that의 사용은 어법상 적절하다.
③ 'It is ~ that' 강조구문에서 강조 대상 interests가 주어이므로 복수동사 have의 사용은 어법상 옳다.
④ 2이상의 기수(thirty) 다음 복수명사 years의 사용은 어법상 적절하다.

정답 ③

07 :
• p.207

다음 밑줄 친 부분 중 어법상 적절하지 않은 것은?

① Because of the wonderful acting, ② sensitive photographs, ③ well developed plot, the ④ three-hours movie absolutely captured our attention.

해석 멋진 연기와 섬세한 장면과 잘 만들어진 줄거리 때문에 그 세 시간짜리 영화는 우리의 주의를 완전히 사로잡았다.

어휘 acting 연기 sensitive 민감한; 섬세한 well developed 잘 만들어진
plot ① 음모 ② 줄거리 absolutely 절대적으로
capture 사로잡다, 포획하다

해설 ④ three-hours 뒤에 명사 movie가 있기 때문에 three-hours를 단수 three-hour로 고쳐 써야 한다.
① Because of 다음 명사가 이어지므로 전치사 Because of의 사용은 어법상 적절하다.
② 명사 photographs를 수식하는 형용사 sensitive의 사용은 어법상 옳다.
③ 과거분사 developed를 수식하는 부사 well의 사용은 어법상 적절하고 명사를 수식하는 과거분사 developed의 사용 역시 어법상 옳다.

정답 ④

08 :
• p.207

다음 우리말을 영어로 옮긴 것 중 밑줄 친 부분이 어법상 옳은 것은?

① 잡지의 수가 급격히 감소하고 있다.
→ The number of magazine is decreasing dramatically.
② 불편하다면 내게 오지 않아도 된다.
→ If you feel inconvenient, you need not come to me.
③ 많은 숙제를 적은 시간에 하느라 바쁘다.
→ They are busy doing more homework into less hours.
④ 이 책들 각각은 많은 정보로 가득 차 있다.
→ Each of these books is full of an amount of information.

어휘 dramatically 극적으로 decrease 감소하다 inconvenient 불편한
be busy ⓥ-ing ⓥ하느라 바쁘다 be full of ~로 가득차다

해설 ④ each of 다음 복수명사의 사용과 each가 주어 자리에 올 때 단수동사를 사용해야 하므로 is 역시 어법상 적절하다.
① the number of가 주어자리에 있을 때에는 단수동사가 필요하므로 is의 사용은 어법상 적절하고 또한 decease는 1형식 동사이므로 능동의 형태나 뒤에 이어지는 부사(dramatically)의 사용 모두 어법상 옳다. 하지만 the number of 다음에는 복수명사가 와야 하므로 magazine은 magazines로 고쳐 써야 한다.
② 시조부는 현미이므로 현재동사 feel의 사용은 어법상 적절하고 convenient는 '난이형용사' 이므로 사람주어를 사용할 수 없다. 따라서 어법상 적절하지 않다. 이 문장의 우리말을 영어로 옮기면 다음과 같다. If it is inconvenient for you to come to me, you don't have to.
③ less는 뒤에 단수명사가 와야 하므로 less hours는 어법상 적절하지 않다. 문맥상 less는 fewer로 고쳐 써야 한다.

정답 ④

🖎 기출 문제

01 :
• p.208

밑줄 친 부분이 어법상 옳지 않은 것은?

2023. 지방직 9급

① I should have gone this morning, but I was feeling a bit ill.
② These days we do not save as much money as we used to.
③ The rescue squad was happy to discover an alive man.
④ The picture was looked at carefully by the art critic.

해석 ① 나는 오늘 아침에 갔어야 했지만 몸이 좀 안 좋았다.
② 요즘 우리는 예전에 했던 것만큼 많은 돈을 저축하지 않는다.
③ 구조대는 살아 있는 남자를 발견하고 기뻐했다.
④ 그 그림은 미술 비평가에 의해 주의 깊게 관찰되었다.

어휘 these days 요즘 rescue squad 구조대 critic 비평가

해설 ③ alive는 명사를 수식할 수 없고 서술적 용법(보어로만 사용)으로만 사용되는 형용사이므로 alive는 living이나 live로 고쳐 써야 한다.
① 'should have p.p.'는 '~했어야 했는데'의 의미로 문맥상 그 쓰임은 어법상 적절하다.
② 전치사 to 다음 save가 생략된 구조로 'used to ⓥ'은 과거의 습관이나 상태를 나타내는 표현으로 문맥상 그 사용은 어법상 옳다.
④ 구동사(look at)의 수동태 구문을 묻고 있다. 따라서 어법상 적절하다. 참고로 이 문장의 능동의 형태는 다음과 같다. The art critic looked at the picture carefully.

정답 ③

02 :
• p.208

다음 우리말을 영어로 잘못 옮긴 것을 고르시오. 2019. 지방직 9급

① 그를 당황하게 한 것은 그녀의 거절이 아니라 그녀의 무례함이었다.
→ It was not her refusal but her rudeness that perplexed him.

② 부모는 아이들 앞에서 그들의 말과 행동에 대해 아무리 신중해도 지나치지 않다.
→ Parents cannot be too careful about their words and actions before their children.

③ 환자들과 부상자들을 돌보기 위해 더 많은 의사가 필요했다.
→ More doctors were required to tend sick and wounded.

④ 설상가상으로, 또 다른 태풍이 곧 올 것이라는 보도가 있다.
→ To make matters worse, there is a report that another typhoon will arrive soon.

어휘 rudeness 무례함 perplex 당황하게 하다 wounded 부상당한 typhoon 태풍

해설 ③ '정관사 the＋형용사 → 복수명사(주로 사람들)' 구문을 묻고 있다. 따라서 형용사 sick and wounded 앞에 정관사 the가 각각 있어야 적절한 영작이 된다.
① 'It is ~ that 강조' 구문과 'not A(명사) but B(명사)' 구문을 동시에 묻고 있다. 또한 타동사 perplex 다음 목적어 him의 사용 역시 어법상 적절하다.
② '조동사 cannot ~ too' 구문(아무리 ~해도 지나치지 않다)을 묻고 있다. 따라서 적절한 영작이다.
④ '설상가상(to make matters worse)으로'의 쓰임과 there가 문두에 위치하므로 주어와 동사의 도치나 수 일치 모두 어법상 적절하다. 또한 동격의 접속사 that 역시 어법상 옳다.

정답 ③

CHAPTER 03 비교구문

확인학습 문제

01 :
• p.211

밑줄 친 부분 중 어법상 가장 적절한 것은?

① Cash is kept more precious than check.
② I have lived in a village of few than 10 houses.
③ His prediction is positive than that of many analysts.
④ No sooner had he graduated from a college as he married her.

해석 ① 현찰이 수표보다 더 소중하게 간직된다.
② 나는 집이 열 채도 안 되는 마을에서 살아왔다.
③ 그의 예상은 많은 분석가들의 예측보다 더 긍정적이다.
④ 그는 대학을 졸업하자마자 그녀와 결혼했다.

어휘 precious 소중한 prediction 예상, 예측 positive 긍정적인 analyst 분석가 no sooner A than B A하자마자 B했다

해설 ① keep은 5형식 동사로 수동태 뒤에 목적격 보어 자리에 형용사가 있어야 하므로 형용사 precious의 사용은 어법상 적절하고 또한 비교구문 more precious than의 사용 역시 어법상 옳다.
② than은 앞에 비교급과 호응관계를 이루어야 하므로 원급 few는 비교급 fewer로 고쳐 써야 한다.
③ than은 앞에 비교급과 호응관계를 이루므로 원급 positive는 비교급 more positive로 고쳐 써야 한다.

④ 문두에 부정어 no sooner가 있으므로 주어와 동사의 도치는 어법상 적절하지만 비교급 sooner가 있으므로 동등비교구문은 성립되지 않는다. 따라서 as를 than으로 고쳐 써야 한다.

정답 ①

---

02 :
• p.211

다음 우리말을 영어로 옮긴 것 중 밑줄 친 부분이 어법상 옳은 것은?

① Susan은 Peter만큼 뛰어난 수영 선수이다.
→ Susan is as an excellent swimmer as Peter is.

② 그 쇼핑몰은 평상시 보다 더 혼잡했다.
→ The shopping mall was more crowded than usual.

③ 그 교수는 생각했던 만큼 그렇게 친근하지는 않았다.
→ The professor was not so friendlier as he was thought to be.

④ 우리는 소프트웨어를 디자인하기 위해 단지 10명 미만의 숙련된 기술자들을 고용해 왔다.
→ We have only hired less than 10 skilled IT workers to design the software.

어휘 crowdedly 혼잡하게 usual 보통의, 흔한 friendly 친근한 hire 고용하다 skilled 숙련된

해설 ② 비교구문 more than의 사용은 어법상 적절하고 be동사 다음 형용사보어 crowded의 사용 모두 어법상 옳다.
① 'as ＋ 형용사 ＋ a ＋ 명사' 구조를 묻고 있다. 따라서 as an excellent를 as excellent a로 고쳐 써야 한다.
③ 동등비교구문 'as(so)…as'에서 'as … as' 사이에는 형용사나 부사의 원급이 와야 하므로 비교급 friendlier는 원급 friendly로 고쳐 써야 한다.
④ little의 비교급 less는 셀 수 없는 명사 앞에서 사용되어야 하는데 less than 다음 셀 수 있는 명사 workers가 있으므로 less의 사용은 어법상 적절하지 않다. 따라서 less는 fewer로 고쳐 써야 한다.

정답 ②

---

03 :
• p.213

밑줄 친 부분 중 어법상 옳은 것은?

① I paid three times as much money for the meal as they did.
② My art professor prefers Michelangelo's painting than his sculpture.
③ The manager is eager to be technically more superior to his competitors.
④ The students seem to prefer to learning English rather than study history.

해석 ① 나는 그 음식에 대해 그들보다 세배 더 많은 돈을 지불했다.
② 나의 예술학 교수는 미켈란젤로의 조각보다는 그림을 더 선호하고 있다.
③ 그 관리는 기술적으로 자신의 경쟁자들보다 우월하기를 간절히 바란다.
④ 학생들은 역사를 공부하는 것보다 영어를 공부하는 것을 더 선호하는 것 같다.

어휘 sculpture 조각 be eager to ⓥ ⓥ하기를 간절히 바라다 superior ~보다 우월한 competitor 경쟁자 seem to ⓥ ⓥ하는 것 같다 prefer A to B B보다 A를 더 선호하다

해설 ① 배수사 'as ~ as' 구문을 묻고 있다. 따라서 as의 사용은 어법상 적절하다.
② 'prefer A(동명사 또는 명사) to B(동명사 또는 명사)' 구문을 묻고 있다. 따라서 than을 to로 고쳐 써야 한다.

③ 라틴어원 비교급에서 than 대신 전치사 to를 사용해야 하는 것은 어법상 옳지만 라틴어원 비교급은 more나 less를 사용할 수 없으므로 more를 없애야 한다.

④ 'prefer A(to 부정사) rather than B(to 부정사)' 구문을 묻고 있다. 따라서 learning은 learn으로 고쳐 써야 한다.

정답 ①

04

• p.215

다음 빈칸에 들어갈 말로 가장 적절한 것을 고르시오.

> The higher your energy level, the more efficient your body. _____ your body is, the better you fell and the more you will use your talent to produce outstanding results.

① More efficient
② More efficiently
③ The more efficient
④ The more efficiently

해석 당신의 에너지 수준이 높으면 높을수록 당신의 몸도 더 효율적이 된다. 당신의 몸이 더 효율적일수록 당신은 더 좋아지고 눈에 띄는 결과물을 만들 수 있는 재능을 더 많이 사용하게 될 것이다.

어휘 efficient 효율적인   outstanding 눈에 띄는, 두드러진

해설 'The + 비교급 ~, the + 비교급 …' 구문을 묻고 있다. 단 be동사의 보어가 필요한 자리이므로 형용사 efficient가 있어야 한다. 따라서 빈칸에 들어가기에 가장 적절한 것은 ③ The more efficient이다.

정답 ③

05

• p.215

다음 중 어법상 가장 적절한 것은?

① The simpler a system is, the complex its function is.
② The more they seem coercive, the less the students are altruistic.
③ The more pesticides are used, the more resistant the insects become.
④ The more covert the majority uses the violence, the more overt the minority does.

해석 ① 시스템이 복잡할수록 그 기능은 더 좋아진다.
② 그들이 강압적일수록 학생들은 덜 이타적이 된다.
③ 살충제를 많이 사용하면 할수록 곤충들은 더 많이 (그것에) 저항하게 된다.
④ 다수가 폭력을 은밀하게 사용할수록 소수는 폭력을 공공연히 사용한다.

어휘 complex 복잡한   sculpture 조각   coercive 강압적인   altruistic 이타적인   pesticide 살충제   insect 곤충   resistant 저항하는   covertly 은밀하게   majority 다수   overtly 공공연하게   minority 소수

해설 ③ 이 문장은 원래 'As pesticides are used more, the insects become more resistant'에서 시작되었으므로 the more와 the more resistant의 사용은 모두 어법상 적절하다.
① 'The + 비교급 ~, the + 비교급 …' 구문을 묻고 있다. 따라서 the complex는 the more complex로 고쳐 써야 한다.
② coercive의 비교급은 more coercive이고 'the + 비교급' 구문에서는 정관사 the와 비교급은 분리될 수 없으므로 The more they seem coercive는 The more coercive they seem으로 고쳐 써야 하고 the less the students are altruistic 역시 the less altruistic the students are로 고쳐 써야 한다.

④ 'The+비교급 ~, the+비교급 …' 구문을 묻고 있다. covert와 overt의 비교급은 more covert와 more overt이므로 정관사 the와 함께 문두에 위치하는 것은 어법상 적절하지만 완전한 문장 다음에는 부사가 위치해야 하므로 covert와 overt는 모두 부사 covertly와 overtly로 각각 고쳐 써야 한다.

정답 ③

06

• p.218

밑줄 친 부분 중 어법상 적절하지 않은 것은?

① She is more beautiful than any other <u>girl</u> in the class.
② His latest film is <u>far</u> more boring than his previous ones.
③ He was more skillful than all the other <u>players</u> in his class.
④ Had you taken my advice, you would have been able to do it <u>more</u> better.

해석 ① 그녀는 학급에서 가장 예쁜 소녀이다.
② 그의 최근 영화는 이전 작품들보다 훨씬 더 지루하다.
③ 그는 그의 학급의 어떤 다른 야구선수보다 기술이 뛰어나다.
④ 당신이 내 충고를 받아들인다면, 당신은 그것을 더 잘 할 수 있었을 텐데.

어휘 latest 최근의   boring 지루한   previous 이전의

해설 ④ 비교급을 강조하는 부사는 more가 아니라 much이므로 more를 much로 고쳐 써야 한다.
① '비교급 than any other + 단수명사'를 묻고 있다. 따라서 단수명사 girl의 사용은 어법상 적절하다.
② more 앞에 비교급 강조 부사 far의 사용은 어법상 옳다.
③ '비교급 than all the other 복수명사' 구조를 묻고 있다. 따라서 players의 사용은 어법상 적절하다.

정답 ④

07

• p.218

다음 우리말을 영어로 옮긴 것 중 밑줄 친 부분이 어법상 틀린 것은?

① 운동이 원치 않는 살을 빼는 데 가장 좋은 방법이다.
→ Exercising is <u>as good a way as anything else</u> to lose unwanted weight.
② 새로운 거대한 고층 빌딩은 이 도시의 어떤 건물보다 훨씬 높다.
→ The new colossal skyscraper is <u>far higher than any other building</u> in this city.
③ 미란다는 모든 이에게 더 다가가려고 노력을 하는 아주 세심한 사람이다.
→ Miranda is a <u>much careful woman who makes</u> an effort to get closer to everyone.
④ 전후 미국의 과학은 전쟁 전과 비교도 안 될 만큼 발전했다.
→ The development of science that America has made since the end of the war is <u>even greater than that</u> in pre-war days.

어휘 lose weight 살을 빼다   colossal 거대한   skyscraper 고층빌딩, 마천루   careful 조심하는, 세심한   close 가까운   pre-war 전쟁 전(前)

해설 ③ 관계대명사 who의 사용은 어법상 적절하지만 much는 비교급 강조부사로서 원급을 강조 할 수 없다. 따라서 much는 원급강조부사인 very로 고쳐 써야 한다.
① 'as (so) + 형용사 + a + 명사 as ~' 구문과 비교급 형태의 최상급표현 'as ~ as anything else' 구문 모두 어법상 적절하다.

② '비교급 than any other 단수명사(higher than any other building)' 구조는 어법상 적절하고 또한 비교급 강조부사 far의 사용 역시 어법상 옳다.
④ 비교급 강조부사 even의 사용 그리고 비교대상이 전쟁 전과 전후 과학(science)을 비교하는 내용이므로 than 다음 단수대명사 that의 사용 모두 어법상 옳다.

정답 ③

08 :   • p.221

밑줄 친 부분 중 어법상 가장 적절한 것은?
① Nobody can speak English more fluently than <u>me</u>.
② Her latest novel is even more interesting than <u>his</u>.
③ The role of humans today differs from <u>those</u> of Aboriginals.
④ My mother's symptom is a lot more serious than <u>my father</u>.

해석 ① 아무도 나보다 더 유창하게 영어를 할 수 없다.
② 그녀의 가장 최근 소설은 그의 소설보다 훨씬 더 흥미롭다.
③ 오늘날의 인간의 역할은 원주민의 역할과는 다르다.
④ 엄마의 증상이 아빠의 증상보다 훨씬 더 심각하다.

어휘 fluently 유창하게 latest 최근의 novel 소설 role 역할 Aboriginal 원주민 symptom 증상 serious ① 심각한 ② 진지한

해설 ② 비교대상의 명사는 반복해서 사용하지 않으므로 소유대명사 his의 사용은 어법상 적절하다.
① 비교대상은 서로 병렬을 이루어야 하는데 Nobody가 주어이므로 비교대상인 me도 주격이 되어야 한다. 따라서 me를 I로 고쳐 써야 한다.
③ 비교대상의 명사는 반복해서 사용하지 않으므로 role을 대신하는 지시대명사가 필요한데 role은 단수이므로 those를 that으로 고쳐 써야 한다.
④ 비교대상이 엄마의 증상과 아빠의 증상이므로 my father를 사용하면 비교대상이 달라진다. 따라서 my father는 my father's 또는 that of my father로 고쳐 써야 한다.

정답 ②

09 :   • p.221

밑줄 친 부분 중 어법상 적절하지 않은 것은?
① Our eyes captures an image in the way as similar as a camera <u>does</u>.
② Some students often achieve better results than <u>do</u> their counterparts.
③ People who get enough sleep are getting sick less often than people who <u>aren't</u>.
④ Men have a lower life expectancy which is estimated about 75 years than <u>do</u> women.

해석 ① 우리의 눈은 카메라가 포착하는 것과 비슷한 방법으로 이미지를 포착한다.
② 몇몇 학생들은 그들의 상대방보다 더 좋은 결과를 얻는다.
③ 충분한 수면을 취하는 사람들이 그렇지 않은 사람들보다 덜 자주 아프다.
④ 남성은 여성보다 대략 75세로 추정되는 기대수명보다 더 낮은 기대수명을 갖는다.

어휘 capture (사로)잡다 achieve 성취하다, 이루다 counterpart 상대방 life expectancy 기대수명 estimate 추정하다, 어림잡다

해설 ③ 비교구문(less ~ than)에서 대동사 are는 문맥상 앞에 있는 일반동사 get을 대신해야 하므로 are는 do로 고쳐 써야 한다.

① 비교구문(as ~ as)에서 대동사 does는 앞에 있는 일반동사 capture를 대신하므로 대동사 does의 사용은 어법상 적절하다.
② 비교구문(better ~ than)에서 대동사 do는 앞에 있는 일반동사 achieve를 대신하므로 대동사 do의 사용은 어법상 옳다.
④ 비교구문(lower ~ than)에서 대동사 do는 문맥상 앞에 있는 일반동사 have를 대신해야 하므로 대동사 do의 사용은 어법상 적절하다.

정답 ③

10 :   • p.224

다음 빈칸에 들어갈 말로 가장 적절한 것을 고르시오.

> I don't think that Mike is very competent; still _____ do I think that his employees are.

① never
② more
③ less
④ nor

해석 나는 Mike가 아주 유능하다고 생각하지 않는다. 하물며 그의 직원들도 유능하다고 생각하지 않는다.

어휘 competent 능력 있는, 유능한 employee 직원

해설 '부정문 ~ much(still) less (~은커녕 ~은 말할 것도 없이)' 구문을 묻고 있다. 앞에 부정어 not이 있으므로 빈칸에 들어가기에 가장 적절한 것은 ③ less이다.

정답 ③

11 :   • p.224

다음 두 문장의 의미가 서로 다른 하나는?
① Most resumes are read for no more than a few seconds.
 = Most resumes are read for only a few seconds.
② No less than 60,000 spectators were present at the ball park.
 = As many as 60,000 spectators were present at the ball park.
③ The fertilizer should be applied not more than twice in a year.
 = The fertilizer should be applied at most twice in a year.
④ Not less than two hundred people attended this conference.
 = At best two hundred people attended this conference.

해석 ① 대부분의 이력서를 읽는 데에는 단지 수초 밖에 걸리지 않는다.
② 자그마치 6만 명이나 되는 관중이 야구장에 모였다 .
③ 비료는 기껏해야 1년에 두 번 정도만 주어야 한다.
④ 적어도 200명의 사람들이 이 회의에 참석했다.

어휘 resume 이력서 second 초 spectator 관중 present 출석한, 참석한 ball park 야구장 fertilizer 비료 apply 적용하다 twice 두 번 attend 참석하다 conference 회의

해설 ④ not less than은 '최소한, 적어도(= at least)'의 뜻으로 at best 의 사용은 그 의미가 서로 다르다. 따라서 at best는 at least로 고쳐 써야 한다.
① no more than은 '단지 ~ 밖에 안 되는(= only)'의 뜻으로 두 문장은 그 의미가 같다.
② no less than은 '(자그마치) ~ 나 되는(= as many as)'의 뜻으로 두 문장은 그 의미가 같다.
③ not more than은 '기껏해야, 고작(= at most, at best)'의 뜻으로 두 문장은 그 의미가 같다.

정답 ④

12

• p.225

다음 우리말을 영어로 옮긴 것 중 밑줄 친 부분이 어법상 가장 적절한 것은?

① 그 일에 대한 그녀의 자격요건은 늘 그를 능가했다.
→ Her qualifications for the job always surpassed <u>his</u>.
② 그녀의 배경은 그녀의 남편과는 뚜렷이 다르다.
→ Her background is markedly different from <u>her husband</u>.
③ 모든 학교처럼 당신의 학교도 궁극적으로 예산을 초과할 것이다.
→ Like every school, <u>your school</u> will eventually exceed budget.
④ 운동장에 있는 각각의 선수들은 그녀와 같은 야구 모자를 쓰고 있다.
→ Each player at the ground is wearing the same baseball cap as <u>her</u>.

어휘 qualification 자격, 자격요건 surpass 능가하다
markedly 뚜렷이, 분명하게 eventually 궁극적으로
exceed 초과하다 budget 예산

해설 ① 유사비교급(surpass)에서 비교대상의 병렬구조를 묻고 있다. 비교대상의 명사 qualifications은 반복해서 사용할 수 없으므로 소유대명사 his(= his qualifications)의 사용은 어법상 적절하다.
② 유사비교급(different from)에서 비교대상의 병렬구조를 묻고 있다. 비교대상이 그녀의 배경과 그녀 남편의 배경이므로 her husband를 사용하게 되면 비교대상이 달라진다. 따라서 her husband는 her husband's로 고쳐 써야 한다.
③ 유사비교급(like)에서 비교대상의 병렬구조를 묻고 있다. 비교대상의 명사 school은 반복해서 사용할 수 없으므로 your school은 yours로 고쳐 써야 한다.
④ 유사비교급(the same ~ as)에서 비교대상의 격 일치를 묻고 있다. 비교대상이 주격(Each player)이므로 her도 주격(she)으로 고쳐 써야 한다.

정답 ①

13

• p.225

다음 우리말을 영어로 옮긴 것 중 적절하지 않은 것은?

① 수익성이 좋은 동업은 1인 소유의 사업체만큼 바람직하다.
→ A profitable partnership is no less desirable than a business with one owner.
② 여름더위가 불편한 것처럼 겨울추위도 불편하다.
→ The heat of summer is no more comfortable than the cold of winter.
③ 창의력은 특이한 재능이라기보다는 생산성에 관한 것이다.
→ Creativity isn't about weird talent so much as about productivity.
④ 내가 로제가 아닌것처럼 당신도 공유가 아니다.
→ You are no more Gong-yu than I am not Rosé.

어휘 profitable 수익성이 좋은 desirable 바람직한 comfortable 불편한
creativity 창의력 weird 이상한, 낯선, 특이한 productivity 생산성

해설 ④ 'A is no more B than C is D(C가 D가 아닌 것처럼 A도 B가 아니다)' 구문을 묻고 있다. 따라서 than 다음 I am not을 I am으로 고쳐 써야 한다.
① 'A no less ~ than B(A가 ~ 인 것처럼 B도 마찬가지이다)' 구문을 묻고 있다. 따라서 적절한 영작이다.
② 'A no more ~ than B(A가 ~ 이 아닌 것처럼 B도 아니다)' 구문을 묻고 있다. 따라서 적절한 영작이다.
③ 'not A so much as B(A라기보다는 오히려 B)' 구문을 묻고 있다. 따라서 적절한 영작이다.

정답 ④

🔆 실전 문제

01

• p.226

다음 밑줄 친 부분 중 어법상 틀린 것은?

The scientist who argued that Galileo's contribution ① <u>to</u> physics and mathematics was as ② <u>important</u> as ③ <u>Newton</u> was more erudite than ④ <u>anyone</u> else.

해석 물리학과 수학에 대한 갈릴레오의 기여가 뉴턴의 기여만큼 중요하다고 주장했던 그 과학자는 어떤 다른 사람들보다 박식했다.

어휘 contribution 기여, 공헌 physics 물리학 erudite 박식한

해설 ③ 비교 대상은 Galileo's contribution(공헌)과 Newton's contribution(공헌)이 되어야 하므로 Newton은 that of Newton 또는 Newton's(이중 소유격)로 고쳐 써야 한다.
① contribution 다음 전치사 to의 사용은 어법상 적절하다.
② as ~ as 동등비교는 원급을 사용해야 하므로 important의 사용은 어법상 옳다.
④ 비교급 than anyone else 구문을 묻고 있다. 따라서 anyone의 사용은 어법상 적절하다.

정답 ③

02

• p.226

다음 밑줄 친 부분 중 어법상 틀린 것은?

Nothing is so ① <u>more</u> precious as health. Unfortunately, there is nothing you can do to stop yourself falling ill. But if you try to lead much ② <u>healthier</u> life, you can probably get better ③ <u>even</u> more quickly. We can all escape doing things that damages the body, such as smoking cigarettes or drinking too much alcohol which must be ④ <u>quite</u> baneful to your health.

해석 건강보다 소중한 것은 그 어디에도 없다. 불행하게도 때때로 당신 스스로 병에 걸리지 않기 위해 당신이 할 수 있는 것이 때로는 없다. 그러나 만약 당신이 건강한 삶을 이끌려고 노력한다면, 아마도 훨씬 더 빠르게 호전될 것이다. 우리 모두는 당신의 건강에 틀림없이 아주 많이 해를 끼치는 것들 예컨대 흡연이나 과음 등을 피할 수 있다.

어휘 precious 소중한 fall ill 병에 걸리다 baneful ① 해로운 ② 사악한

해설 ① '부정어 so(as) 형용사원급 as' 구문을 묻고 있다. 따라서 more를 없애야 한다.
② 비교급 강조부사 much의 수식을 받는 비교급 healthier는 어법상 옳다.
③ 비교급 강조부사 even의 사용은 어법상 적절하다.
④ 형용사의 원급 강조부사는 very, quick, too, highly 등이 있으므로 원급 harmful을 강조하는 quite는 어법상 적절하다.

정답 ①

03 :
• p.227

다음 밑줄 친 부분 중 어법상 틀린 것은?

Younger students ① who had participated in the survey ② sponsored by a weekly magazine turned out to be ③ less concerned about the serious problems of homeless people than the older students ④ did.

[해석] 주간지의 후원을 받은 조사에 참여했던 어린 학생들은 나이가 많은 학생들보다 심각한 노숙자 문제에 관하여 덜 걱정하고 있는 것으로 밝혀졌다.

[어휘] participate in ~에 참여하다   survey 조사
sponsor (금전적으로)후원하다   weekly 매주의, 주 1회의
turn out 판명되다   concerned 걱정하는; 관심이 있는
serious ① 심각한 ② 진지한

[해설] ④ 대동사 did는 be concerned의 be동사를 대신해야 하므로 대동사 did를 were로 고쳐 써야 한다.
① 판명된 것보다 참여한 것이 먼저이기 때문에 과거완료시제 had participated의 사용은 어법상 옳고 또한 participate in이 구동사이므로 능동의 형태 역시 어법상 적절하다.
② 자릿값에 의해 준동사 자리이고 sponsored 뒤에 목적어가 없으므로 수동의 형태는 어법상 옳다.
③ 뒤에 than이 있으므로 less의 사용은 어법상 적절하다.

[정답] ④

04 :
• p.227

밑줄 친 부분 중 어법상 옳은 것은?

① You are two years senior to him.
② He prefers reading than writing a poem.
③ I always put little sugar into tea than into coffee.
④ She got better grades than any student in her class.

[해석] ① 당신은 그보다 두 살 더 위다.
② 그는 시를 쓰기보다 읽는 것을 더 선호한다.
③ 나는 항상 커피보다 차에 설탕을 덜 넣는다.
④ 그녀는 반에서 어떤 다른 학생보다 더 좋은 점수를 받았다.

[어휘] grade ① 등급 ② 학년 ③ 성적, 점수

[해설] ① 라틴어원 형용사 senior는 전치사 to와 함께 사용해야 하므로 어법상 옳다.
② 'prefer A to B' 구문을 묻고 있다. 따라서 than을 to로 고쳐 써야 한다.
③ than이 있으므로 원급 little을 비교급 less로 고쳐 써야 한다.
④ '비교급 than any other + 단수명사' 구조를 묻고 있다. 따라서 any 다음에 other가 필요하다.

[정답] ①

05 :
• p.228

밑줄 친 부분 중 어법상 틀린 것은?

① Mary liked the same man as did Sue.
② Kim seems cleverer in math than she does.
③ Peter was totally affected by this book as I did.
④ John hasn't bought as many books as has his brother.

[해석] ① 메리는 수가 좋아했던 만큼 똑같이 그 남자를 좋아했다.
② 킴은 수학에서는 그녀보다 더 영리한 것 같다.
③ 피터는 내가 영향 받은 만큼 이 책으로부터 영향을 받았다.
④ 존은 그의 형이 산 만큼 책을 많이 사지 않았다.

[어휘] clever 영리한   totally 전적으로, 아주, 매우

[해설] ③ 주절에 수동 조동사 was가 있으므로 대동사는 was를 사용해야 한다. 따라서 did는 was로 고쳐 써야 한다.
① 대동사 did는 앞에 있는 동사 liked를 대신하므로 did의 사용은 어법상 옳다.
② 앞에 있는 동사가 일반동사 seem이므로 대동사 does의 사용은 어법상 적절하다. 참고로 주어가 대명사 일 때에는 as나 than 다음 주어와 동사를 도치시키지 않는다.
④ 주절에 완료 조동사 has가 있으므로 대동사 has는 어법상 적절하다. 참고로 비교구문에서는 as나 than 뒤에 주어와 동사는 도치될 수 있다.

[정답] ③

06 :
• p.228

밑줄 친 부분 중 어법상 틀린 것은?

① Fraser got higher scores than he did a month ago.
② The number of male students greatly outnumbers that of female students.
③ To diagnose a variety of diseases is as difficult as operating on a patient.
④ Frankly speaking, mother's symptom of depression is a lot more serious than father's.

[해석] ① 프레이저는 한 달 전보다 더 높은 점수를 받았다.
② 다양한 질병을 진단하는 것이 환자를 수술하는 것만큼 어렵다.
③ 남학생의 수가 여학생보다 훨씬 더 많다.
④ 솔직히 말해서 엄마의 우울증이 아빠보다 훨씬 더 심각하다.

[어휘] diagnose 진단하다   a variety of 다양한   disease 질병
operate on 수술하다   outnumber ~ 보다 더 수가 많다
frankly speaking 솔직히 말해서   symptom 증상
depression 우울증   serious ① 심각한 ② 진지한

[해설] ② 비교 대상의 병렬구조를 묻고 있다. 비교대상이 to diagnose와 병렬을 이루어야 하므로 operating은 to operate로 고쳐 써야 한다.
① got은 일반동사이므로 대동사 did의 사용은 어법상 적절하다.
③ outnumber는 단어 자체로 비교의 의미를 담고 있는 비교구문이다. 따라서 비교 대상이 일치해야 하므로 number를 대신하는 that의 사용은 어법상 옳다.
④ 비교대상의 명사는 반복해서 사용할 수 없으므로 소유대명사 father's의 사용은 어법상 적절하다.

[정답] ②

07

• p.228

밑줄 친 부분 중 어법상 옳은 것은?

① There is a great deal of food that you have as <u>many</u> as you want.

② There were <u>few</u> people at this meeting than at the last one.

③ I prefer to watch TV rather than <u>go</u> to a ball park.

④ This mountain is <u>the</u> highest at this point.

[해석] ① 당신이 원하는 만큼 먹을 수 있는 많은 음식이 있다.
② 지난 회의 때보다 이번 회의에 사람들이 더 적었다.
③ 나는 야구장에 가는 것보다 텔레비전을 보는 것을 더 선호한다.
④ 이 산은 이 지점이 가장 높다.

[어휘] a great deal of 많은   crowdedly 혼잡하게   usual 보통의, 흔한
ball park 야구장

[해설] ③ 'prefer to ⓥ rather than (to) ⓥ' 구조를 묻고 있다. 따라서 go 의 사용은 어법상 적절하다.
① 문맥상 many는 단수명사 food와 연결되어야 하므로 many는 much로 고쳐 써야 한다.
② than은 비교구문과 함께 사용되어야 하므로 few는 fewer로 고쳐 써야 한다.
④ 동일물에서의 최상급은 정관사 the가 필요 없으므로 최상급 highest 앞에 the를 없애야 한다.

[정답] ③

✎ 기출 문제

01

• p.229

밑줄 친 부분 중 어법상 옳지 않은 것은?

2024. 국가직 9급

① <u>Despite</u> the belief that the quality of older houses is superior to ② <u>those</u> of modern houses, the foundations of most pre-20th-century houses are dramatically shallow ③ <u>compared</u> to today's, and have only stood the test of time due to the flexibility of ④ <u>their</u> timber framework or the lime mortar between bricks and stones.

[해석] 옛 주택의 품질이 현대 주택의 품질보다 더 우월하다는 믿음에도 불구하고, 대부분의 20세기 이전 주택의 토대는 오늘날 주택의 토대와 비교해 볼 때 훨씬 얕고 또한 목재 골조나 벽돌과 돌들 사이의 석회 모르타르의 유연성 때문에 시간의 시험을 견뎌왔을 뿐이다.

[어휘] despite ~에도 불구하고   belief 믿음   quality 품질
superior to ~보다 더 우월한   foundation 토대, 기초
dramatically 매우, 극적으로   shallow 얕은   stand 견디다, 이겨내다
due to ~ 때문에   flexibility 유연성   timber 목재   framework 골조
lime 석회   brick 벽돌

[해설] ② 비교대상이 옛날 주택의 품질(quality)과 현대 주택의 품질(quality) 이므로 복수대명사 those는 단수대명사 that으로 고쳐 써야 한다.
① 전치사 Despite 다음 명사 the belief가 있으므로 전치사 Despite 의 사용은 어법상 적절하다.
③ 자릿값에 의해 준동사자리이고 compared 뒤에 목적어가 없으므로 수동의 형태 compared의 사용은 어법상 옳다.
④ 문맥상 their가 가리키는 것은 foundations(복수명사)이므로 their 의 사용은 어법상 적절하다.

[정답] ②

02

• p.229

밑줄 친 부분이 어법상 옳지 않은 것은?

2024. 국가직 9급

① They are not interested in reading poetry, <u>still more</u> in writing.

② <u>Once confirmed</u>, the order will be sent for delivery to your address.

③ <u>Provided that</u> the ferry leaves on time, we should arrive at the harbor by morning.

④ Foreign journalists hope to cover as <u>much news</u> as possible during their short stay in the capital.

[해석] ① 그들은 시를 쓰는 것은 말할 것도 없고 읽는 것에도 관심이 없다.
② 주문이 확인되면 그 주문은 당신의 주소로 배달될 것이다.
③ 여객선이 정시에 떠난다면 우리는 아침쯤에 항구에 도착해야 한다.
④ 외신 기자들은 수도에 머무는 짧은 시간 동안 가능한 한 많은 뉴스를 취재하기를 희망한다.

[어휘] confirm 확인하다   order 주문   provided that 만약 ~라면
ferry 여객선   on time 정각에   harbor 항구
cover 취재하다, 보도하다   capital 수도

[해설] ① 앞에 부정문이 있을 때에는 '~은 말할 것도 없이'라는 뜻의 'still (much) less'가 필요하므로 still more는 still less로 고쳐 써야 한다.
② 접속사 다음 '주어 +be동사'가 생략된 구조로 confirmed 뒤에 목적어가 없으므로 과거분사 confirmed의 사용은 어법상 적절하다.
③ 분사구문의 관용적 용법인 'provided(that)'의 사용은 어법상 옳다.
④ 단수명사 news 앞에 much의 사용은 어법상 적절하다.

[정답] ①

03

• p.230

우리말을 영어로 잘못 옮긴 것을 고르시오.

2022. 국가직 9급

① 우리가 영어를 단시간에 배우는 것은 결코 쉬운 일이 아니다.
→ It is by no means easy for us to learn English in a short time.

② 우리 인생에서 시간보다 더 소중한 것은 없다.
→ Nothing is more precious as time in our life.

③ 아이들은 길을 건널 때 아무리 조심해도 지나치지 않다.
→ Children cannot be too careful when crossing the street.

④ 그녀는 남들이 말하는 것을 쉽게 믿는다.
→ She easily believes what others say.

[어휘] by no means 결코 ~않는   precious 소중한

[해설] ② 비교구문에서 우등/열등비교와 동등비교는 함께 사용할 수 없으므로 more를 as(so)로 고쳐 쓰든지 아니면 as를 than으로 고쳐 써야 한다.
① never를 의미하는 by no means의 사용과 'it is 형용사 for A to ⓥ' 구문의 사용 모두 어법상 옳다.
③ 조동사의 관용적 용법인 'cannot ~ too(아무리 ~ 해도 지나치지 않다)'의 사용과 접속사 when 다음 '주어 + be동사'가 생략된 구조 (주절의 주어와 when절의 주어가 같다)역시 어법상 적절하다.
④ believe의 목적어 역할을 하는 관계사 what(what 다음 불완전한 문장이 이어진다)절의 사용은 어법상 옳다.

[정답] ②

04 :

• p.230

어법상 옳은 것은?   2020. 국가직 9급

① The traffic of a big city is busier than those of a small city.
② I'll think of you when I'll be lying on the beach next week.
③ Raisins were once an expensive food, and only the wealth ate them.
④ The intensity of a color is related to how much gray the color contains.

해석 ① 대도시의 교통은 작은 도시의 그것보다 더 혼잡하다.
② 다음 주 해변에 누워 있으면 당신 생각이 날 것이다.
③ 건포도는 한때 비싼 음식이었고 단지 부자들만 그것을 먹었다.
④ 색의 강도는 얼마나 많은 회색이 그 색에 포함되었는가와 관계가 있다.

어휘 traffic 교통(량) raisin 건포도 wealth 부 *wealthy 부유한
intensity 강도 be related to ~ 와 관계가 있다 contain 포함하다

해설 ④ 주어와 동사의 수 일치 그리고 be related to의 사용 모두 어법상 옳고 간접의문문의 어순 [의문사 how much gray(여기서 how much gray는 의문사인 동시에 contain의 목적어 역할을 한다) + 주어 the color + 동사 contains] 역시 어법상 적절하다.
① 비교대상의 명사반복을 피하기 위해 지시대명사를 사용한 것은 어법상 적절하지만 문맥상 traffic(단수명사)을 비교하는 것이므로 복수대명사 those는 단수대명사 that으로 고쳐 써야 한다.
② 시조부는 현미(시간이나 조건의 부사절에서는 현재가 미래를 대신한다)를 묻고 있다. 따라서 when절의 미래시제 will be는 am으로 고쳐 써야 한다.
③ 정관사 the + 형용사는 복수명사(주로 사람들)를 나타내는데 정관사 the 다음 명사가 위치하므로 어법상 적절하지 않다. 따라서 문맥상 명사 wealth는 형용사 wealthy로 고쳐 써야 한다.

정답 ④

05 :

• p.231

밑줄 친 부분 중 어법상 가장 옳지 않은 것은?   2019. 서울시 9급

There is a more serious problem than ① <u>maintaining</u> the cities. As people become more comfortable working alone, they may become ② <u>less</u> social. It's ③ <u>easier</u> to stay home in comfortable exercise clothes or a bathrobe than ④ <u>getting</u> dressed for yet another business meeting!

해석 그 도시들을 유지하는 것보다 더 심각한 문제가 있다. 사람들이 혼자 일하는 것이 더 편해지면서, 그들은 덜 사교적이게 될 수도 있다. 또 다른 업무 회의를 위해 정장을 차려 입는 것보다 편한 운동복이나 목욕가운을 입고 집에 있는 것이 더 쉽다!

어휘 serious 심각한 maintain 유지하다 comfortable 편안한
bathrobe 목욕가운

해설 ④ 비교대상의 병렬구조를 묻고 있다. getting과 to stay는 서로 다른 품사이므로 getting은 to get으로 고쳐 써야 한다. 참고로 명사와 동명사는 같은 품사로 규정하지만 to부정사와 동명사는 같은 품사로 규정하지 않는다.
① 비교대상의 병렬구조를 묻고 있다. 동명사(명사 기능) maintaining과 명사 problem은 서로 그 품사가 일치하므로 maintaining은 어법상 적절하다.
② more comfortable과 대비를 이루는 less social은 어법상 적절하다. 참고로 social의 비교급은 형용사 뒤에 -er을 붙이지 않고 more나 less를 사용해야 한다.
③ than 앞에 비교급 easier는 어법상 적절하다

정답 ④

06 :

• p.231

우리말을 영어로 잘못 옮긴 것은?   2018. 국가직 9급

① 그 연사는 자기 생각을 청중에게 전달하는 데 능숙하지 않았다.
  → The speaker was not good at getting his ideas across to the audience.
② 서울의 교통 체증은 세계 어느 도시보다 심각하다.
  → The traffic jams in Seoul are more serious than those in any other city in the world.
③ 네가 말하고 있는 사람과 시선을 마주치는 것은 서양 국가에서 중요하다.
  → Making eye contact with the person you are speaking to is important in western countries.
④ 그는 사람들이 생각했던 만큼 인색하지 않았다는 것이 드러났다.
  → It turns out that he was not so stingier as he was thought to be.

어휘 get across 전달하다, 이해시키다 be good at ~에 능숙하다
traffic jam 교통체증 turn out 밝혀지다, 판명되다 stingy 인색한

해설 ④ 'as[so] + 원급 + as 동등비교' 구문을 묻고 있다. 따라서 비교급 stingier는 원급 stingy로 고쳐 써야 한다.
① 'be good at + 명사 / ⓥ-ing' 구문과 구동사 get across의 사용을 묻고 있다. 어법상 적절하다.
② 비교대상의 명사는 반복해서 사용하지 않으므로 traffic jams를 대신하는 those의 사용은 어법상 적절하고 또한 '비교급 + than any other + 단수명사' 역시 어법상 옳다.
③ 동명사 주어 making(단수 취급)의 동사 is는 어법상 적절하고 person 다음 목적격 관계대명사 who(m)이 생략된 구조 역시 어법상 옳고 또한 speak는 1형식 동사이므로 전치사 to의 사용 역시 어법상 적절하다.

정답 ④

김세현

주요 약력
- 현 박문각 공무원 영어 온라인, 오프라인 교수
- Eastern Michigan University 대학원 졸
- TESOL(영어교수법) 전공
- 전 EBS 영어 강사
- 전 Megastudy/Etoos/Skyedu 영어 강사
- 전 에듀윌 영어 강사

주요 저서
종합서
- 박문각 공무원 김세현 영어 All In One 기본서
- 박문각 공무원 김세현 영어 All In One VOCA
- 박문각 공무원 김세현 영어 전혀 다른 개념 독해
- 박문각 공무원 김세현 영어 전혀 다른 개념 문법
- EBS 완전 소중한 영문법
- EBS 이것이 진짜 리딩스킬이다

역서
- Longman 출판사 Reading Power 번역
- Longman 출판서 TOEIC/TOEFL 번역

김세현 영어 전혀 다른 개념 문법

초판 인쇄 | 2024. 11. 25.   **초판 발행** | 2024. 11. 28.   **편저** | 김세현

발행인 | 박 용   **발행처** | (주)박문각출판   **등록** | 2015년 4월 29일 제2019-000137호

주소 | 06654 서울시 서초구 효령로 283 서경 B/D 4층   **팩스** | (02)584-2927

전화 | 교재 문의 (02)6466-7202

저자와의
협의하에
인지생략

정가 22,000원
ISBN 979-11-7262-293-0